週末 木工術

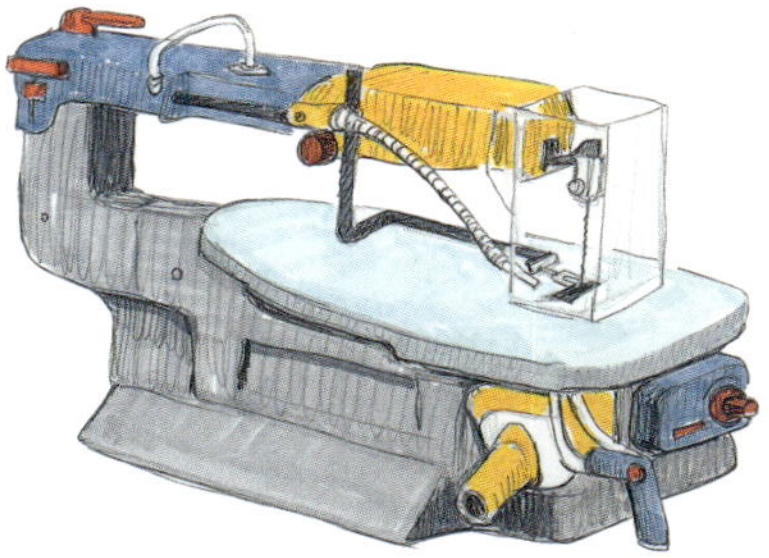

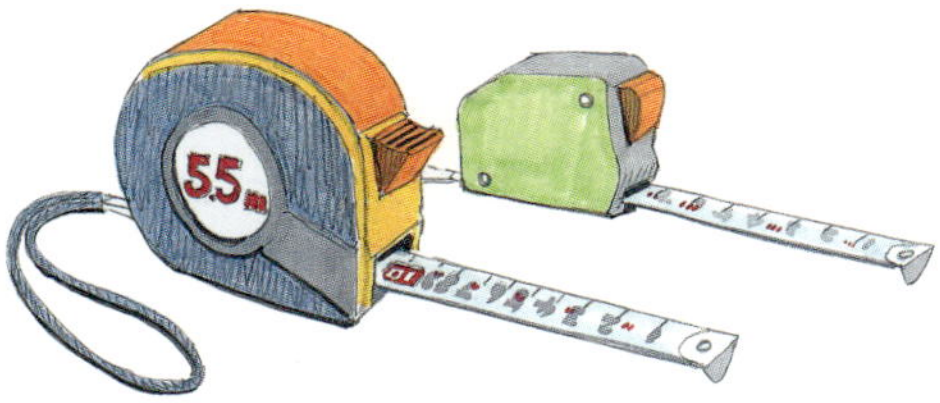

成美堂出版

木工を楽しむ

木を切る、組み立てる、ペンキを塗る…。

幼い頃はまともな道具もなければ、きれいな木目のムク材を買う余裕などもなく、ただひたすら何かをつくり続けていた。隠れ家で生まれる作品は何だったろうか。

枝を切ってつくったパチンコ、夏休みの宿題だった本立てだったろうか。

そんな昔のことはとうに忘れてしまい、今はできあいの家具での日々の暮らし。

しかし、あの幼い時代を思い起こさせる木の温もりは忘れられない。

木を切る、組み立てる、ペンキを塗る…。

もう一度少年時代に戻ってみるのはどうだろう。

今度は生活に潤いを与えるデッキでも一つ。

自分で手作りした家具や雑貨に囲まれた生活もいい。

本書はこうした手づくりの夢をもち、
これから木工を楽しもうという人たちのために、
家具づくりのプロたちがまとめた入門書だ。

木工のプロセス

1 設計する

何事も基本の設計がきちんとできていれば、よほどのことがない限り失敗しない。木工も同様で、ベースとなるのが設計図。といっても、頭が痛くなりそうな詳細なものでなくとも、目安となるラフスケッチで十分。大切なのは、何をどうデザインし、どうアイデアを反映させるのか、自分ならではの設計図をつくることだ。

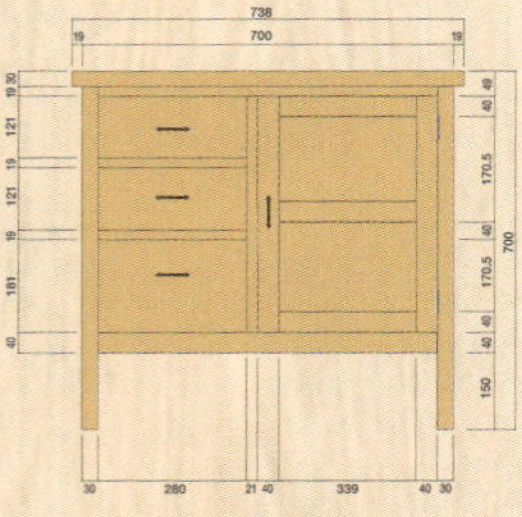

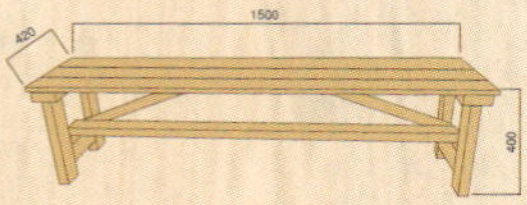

2 材料を選ぶ

設計図ができれば後は必要な木材を調達する。ただ、木材は種類が多く、自分の作品に合った木材となると、探すのは難しい。プロに聞くのが一番だが、加工しやすいのは針葉樹…といった基本的な知識は押さえておきたい。また、木材調達の際に必要な工具と使い方の知識を仕入れ、自分ならではの工具もそろえておこう。

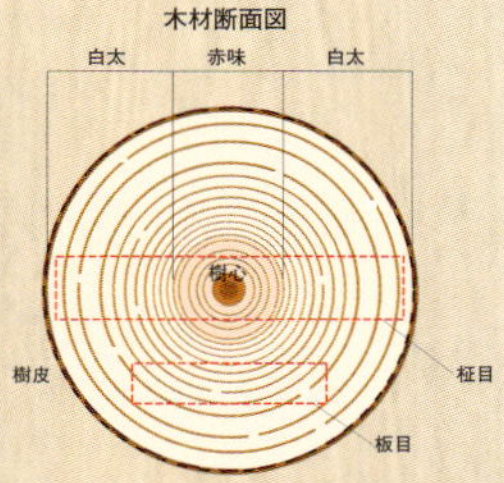

手に入りやすい規格材の2×4材

3 加工する

購入した木材を設計図通りにカットし、組み立てるためには加工が必要となる。まずは、設計図通り部材となる木材に墨つけ、さらに墨線に合わせて切り、組み込むためのジョイントをつくるなどの工程がある。さまざまな技術を使うが、初心者には難しいものも少なくない。本書では、慣れていない人でも楽な加工法を取り上げた。

ガイドで安全に丸ノコを使う

継ぎ手となるホゾの穴空け

4 組み立てる

きちんとした材料の加工ができれば、後はその材料を作品のパーツに組み上げ、パーツ同士を組み立てれば作品は完成する。材料の組み上げ、パーツの組み立てには接着剤、木ネジ、ジョイントの使い方など、基本的な技術が必要。またクランプなどの固定の方法も覚えておこう。慣れればたやすい作業ながら、基本は忠実に守りたい。

家具のパーツを組み立てる

組み立てが終了した作品の固定

5 塗装・仕上げる

塗装は最も楽しい工程だ。見栄えは悪くても何とか形になった作品に、自分の好きな色を塗ってゆく。この充実感は手づくり木工ならではのもの。しかし、塗装にも塗料の種類、塗り方、仕上げ方など、作品の見栄えをよくし、長持ちさせるための技術がある。塗装が終了すれば、必要な金物をつけるなどして仕上げ、作品の完成だ。

ツヤ消し塗装で仕上げた火鉢

ステインを使った着色

週末木工術

目次

1 木材を選ぶ

2 工具をそろえる

3 計測と墨つけ

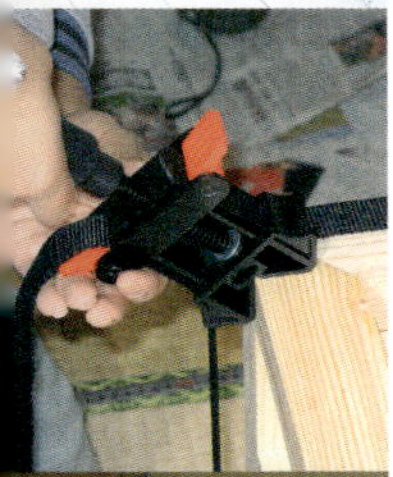

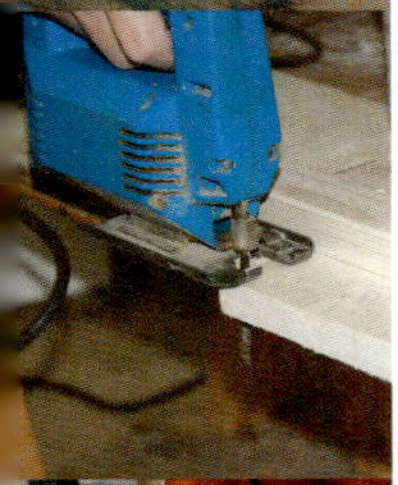
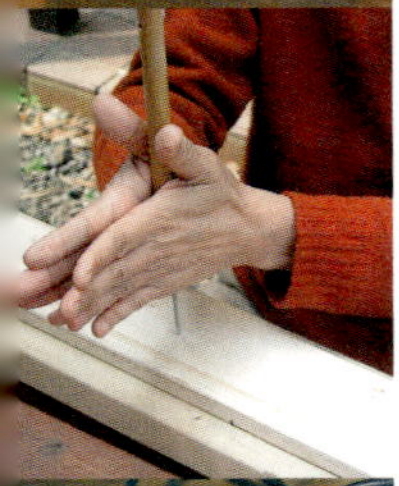

4 木材を固定する

5 木材を切断する

6 穴を空ける

目次

9 塗装する

10 実践・家具製作

本書の使い方

【本文解説】

本書は、家具づくりなど木工入門の解説書として、木材・道具の選び方から切断、穴空けなどの加工法、塗装法までをまとめたものです。巻末では、実際の家具づくりを通して、作品の製作工程がつかめるようにしました。板を切断する、つなぐなど木工の工程はそれぞれ独立したものではなく、一連の工程を経ることで作品は完成します。したがって、加工の途中でわからない技術が出てきた場合は、その技術の該当する解説ページに戻り、テクニックの参考としてください。

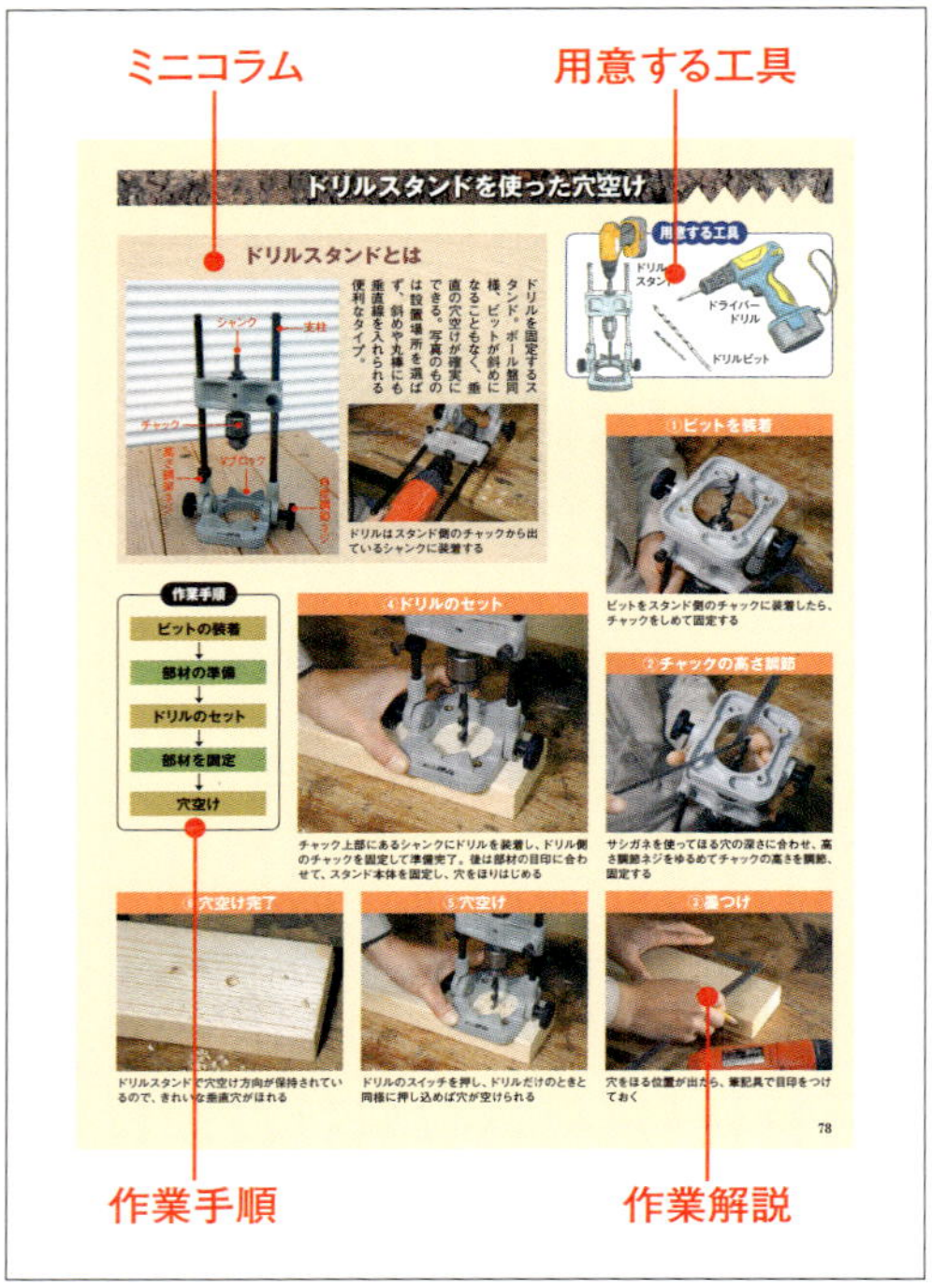

1 用意する工具

解説する作業に最低限必要な工具を掲載。基本的にサシガネや筆記具、ネジや接着剤などの小物は必要以外は省略。

2 作業手順

作業の全体像がつかめるよう、主な作業手順を順番に図解した。

3 作業解説

作業の要点となるプロセスを選び、写真で解説した。はじめて出てくるテクニックについては、解説や参考となる該当ページを記載。

4 ミニコラム

失敗しないコツや木工のミニ知識、用語解説などのミニコラムを設け、作業手順をわかりやすく解説。

5 サイズ表記

木材のサイズ表記には伝統的な尺貫法が今も使われている。ただ、DIYを基本とする本書では加工法などの解説に使用している単位は、一般的な㎝を基本単位とした。なお、巻末の「実践・家具製作」で掲載した設計図は㎜で表記。

6 巻末の「実践・家具製作」について

紹介したカントリー風キャビネットと和のキャビネットづくりは、家具をつくる製作工程をつかめるよう解説したもの。詳細な製作技術は第1～9章の技術編の該当ページを参照し、設計図はあくまで目安として利用してほしい。

木工作業・事故を防ぐ【8ヶ条】

木工作業では、刃物や電動工具を使うため思わぬ事故が起きることも。慣れていても工具の取り扱いには細心の注意を払い、自己責任で安全な楽しい木工作業につとめよう。

①はじめての電動工具は解説書をよく読んで十分な注意を払って使う。
②電動工具は使用前に必ず試運転をし、異常がないか確認する。
③電動工具はコンセントを抜いてから移動、使用する。
④丸ノコの切断作業に軍手は厳禁。手が引き込まれて事故につながるおそれがある。
⑤丸ノコやトリマー使用時はゴーグルを使用する。特にラワン合板は切断時に飛び散りやすく、目に刺さるおそれがあるため注意しよう。
⑥大量の木材のカットが必要なときは、ホームセンターに頼む。
⑦サンダーを使う研磨作業は、マスクをしてのどを守る。
⑧作業場はいつも掃除し、清潔に保つことが安全につながる。

1 木材を選ぶ

ムク材から合板まで木材の種類は多く、木工初心者にはどんな木材をそろえればよいのか迷って当然といえる。木材を選ぶとき大切なのは、自分のつくりたい作品には何を使えばよいか…ということ。豊富な木材から選べるとはいえ、予算も気になる。ホームセンターで購入することが多いが、木材の性質や選び方など、木工をはじめるにあたって知っておきたい情報をまとめた。

1

木材を選ぶ

木の種類

まずは材料の木を知ることから

針葉樹と広葉樹の違い

針葉樹が木材の主流

広葉樹は家具に利用

DIY、いわゆる日曜大工で最も多く使われる材料は木材だ。ホームセンターに並ぶ、製材され、カンナがけされた木材からは、自然状態の姿は、なかなか想像できない。

ほとんどの樹木は葉が針形《しんけい》などの針葉樹、卵形《らんけい》などの広葉樹に分けられる。日本でもスギやマツの仲間は植林され、輸入材とともに木工に利用されている。安い上、やわらかく加工しやすいためだ。

一方の広葉樹は自然林がほとんどで成長が遅いものが多く、年輪も密で材が堅い。丈夫で長持ちするため家具などに利用されている。ただ高価なものが多く、かつては安く盛んに利用された南洋産のラワン材も、ムクとなると今や高級材だ。

針葉樹

スギ

伐られずに巨木に成長し、広葉樹と混生していた天然スギ。常緑樹

アカマツ

アカマツの植林地。成長が早く、建築・土木材としての用途が広い。常緑樹

ヒノキ

数10mはあろうかというヒノキの巨木。これほどの大きさになると建築材としての価値も高い。常緑樹

広葉樹

ミズナラ

家具材として利用されるミズナラの巨木。卵形の葉は大きく、秋には大粒のドングリの実をつける。落葉樹

ケヤキ

街路樹としても植えられるケヤキ。材木としても価値が高く、ムク材を使ったテーブル天板は人気がある。落葉樹

ラワン

ラワン材として知られるボルネオ島のフタバガキ科の巨木を樹上から見る。ゆうに50mは超える高さだ。常緑樹

●針葉樹の葉

カラマツなど一部落葉する仲間を除けば常緑樹が多い。葉は針形、鱗片(りんぺん)状などさまざまだ

●広葉樹の葉

内陸部ではケヤキなどの落葉樹が多く、常緑樹は少ない。葉は楕円形や卵形など変化に富む

木材を選ぶ

1 木取り

柾目《まさめ》と板目《いため》を使い分ける

木取りとは一本の木や板から、使う目的によって用材を切り出すことだ。木は成長過程で年輪が密なこともあれば、まばらなこともあり、また節や割れなども生じる。こうした木の特性を知って、用材として取ることが重要になる。

基本的には、丸太からの取り方で柾目と板目に分かれることを覚えておこう。柾目とは木目が上下にまっすぐに通るよう製材したもの。逆に板目は木目がまっすぐではなく、山形や不規則な波形になっている。

柾目は見栄えも美しく、そりや割れに強く、板目はそりやすいが、値段が安いという利点がある。

- 各部で異なる木材の性質
- 基本は柾目と板目
- 節や割れを外した木取り

木材各部名称

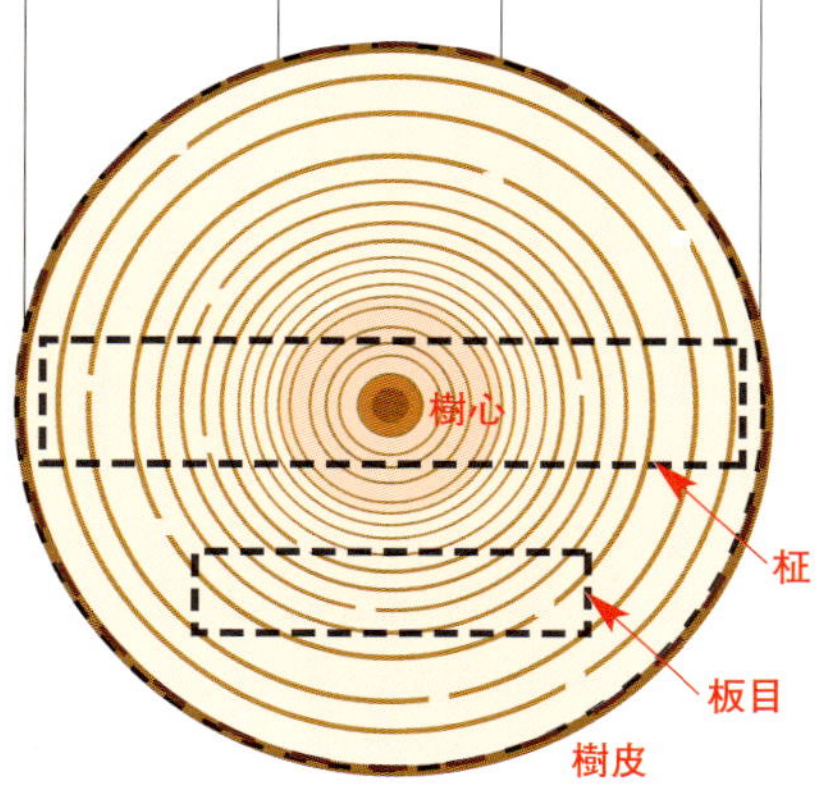
白太
赤味
白太《しろた》
柾目

木材断面図

形成層　細胞分裂を起こし、外側に樹皮、内側に木質をつくる層

柾目と板目《まさめといため》

●柾目

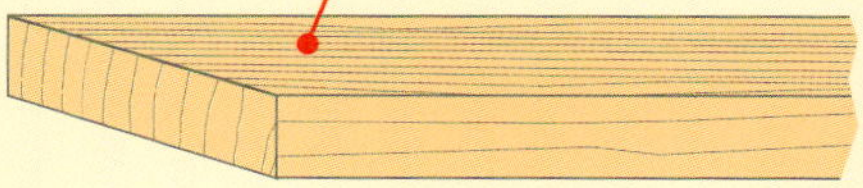
木目が平行になっている

●板目

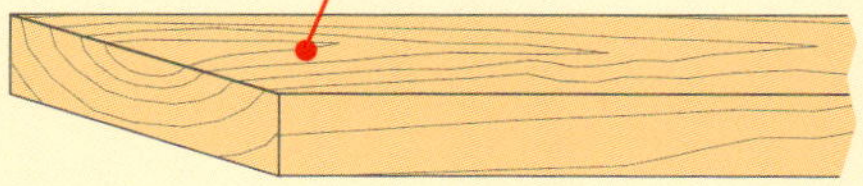
木目が山型になっている

実際の柾目

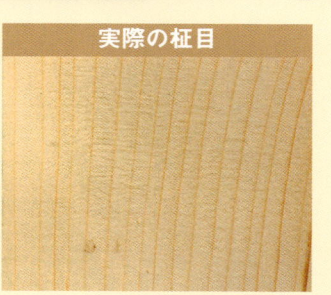

実際の板目

木表と木裏《きおもてときうら》

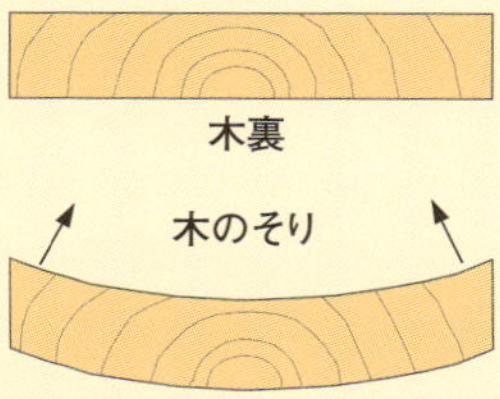
木表

樹皮側の面を木表といい、樹心に近い面を木裏と呼び、乾燥すると木表側にそる習性がある。また、木表側の方が美しいので、木表側を仕上げ面にするのがふつうだ

木口と木端《こぐちとこば》

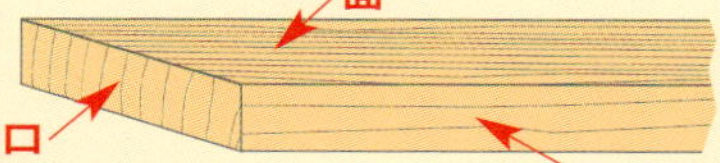
面
木口
木端

木口　繊維と垂直方向に切った断面

木端　繊維と平行に切った断面

木取りの注意点

●木目の走る方向と強さ

木材は木目の走る方向に対して、縦方向への引きや圧縮には強い。逆に横方向へは弱いので、この点を考えて木取りする

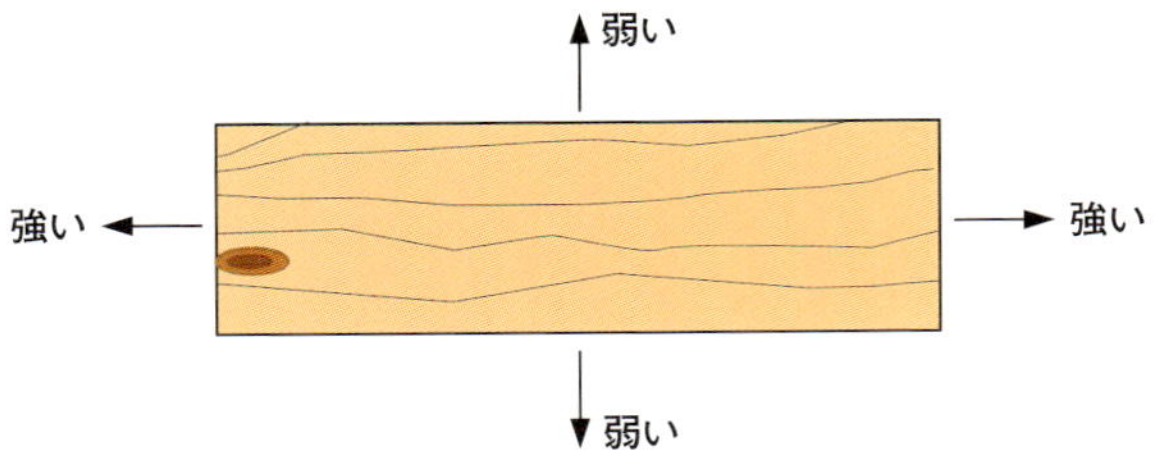

弱い
強い
強い
弱い

●木取りをする部分

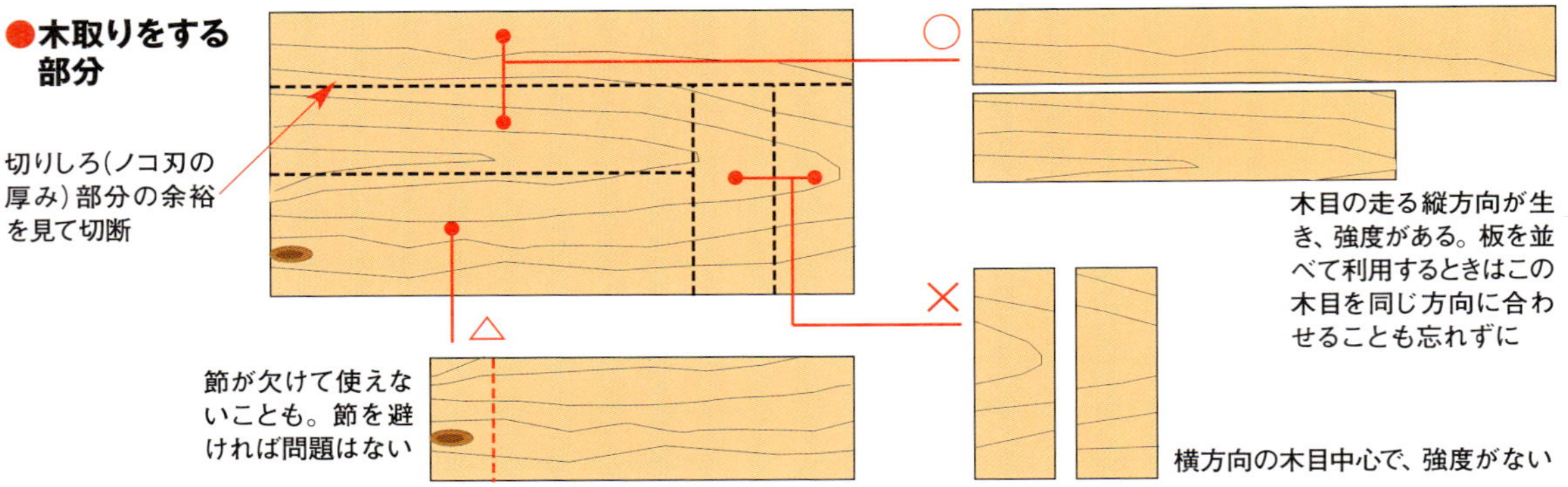

切りしろ(ノコ刃の厚み)部分の余裕を見て切断
○
×
△
木目の走る縦方向が生き、強度がある。板を並べて利用するときはこの木目を同じ方向に合わせることも忘れずに
横方向の木目中心で、強度がない
節が欠けて使えないことも。節を避ければ問題はない

木材購入時の注意点

●そりやねじれを見る

木材の購入時、注意したいのがそりやねじれ。大量製材されている2×4(ツーバイフォー)材などに多く、後々の作業の大きな支障となる。良材をよく見て慎重に選ぼう

板の流れに沿って目線をきちんと合わせ、そりがないかチェック

板の横からのチェック。長尺のものはたわみも入念に調べたい

板を木端からチェック。ねじれなどのゆがみが発見できる

●欠陥を見る

節

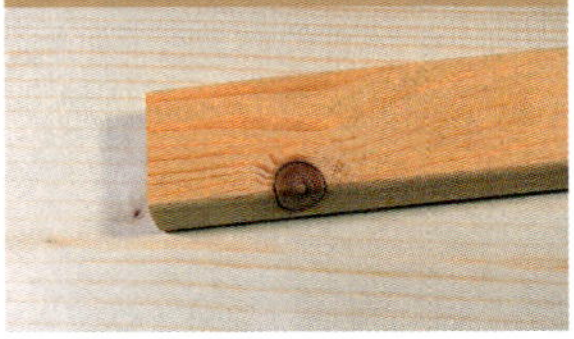

節を利用する場合もあるが、写真の例は欠けるので避ける

欠けた節

節が欠けてしまった例。木取り面積が減ることになる

割れ

木端が割れてしまったものもよく見かける

ひび

木目の中央に入ったひび割れ。塗料がしみ込み、失敗の原因となる

節とヤニ

欠けた節の周囲からヤニが露出してきた状態

ヤニ

典型的なヤニの出方。ヤニは塗料がのらないので避けよう

後から出たヤニ

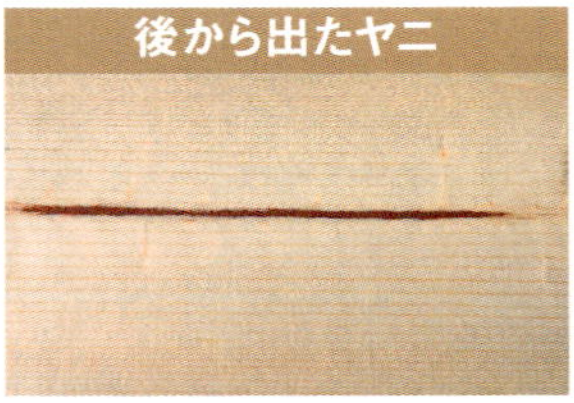

木材購入後に出てきたヤニの例。これも塗装時の支障となる

そり

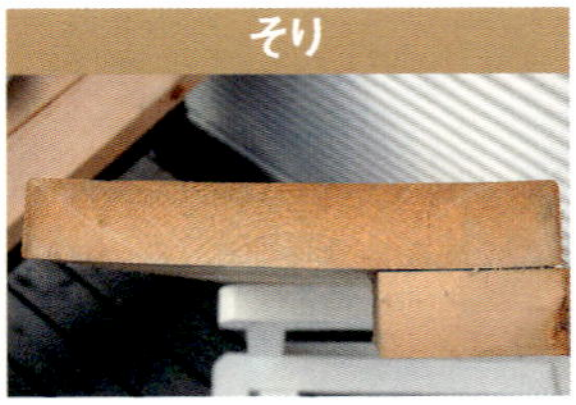

購入後数日でそり返るものも。よく乾燥した木材を選びたい

1 木材を選ぶ

木材の種類

使用目的に合わせて選択

材質・見栄え
加工のしやすさ
用途によっての使い分け

木工に使う木材は、製材したままの手を加えていないムク材、角材などを張り合わせた集成材、薄くはいだ木を張り合わせた合板、さらに木片を固めた木質ボードのおおよそ4種類に分けられる。

それぞれ材質も異なり、見栄え、強度、加工のしやすさなども大きく変わってくる。使用目的によって使い分けるのがふつうで、ビギナーには規格が統一され、ホームセンターで手に入りやすい2×4（ツーバイフォー）材などの使用がおすすめ。

2×4材の木工作業に自信が出てきたら、広葉樹ムク材を選び、家具づくりに挑戦するのもよいだろう。

ムク材

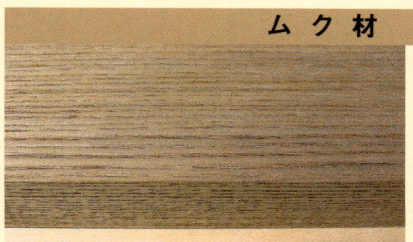

原木を乾燥させ、切り出したままの木材。加工されていないため、木本来の味わいと美しさが魅力。ただ、大きなサイズの木材は少ない。そりやすく加工にも神経を使う→P14・15

●写真＝タモのムク材

集成材

ムクの角材を、強度と木目を考えながら接着剤で張り合わせた木材。引っ張りやねじれといった力に強く、丈夫だ。ムク材が少ない今日では、その用途は広がっている→P16

●写真＝針葉樹集成材

合板

原木を薄くはぎ、張り合わせた木材。奇数枚サンドすることで、厚さも豊富にそろえられる。大きな一枚板をつくれるため、壁材などの用途があり、そりも少なく丈夫だ→P17

●写真＝ラワン合板

木質ボード

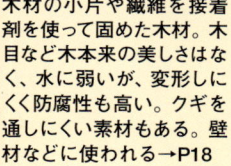

木材の小片や繊維を接着剤を使って固めた木材。木目など木本来の美しさはなく、水に弱いが、変形しにくく防腐性も高い。クギを通しにくい素材もある。壁材などに使われる→P18

●写真＝MDF

2×4材
●ツーバイフォーざい

北米住宅建築の2×4（ツーバイフォー）工法用構造材として製材された針葉樹材。ホームセンターで見かけるように、安価で大量に出回っている。1インチ（25・4㎜）を基準に規格が統一され、SPF（スプルース・パイン・ファー）やホワイトウッドなどがある。やわらかく、加工しやすい半面、変形しやすく、腐食しやすいため、屋外使用には塗装が必要となる。→P20

針葉樹ムク材

エゾマツ

北海道（渡島半島を除く）以北に生える針葉樹で、白い木肌に木目がそろって加工しやすい。建築材の他、用途は広い

アカマツ

山地では広く見られるマツの仲間で、樹脂分が多いために堅牢で、耐水性も高い。建築・土木材として利用される

スギ

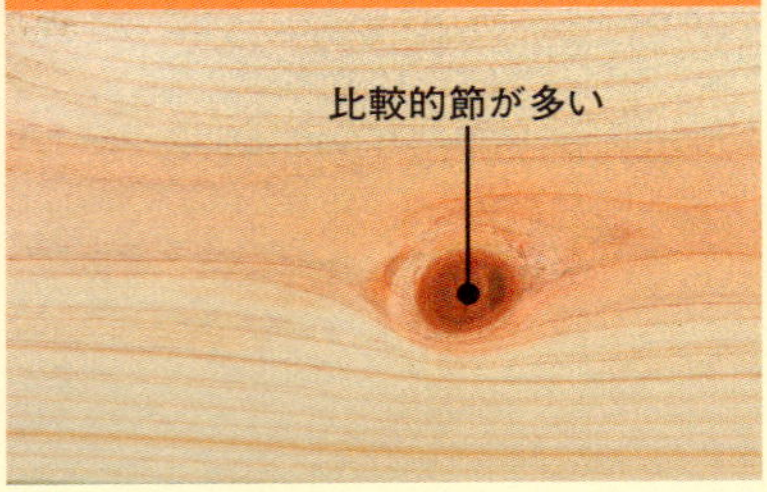

安価で最も普及している針葉樹材。樹心が赤みを帯び、節も多め。加工しやすく建築・土木材として広く使われている

ムク材の特徴

一般に手に入るムク材は、原木からサイズを決めて切り出し、カンナがけ（プレーナー加工）しただけの製材がふつう。年輪や材質など木の生の姿がそのまま生かされ、木の風合いがある美しさが魅力だ。この特徴を生かして利用したい。

面

木目の美しさがきわだつ

木端

木目は面の木目と合致

木口

ムク材を木口側から見る。上は針葉樹のエゾマツ、下が広葉樹のナラのムク材

ヒバ

アスナロの別名をもつヒノキの仲間。水に強く、芳香をもつため建築材などに利用されている。青森ヒバは高級建築材

ヒノキ

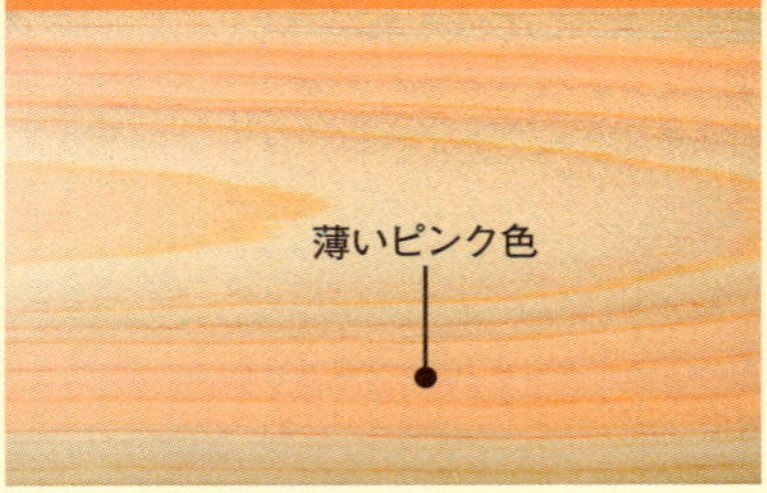

スギとともに日本を代表する建築材。耐久性があり、加工もしやすく、美しい木目を生かした柱や家具材に利用される

ツガ

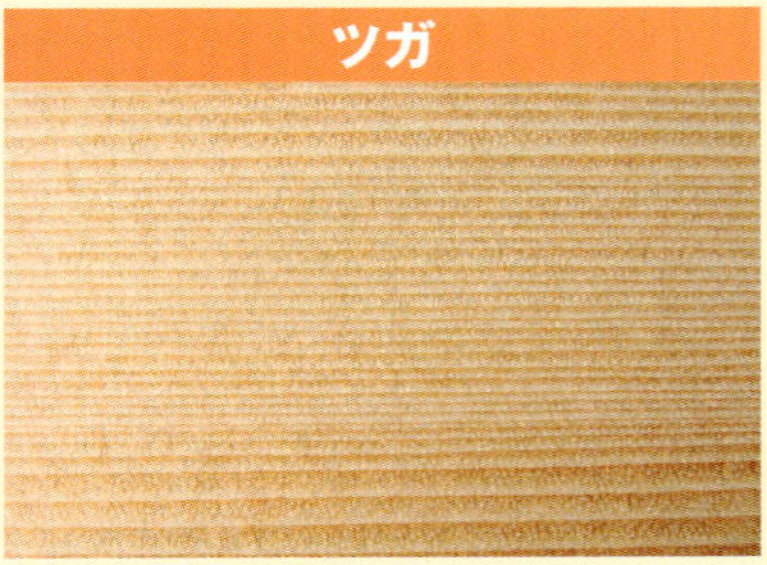

本州を中心に分布するマツ科ツガ属の針葉樹。建築材の他、土木やパルプなどに利用する。堅いが、耐久性は並みだ

広葉樹ムク材

カツラ

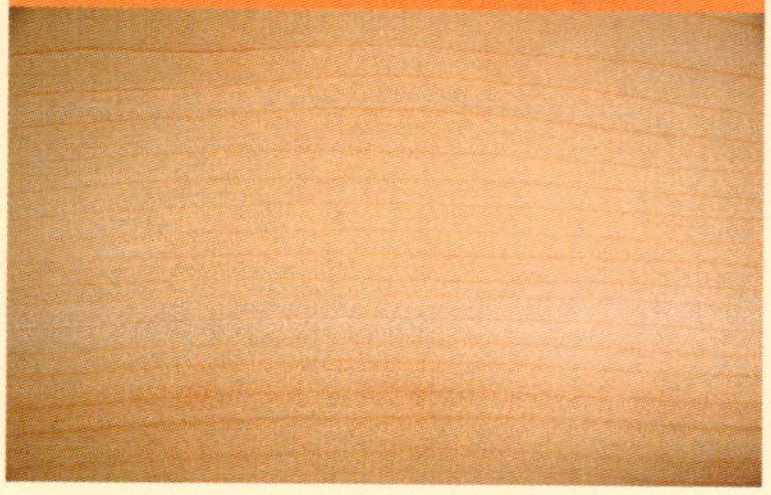

山地の渓流沿いに生え、大木になる。粘りがあり、割れにくいのが特徴で、加工しやすい。建築・彫刻・家具材など用途は広い

ケヤキ

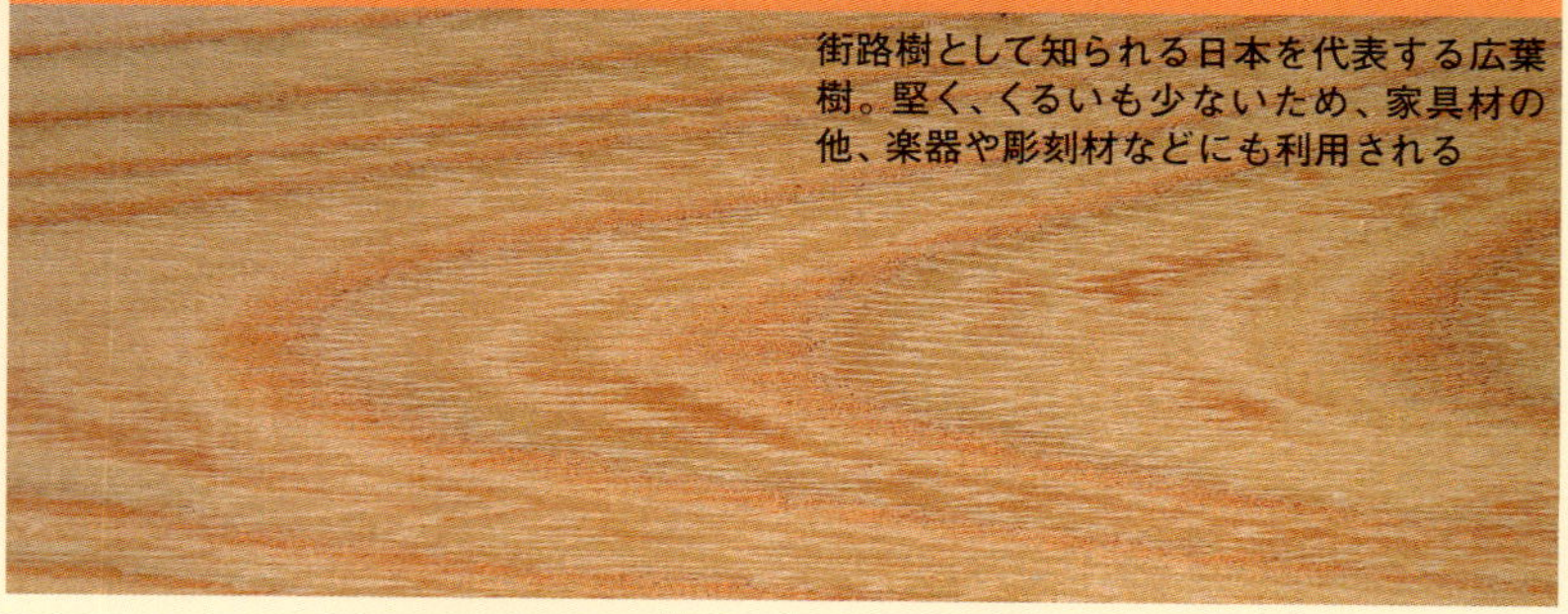

街路樹として知られる日本を代表する広葉樹。堅く、くるいも少ないため、家具材の他、楽器や彫刻材などにも利用される

タモ

ヤチダモが正式名称で、山地の谷沿いに生える高木。アメリカではジャパニーズアッシュの名で販売される、堅牢で粘りのある家具材

ナラ

西洋でいうオーク材とはこのナラのこと(オークの方が目が粗い)で、正式にはミズナラという。堅牢な材質で、家具材として利用されることが多い

セン

ハリギリが正式名称で、若木の樹皮にはトゲがある。白くて光沢があり、美しい木目をもつため、建築・家具材に利用される

シナノキ

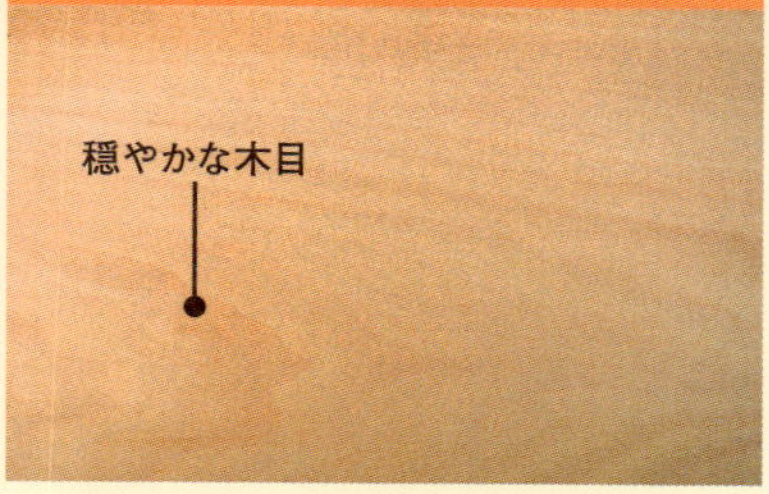

全国の山地に生える高木で、木肌が白く、ち密で美しい。やわらかく加工もしやすい。家具の内部に使用されることが多い

キリ

昔から和家具に利用されるようにくるいが少なく、耐湿、耐火性が高い。また軽く、やわらかいため、加工しやすいのも特徴

チーク

東南アジアに産する高木。割れやそりが出にくく、耐久性もあるため、高級家具材に利用される。輸入量が減って高価だ

ラワン

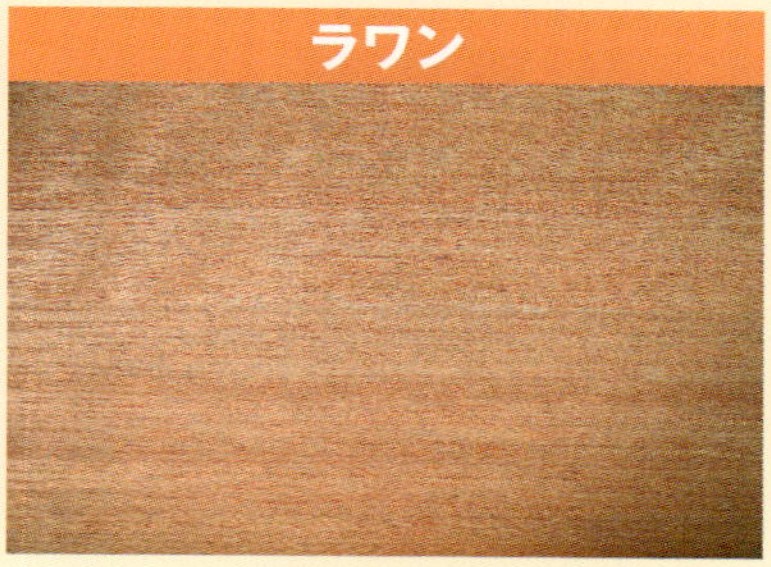

東南アジアを中心とした、熱帯に自生するフタバガキ科の高木の総称。ラワンはフィリピン名で、軽く、加工しやすい木材だ

ホオノキ

山地に生える大型の広葉樹。材質がやわらかいため、加工しやすい。主に器具材として利用され、くるいも少ないため家具材にも向いている

集成材

ファルカタ集成材

南洋桐といわれ、キリとよく似た軽く、加工も容易な集成材

焼ギリ集成材

面を焼いて味わいを高めたキリの集成材。焼スギも知られる

ヒノキ集成材

ムク材だと高価なヒノキの集成材。ムク材のようなそりも心配ない

集成材の特徴

ムクの角材や板材を、木目を平行にして接着剤で張り合わせたのが集成材。よく乾燥した木材を使うので、そりやねじれなどのくるいも少なく、防腐性も高いのが特徴。長さ方向（ムクの木端側）、幅方向（同木口側）を継ぎ足せば、大きな集成材がつくれる。住宅建築の構造材や造作材、家具材など、用途が広がっている

面

角材の長さ方向の接合面

幅方向

木口に相当する断面の一例

接合面

集成材とはわからない接合例

長さ方向

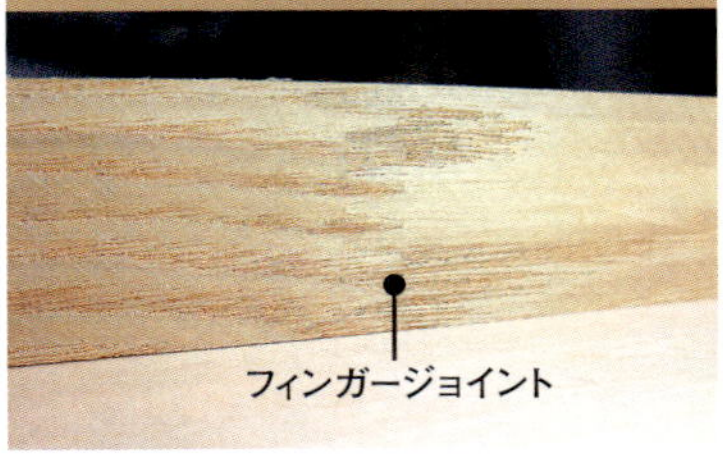

フィンガージョイントに注目

キリ集成材

接着面も判然としないキリならではの風合いを生かした例

スギ集成材

特殊な接合部（指先を合わせたようなフィンガージョイント）に注目

ナラ集成材

ナラなど広葉樹の集成材は家具材などに広く利用される

合板

針葉樹合板

針葉樹を張り合わせた合板。ラワンが減り、今後合板の主流に

シナ合板

木目が美しいシナノキを張り合わせた国産広葉樹合板の一種

ラワン合板

ラワンを張り合わせた合板の普及版。安価で使いやすい

コンクリート型枠用合板（コンパネ）

ラワンを使った工事用型枠材で、粗い木材ながら耐水性が高い

樹脂合板

表面に樹脂フィルムを張り合わせた合板で、水や熱に強い

プリント合板

木目をプリントした紙を張り合わせ、樹脂塗装した合板

合板の特徴

太い原木をかつらむきのように薄くはいだ板（単板）を、接着剤で張り合わせたもの。１枚の単板の木目が、直角に交互に重なるよう張り合わせるため、ムク材のようなそりやくるいも少ない。表面処理をしていない普通合板と、表面に樹脂を張るなどの特殊合板に分類されている

●合板の張り合わせ

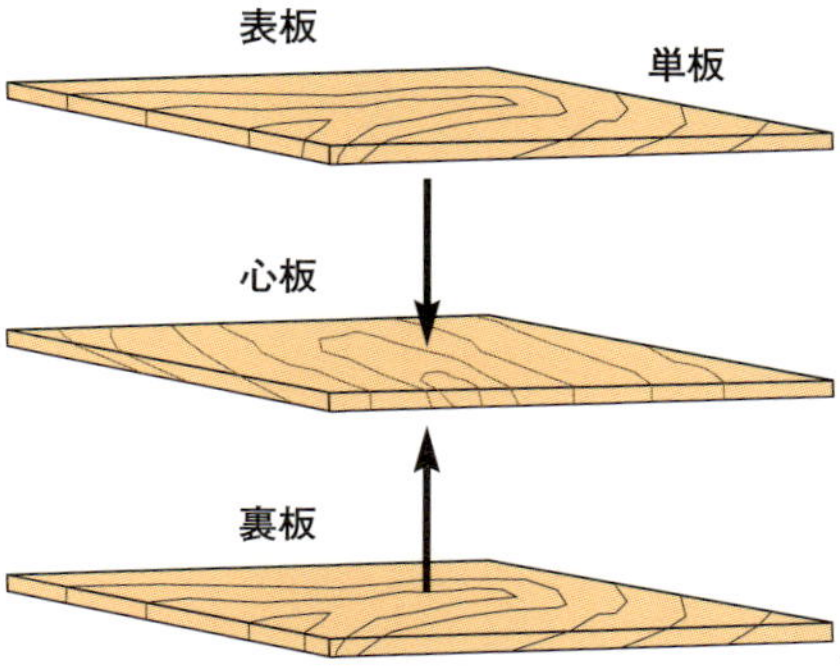

木目が交互に重なる（直交）ように張り合わせる

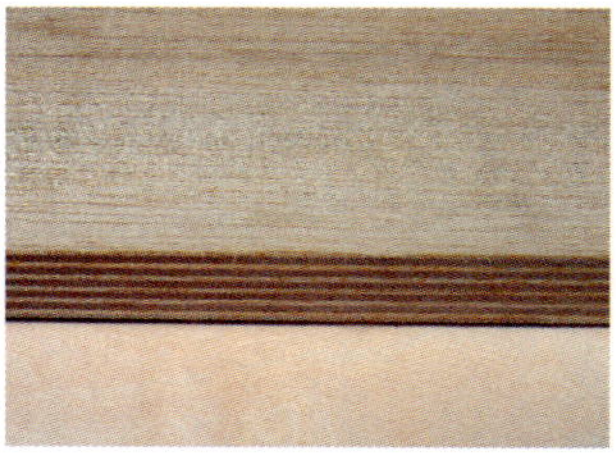

合板を木口から見ると、何枚もの単板をサンドイッチ状に奇数枚重ねて張り合わせていることがわかる。写真のラワン合板は11プライ（11枚重ね）

ランバーコア合板

芯板に集成材をはさんだ厚い合板。そりにくいので棚板に最適

天然木化粧合板

自然木突板を表面に張った合板。銘木の木目が生かせる

OSB合板

見た目でわかる通り、木片を接着剤で固めた構造用の合板

合板のサイズ

合板の厚さは2・5、4㎜などの薄いものから21、24㎜などの厚いものまで、厚さ別に薄物、中厚物、厚物合板に分かれている。大きさも「さぶろく」と呼ばれる3×6尺（910×1820㎜）を中心に、「よんぱち」と呼ばれる4×8尺（1220×243㎜）などさまざまだ

材質、厚さなど、使用目的別に種類が豊富にある合板

木質ボード

MDF

Medium Density Fiberboardの略。製紙と同じように、針葉樹の繊維を細かく粉砕し、接着剤で固めたもの。表面がなめらかで、家具などに利用される

パーティクルボード

砕いた木片（チップ）を接着材で固め、高温・高圧で成形したボード。断熱・防音性に優れているが、水分には弱い。構造材や家具に利用されている

突《つき》板《いた》

板にした木をノミで突いて薄い板をつくり、それを張り合わせて利用したことが始まり。現在は木目が美しい自然木を0・15㎜〜1・2㎜くらいの単板（自然木突板）に薄くスライスし、それを合板に張り合わせて利用する（天然木化粧板）。

突板の一例。0.5mm以下の突板を薄単板、0.6mm以上を厚単板と呼ぶ

突板を張った家具の天板の例

ナラの突板の表面。木目をうまく張り合わせ、ムクと同じ味わいがある

1 木材を選ぶ
製材の分類とサイズ

木材購入の目安
用途による慣習的な分類
旧JAS規格の分類

慣習的な情報も入手

ホームセンターを利用することが多いＤＩＹファンにとって、材木店に並ぶ木材の分類やサイズはわかりにくいものだ。ただ、長尺の柱材などを購入するとなると、材木店に相談するのが一番早く、そのとき役立つのが、木材の分類などの情報だ。

木材の用途による分類やサイズは現行の日本農林規格（ＪＡＳ）で詳細に決められているが、ＪＡＳの旧規格や、材木店などの慣習的な木材の呼称も使われているため、こうした情報を頭に入れ、役立てたい。

いずれも住宅建築用に流通している構造用、造作用製材などの針葉樹製材品が中心となる。

材木店に並べられた製材品

旧JAS規格の製材分類

●現在も使用されることが多い

種類	定義	分類	サイズ	用途
板類	厚さが7・5cm未満で幅が厚さの4倍以上	板	a=3cm未満 b=12cm以上	天井板 羽目板*他
		小幅板《こはば》	a=3cm未満 b=12cm未満	木ずり* 羽目板他
		斜面板	a=6cm以上	なげし たる木*他
		厚板	a=3cm以上	棚板 足場板他
ひき*割類	厚さが7・5cm未満で幅が厚さの4倍未満	小割《こわり》	a=b a・b=7.5cm未満	たる木 工作用他
		平割《ひらわり》	a=7.5cm未満 b=30cm未満	敷居・窓枠 工作用他
ひき角類	厚さ及び幅が7・5cm以上	正角《せいかく》	a=b a・b=7.5cm以上	柱 土台他
		平角《ひらかく》	a・b=7.5cm以上	梁*・桁他

慣習的な製材名

材　名	定義と用途
葉柄材（はがらざい）	たる木、ぬき*、野地板*、壁下地板(羽柄材)
小割材（こわりざい）	ひき割のうち廻り縁、竿縁などたる木以下の小断面製材品
太鼓材（たいこざい）	丸太の2断面を平行にノコ引きした製材品
半　割（はんわり）	ひき割やひき角を2分の1の厚さにノコ引きした製材品
三　割（さんわり）	ひき割やひき角を3分の1の厚さにノコ引きした製材品
小　角（しょうかく）	輸入製材の角材のうち厚さが5インチ未満のもの
中　角（ちゅうかく）	輸入製材の角材のうち厚さが5〜16インチのもの
大　角（だいかく）	輸入製材の角材のうち厚さが18インチ以上のもの

＊用語ミニ解説＊

- ひき割　ノコギリで引いて割った角材
- 羽目板　板の両脇がオスとメスのはめ込み式の板
- 木ずり　壁材を張るための下地となる小さな板
- たる木　垂木。屋根板を支えるなどの小断面の角材
- 梁　はり。上部の加重を支えるために横架する木材
- ぬき　貫。柱と柱を横に貫く横木。壁の下地となる
- 野地板　屋根の下地にたる木の上に張る板

1

木材を選ぶ

2×4材

安価で加工しやすい輸入材

- 規格化されたサイズ
- 加工しやすい材質
- DIYショップで手軽に購入

ホームセンターで最も多く見られる木材といえば、2×4（ツーバイフォー）材と呼ばれる針葉樹の規格材。正式には枠組壁工法構造用製材と呼ばれる木材で、北米の木造住宅工法に使われる構造材だ。

この2×4材はインチが基本。1インチは25.4㎜だが、2×4材はカンナがけされ、19㎜を基準として規格化されている。

材質は北米産のSPFがほとんどで、これに丈夫なレッドシダーや欧州産のホワイトウッドが加わり、用途に応じて選択できる。いずれも木目が明瞭な針葉樹で、やわらかく加工しやすい反面、SPFやホワイトウッドなどは腐りやすく、屋外使用時は塗装が必要となる。

2×4材の材質

SPF

北米産のSpruce（トウヒ）、Pine（マツ）、Fir（モミ）の頭文字をとったもので、よく似た材質のため、同じSPF材として販売されている。白く木目がきれいで、加工しやすいが、腐りやすいのが難点。屋外使用は屋外木工用塗料を塗装する必要がある。安価で、構造材や家具など使い道が広い

レッドシダー

米スギと呼ばれるが、ヒノキの仲間。腐りにくく丈夫で、耐久性がある。デッキの根太材など、腐食しやすい部分に使うことが多い。SPFと比べると高価

ホワイトウッド

欧州産の白くきめのこまやかな針葉樹材。SPF材同様に加工しやすく安価だが、耐水性が低く、腐りやすいので屋外用には向かない

2×4材のサイズ

厚さの違い

右の正方形は4×4材

幅の違い

一番幅のある板が1×8材

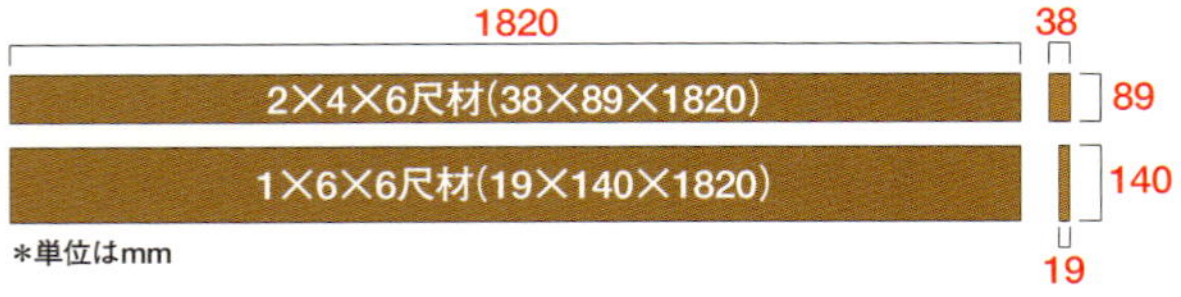

2×4材と普通製材

2×4材（右）は角が面取りされているので、つないで板をつくると面に溝ができる。購入時は注意しよう

2×4材木口寸法例

種類	サイズ	種類	サイズ
1×2	19×38	2×2	38×38
1×3	19×63	2×3	38×63
1×4	19×89	2×4	38×89
1×6	19×140	2×6	38×140
1×8	19×184	2×8	38×184
1×10	19×235	2×10	38×235

この他にもサイズがある

2 工具をそろえる

木工は材料があっても、それを加工する道具がなければはじまらない。最近は手動工具ばかりでなく、作業時間がかからず、きれいな仕上がりが期待できる電動工具が出回っている。特に部材の切断は、丸ノコを使う使わないでは、時間も仕上がりにも大きな差が出てくる。プロが使う高価な工具でなくとも電動工具は、1台はほしいもの。電動工具を含め、木工に最低限必要な工具を集めた。

2

工具をそろえる

計測と墨つけ工具

サシガネ1本は用意

目盛はcmスケールを準備

専門用具も選択肢の中に

サシガネは必需品

木工作業には数多くの用具が用意されているが、中でも部材の長さを測ったり、必要なサイズの目印をつけたりする最も基本的な用具が計測工具と墨つけ工具だ。

計測工具は加工に必要なサイズを割り出すための道具で、サシガネ、メジャー、直定規があり、一般の日曜大工作業では、cm刻みのスケールがついたものが多く使われている。

墨つけとは、大工仕事で部材を切ったり、刻んだりする際に、独特の墨壺を使って線を印すことから来た言葉。現在は墨壺の代わりに鉛筆やペンで印すのがふつうとなっている。まずは最も多用するサシガネを一本は用意したい。

計測と墨つけ工具

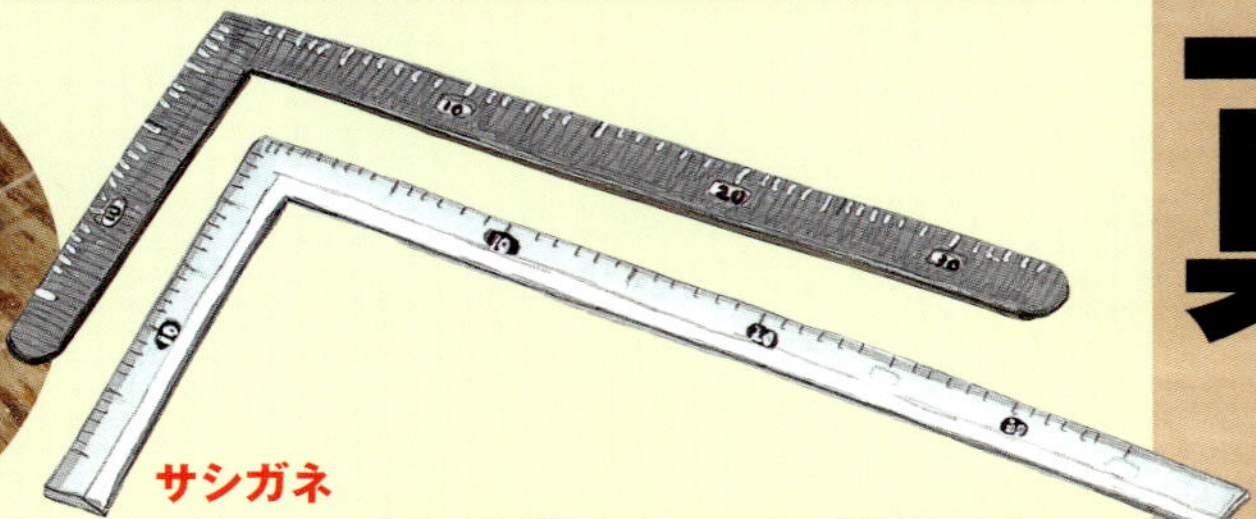

サシガネ

L字型をした金属製の定規で、ふつうの計測や直角の計測、直線や曲線の墨つけに使う。昔ながらの定規だけに、さまざまな目盛が用意されているが、日曜大工では両面にcm目盛がついた、ステンレス製で弾力がある30cmサイズのものが使いやすい（→P34）

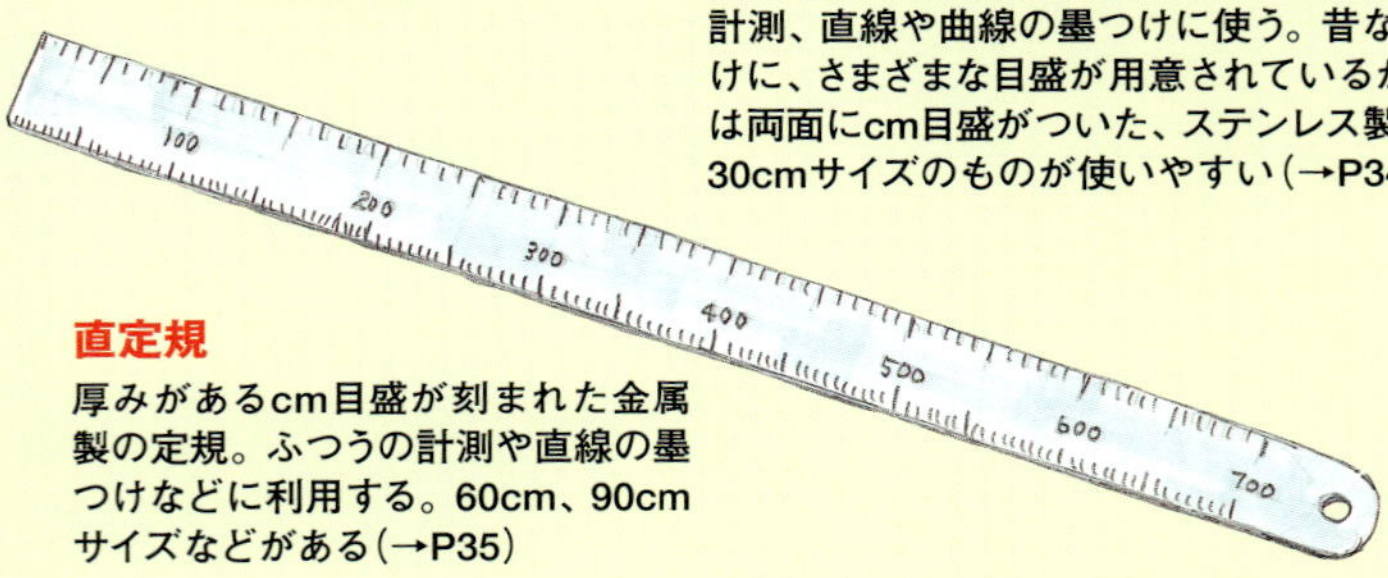

直定規

厚みがあるcm目盛が刻まれた金属製の定規。ふつうの計測や直線の墨つけなどに利用する。60cm、90cmサイズなどがある（→P35）

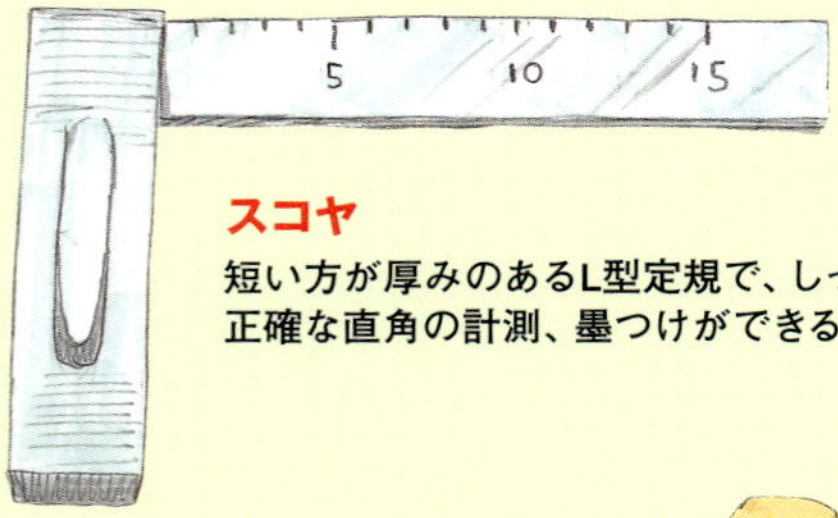

スコヤ

短い方が厚みのあるL型定規で、しっかり固定できるため、正確な直角の計測、墨つけができる（→P37）

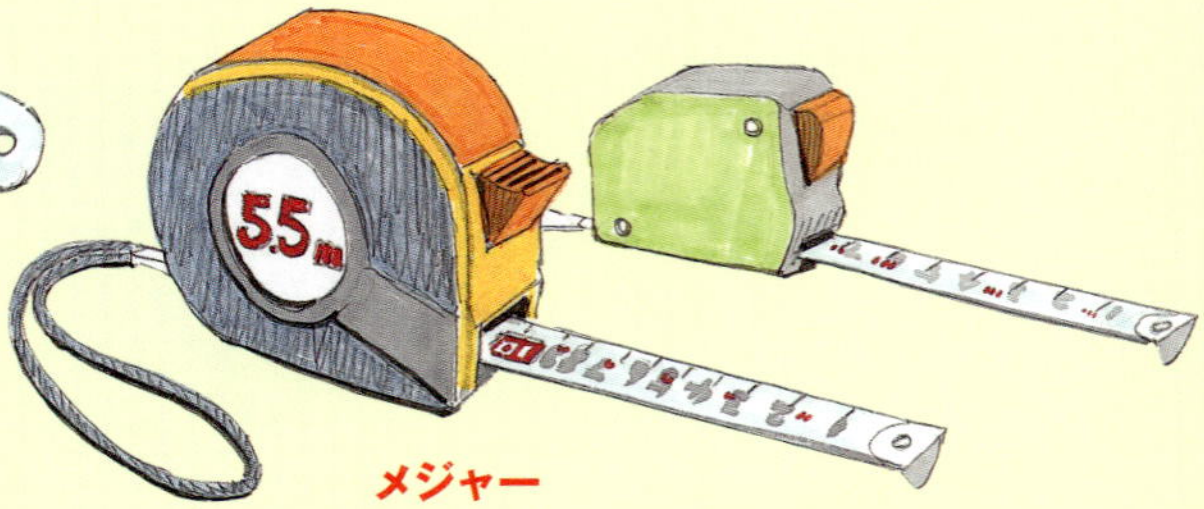

メジャー

巻き尺の一つで、テープ（スケール）をバネの力でケース内に収納している。木工用には5.5mサイズのものが使い勝手がよい（→P35）

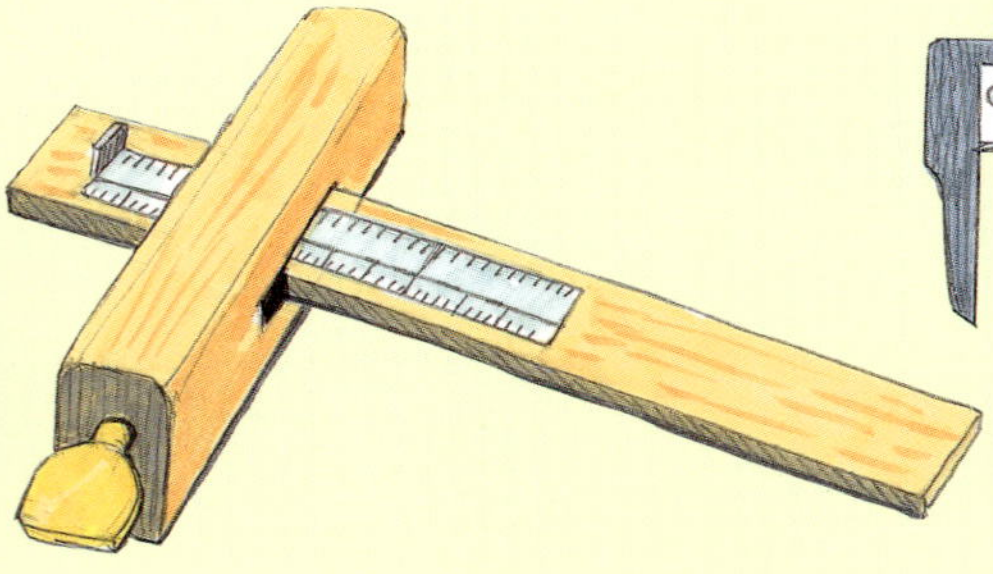

筋ケビキ

裏に小さな刃がついていて、一定のサイズをセットしたら、その幅を刃で墨つけするしくみ。同じ幅の平行線を何回も引くようなホゾ穴の墨つけなどに便利。上級者向けの道具だ

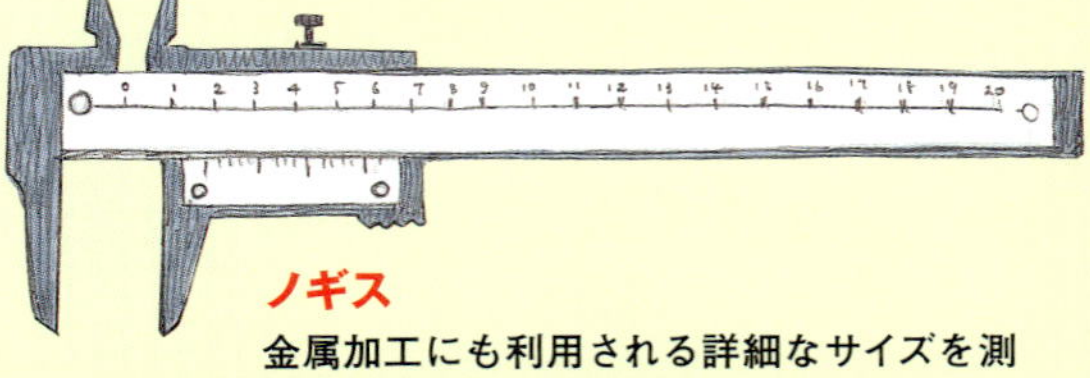

ノギス

金属加工にも利用される詳細なサイズを測る計測用具。円筒の内径や外径、奥行きなどを計測する

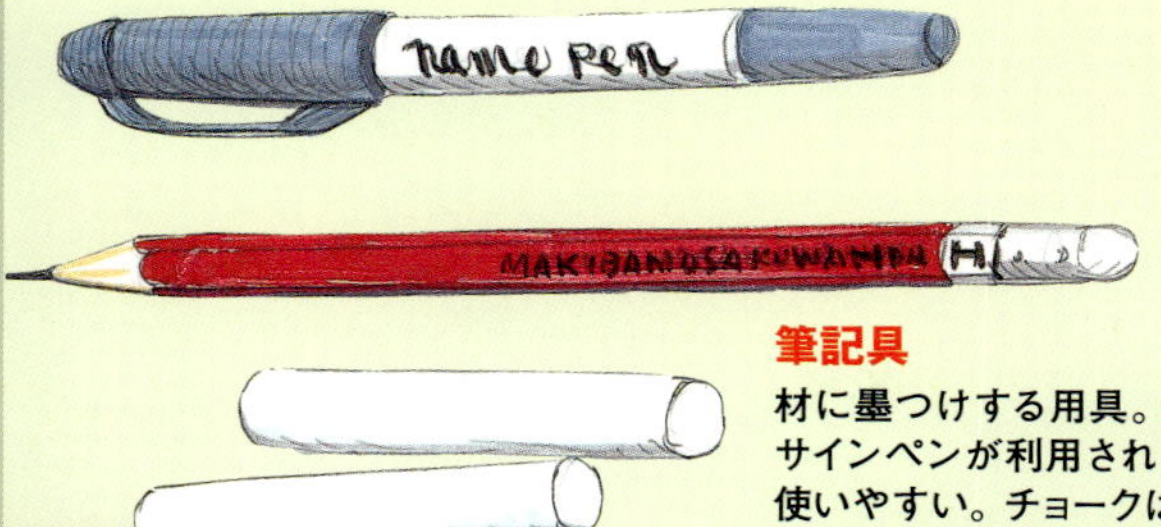

筆記具

材に墨つけする用具。鉛筆やシャープペン、サインペンが利用され、鉛筆なら硬さはBが使いやすい。チョークは後々色が残らないので、面の位置や方向を印しておくのに便利だ

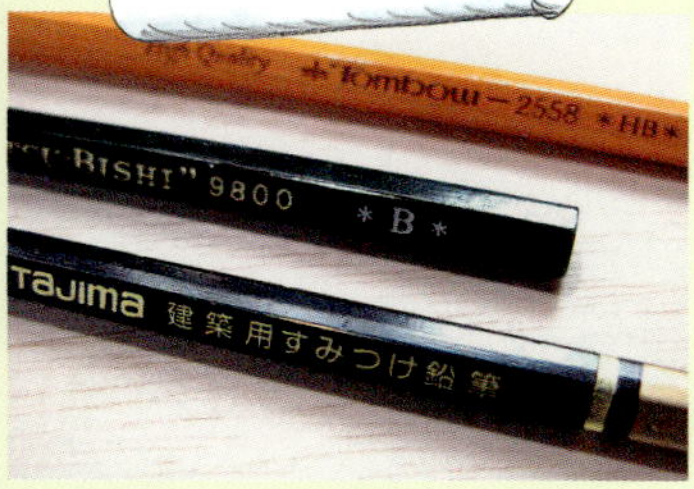

墨つけ専用の鉛筆もある

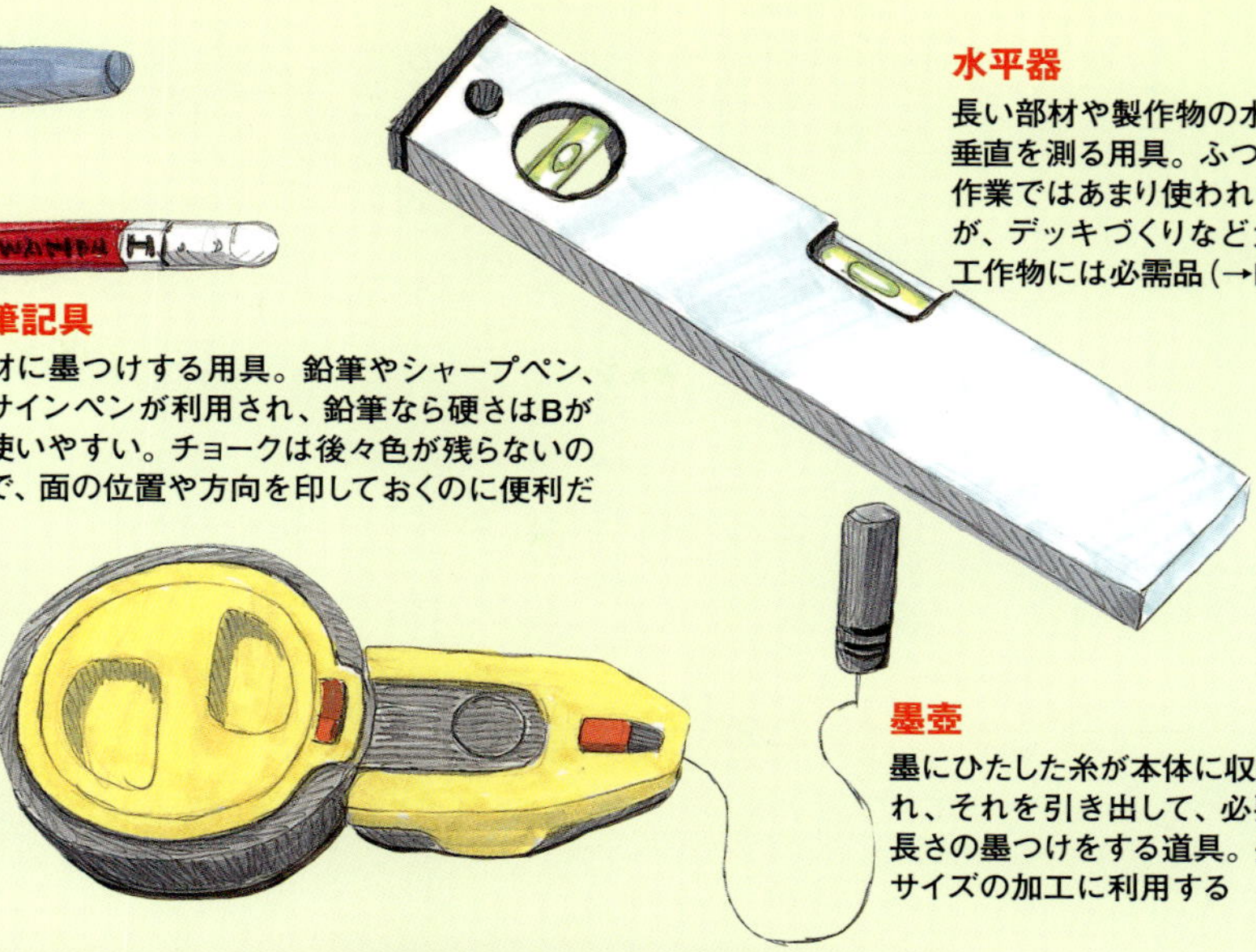

水平器

長い部材や製作物の水平、垂直を測る用具。ふつうの作業ではあまり使われないが、デッキづくりなど大型工作物には必需品（→P35）

墨壺

墨にひたした糸が本体に収納され、それを引き出して、必要な長さの墨つけをする道具。長いサイズの加工に利用する

最低限これだけあれば足りる木工用具

正確で迅速に加工ができる電動工具は現代の日曜大工必需品。この電動工具を中心に、細かな作業を助ける道具はノコギリやカンナなど昔ながらの手動工具をそろえよう。購入時に気を使いたいのは、プロが使う道具がよい…ということではなく、自分のふところ予算内でいかに作業に適した道具をそろえるかだ。ホームセンターなどで販売されているものに、それほど大きな差はないといえる

2

工具をそろえる

固定工具

- 正確な加工の必需品
- 用途によって選択
- F型クランプ2本は最低準備

失敗しない加工の必需品

正確な墨線を引いたら、墨線に合わせてきれいにカットしたい…と思うのは誰もが同じ。しかし、思うようにいかないのが初心者の常だ。そこで大きな力となってくれるのが、部材をしっかり固定してくれる固定工具。

木工ではプロでも細かな作業では固定工具を使用する。加工で一番失敗が多いのは部材のがたつきによる墨線とのズレ。ホゾ加工（→P85・126）のような精密さを要求される加工ではなおさらだ。

固定工具はG型やF型クランプなどの標準的な工具に加えて、板の圧着に使うハタガネなど、用途によってもさまざまある。最低F型クランプを2本は用意しよう。

固定工具

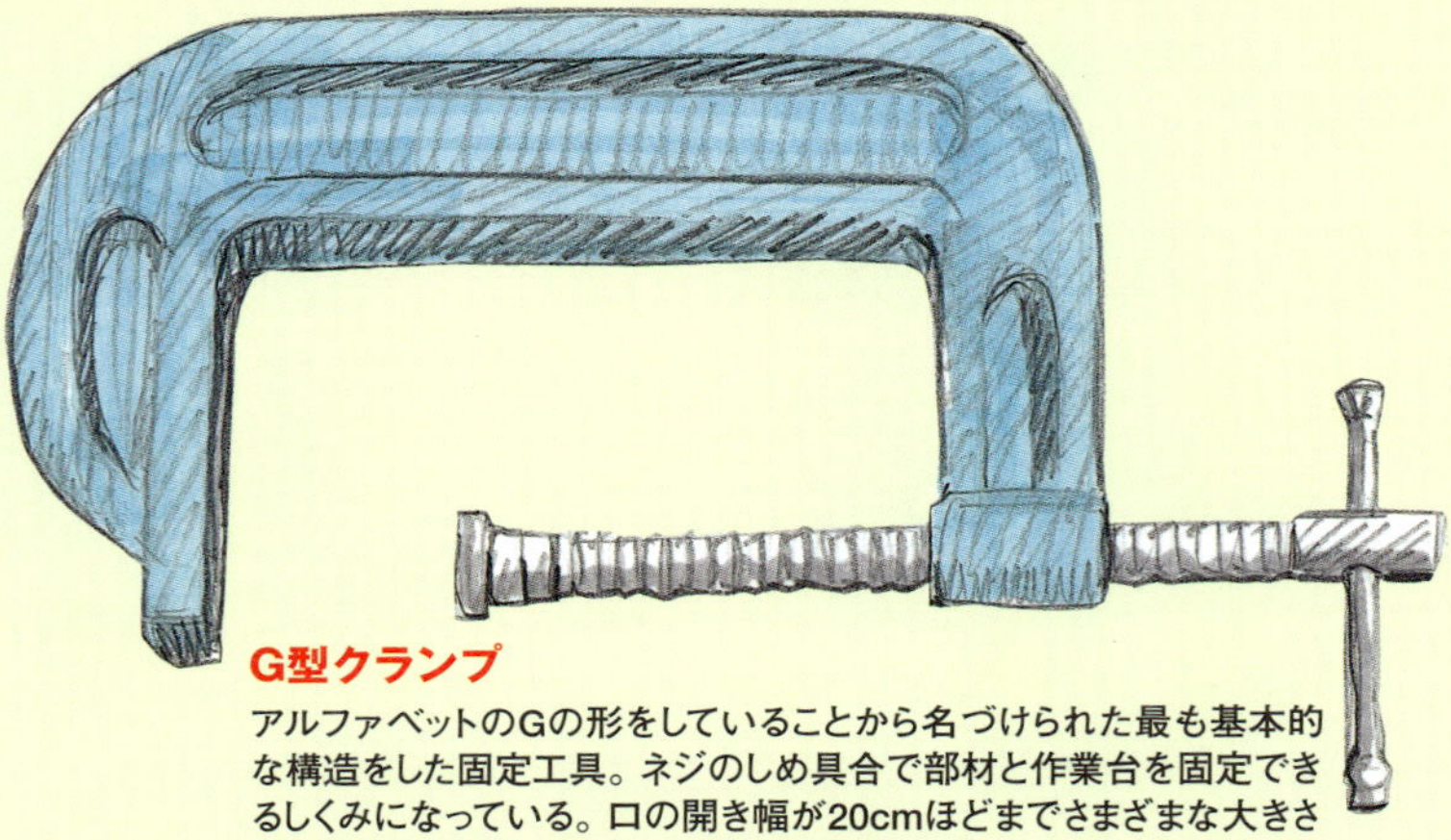

G型クランプ

アルファベットのGの形をしていることから名づけられた最も基本的な構造をした固定工具。ネジのしめ具合で部材と作業台を固定できるしくみになっている。口の開き幅が20cmほどまでさまざまな大きさがそろっているが、ネジしめが面倒だ。C型クランプともいう（→P43）

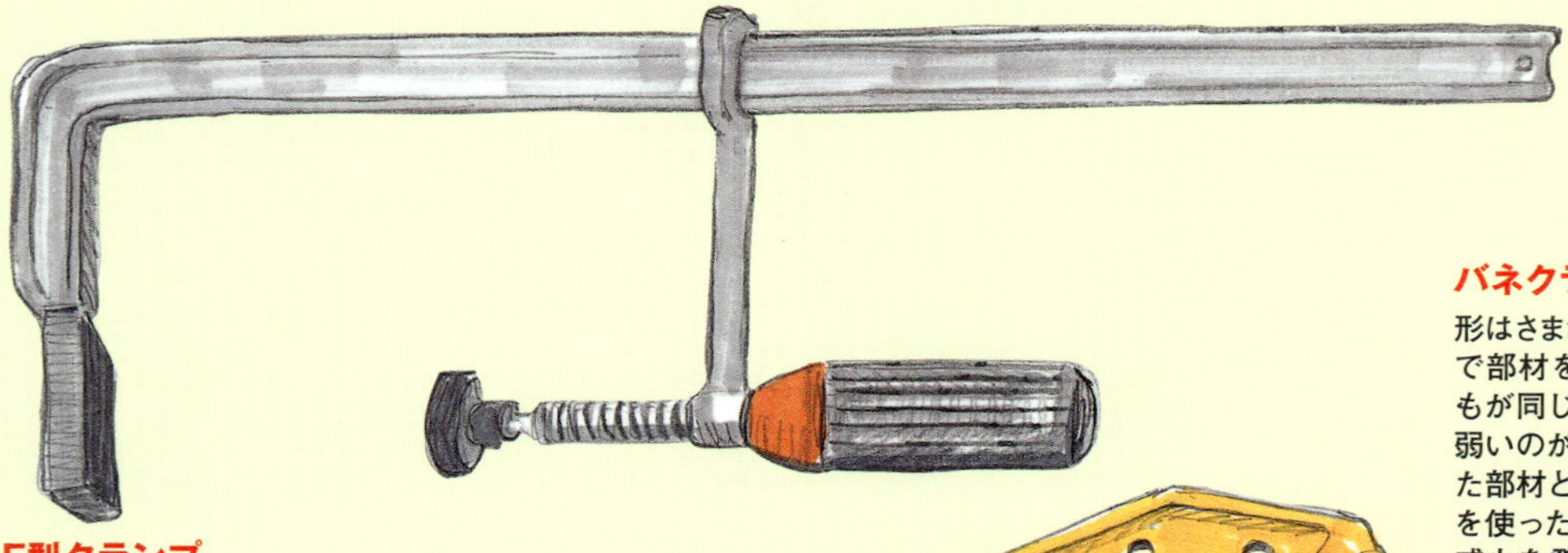

F型クランプ

形がFの字に似ていることからF型と呼ばれるが、ハンドル部をスライドさせて、しめ幅を簡単に調節できることからスライドクランプともいう。G型のように、固定するときに何度もネジをしめる必要がないため、厚みのある部材を簡単に固定できるのが便利。中には固定を瞬時にゆるめられるワンタッチレバーつきもある。最低2ヶ所を固定することを考え、2本は用意したい（→P43）

F型クランプの使用例

バネクランプ

形はさまざまだが、バネの力だけで部材を固定するしくみはどれもが同じ。バネだけに固定力が弱いのが欠点ながら、ちょっとした部材と部材の仮固定、接着剤を使った薄い合板の圧着などに威力を発揮してくれる（→P44）

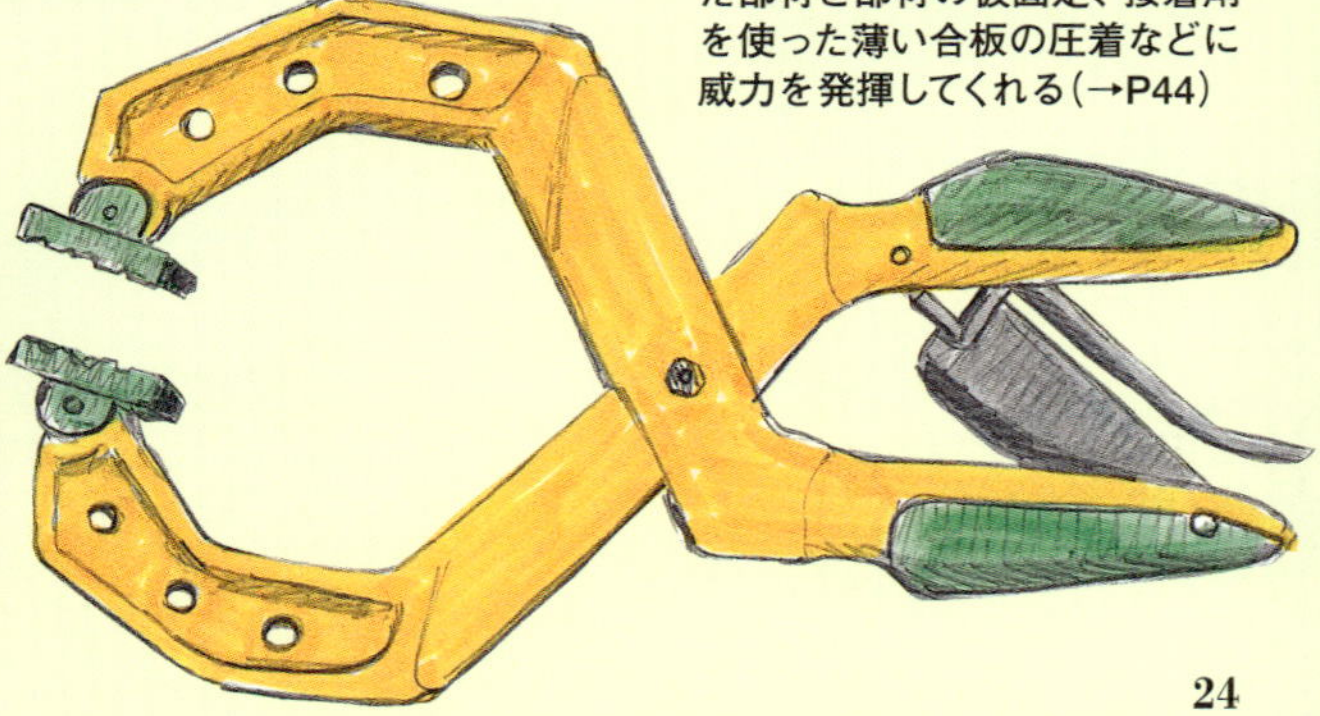

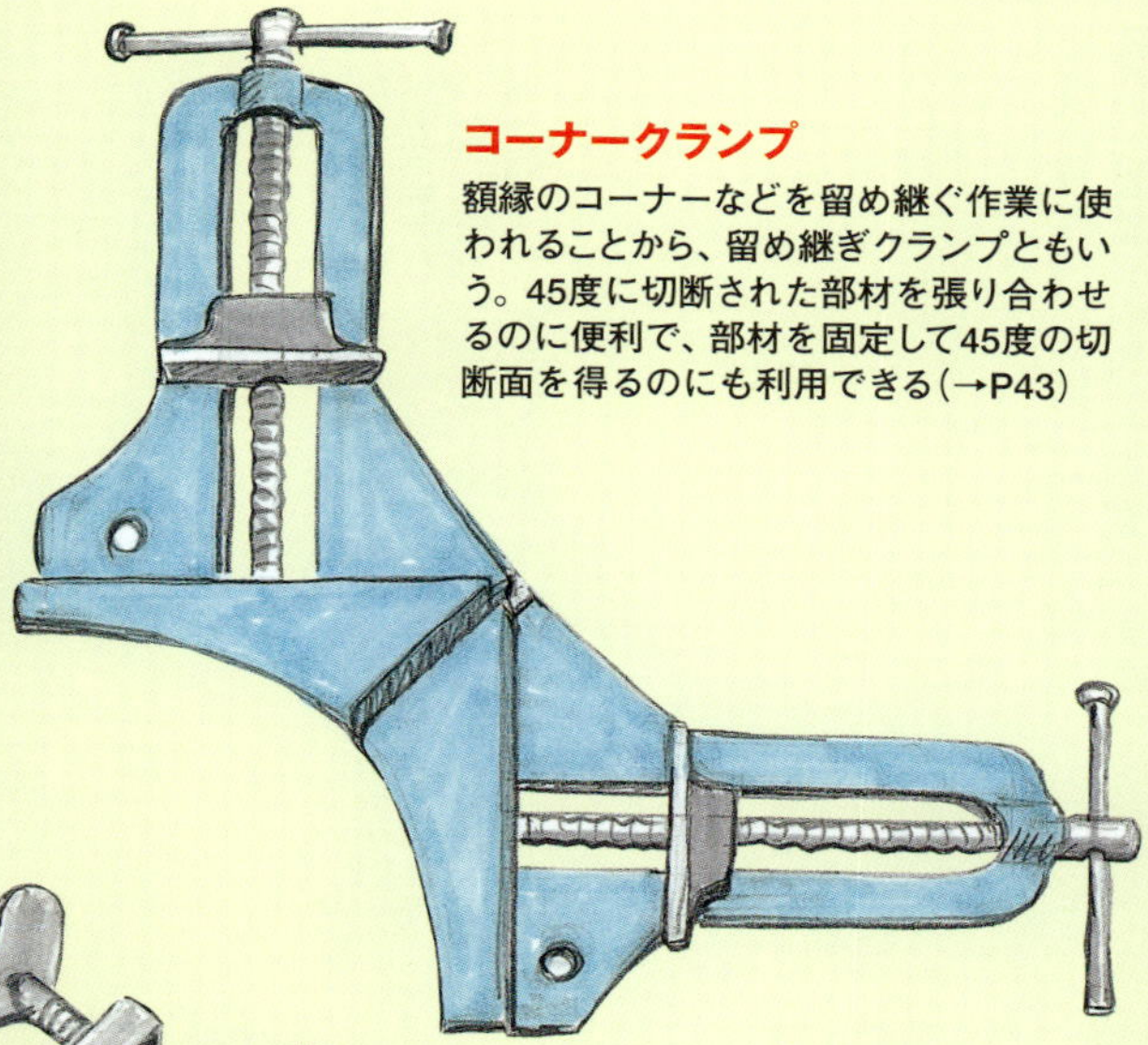

コーナークランプ

額縁のコーナーなどを留め継ぐ作業に使われることから、留め継ぎクランプともいう。45度に切断された部材を張り合わせるのに便利で、部材を固定して45度の切断面を得るのにも利用できる(→P43)

バンドクランプ

コーナーを固定できるパッドをバンドに通し、額縁のコーナー、箱物などを固定するクランプ。パッドを外せば、バンドだけで多角形や円形の固定にも応用できる(→P44)

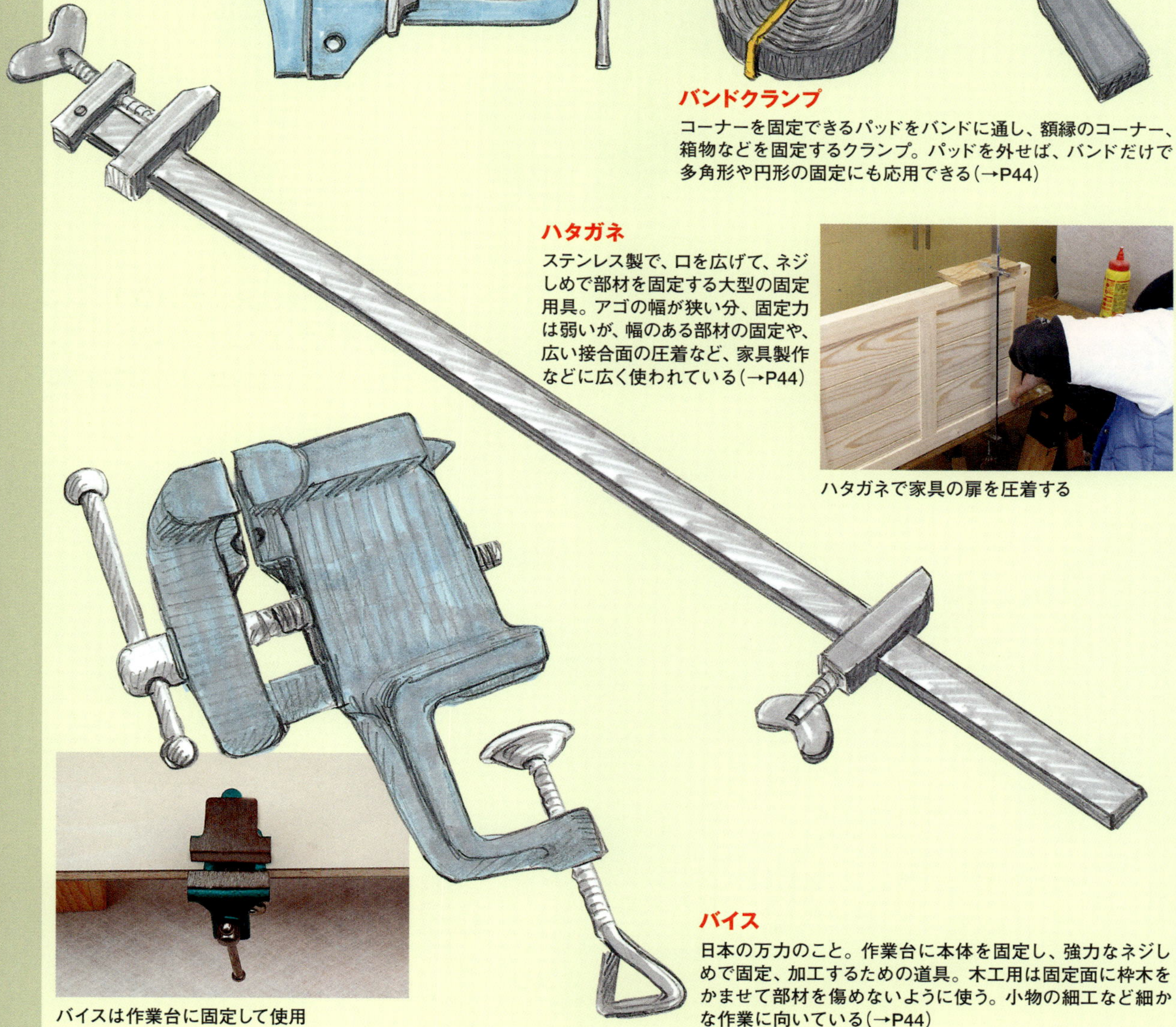

ハタガネ

ステンレス製で、口を広げて、ネジしめで部材を固定する大型の固定用具。アゴの幅が狭い分、固定力は弱いが、幅のある部材の固定や、広い接合面の圧着など、家具製作などに広く使われている(→P44)

ハタガネで家具の扉を圧着する

バイスは作業台に固定して使用

バイス

日本の万力のこと。作業台に本体を固定し、強力なネジしめで固定、加工するための道具。木工用は固定面に枠木をかませて部材を傷めないように使う。小物の細工など細かな作業に向いている(→P44)

2 工具をそろえる

切断工具

電動工具を利用しよう

木工作業の、切断→加工→組み立て→塗装…という工程で、最初で、最も基本となる作業が切断だ。また、ただ切断するばかりでなく、いかに美しく仕上げるかは、腕もさることながら、道具の良し悪しにかかっている。

昨今は電動工具が充実し、欠かせない用具になっている。特に、大量に切断するとなると、慣れていないノコギリさばきでは、気が遠くなるばかり。電動工具も丸ノコなど最低限必要なものを準備すれば、格段に作業効率がアップする。

道具も使いよう。ノコギリなどの手動の基本工具も、細かな作業には大いに役立つ。

- 細かな作業に手動工具
- 作業効率をアップする電動工具
- 電動工具に丸ノコ1台は標準装備

切断工具

細かなカットに便利なノコギリ

ノコギリ

木工の切断道具としては最も基本的で、古くから使われてきた手動工具。日本のものは引いて切断するが、西欧のノコギリは押して切断するしくみになっている。直線の切断が得意で、繊維を縦にひく縦刃と横にひく横刃両方がついた両刃ノコギリ、横刃だけの片刃ノコギリの2種類がある。日曜大工程度なら片刃ノコギリ1本で十分。研ぎを必要としないため替刃式が便利だ（→P50）

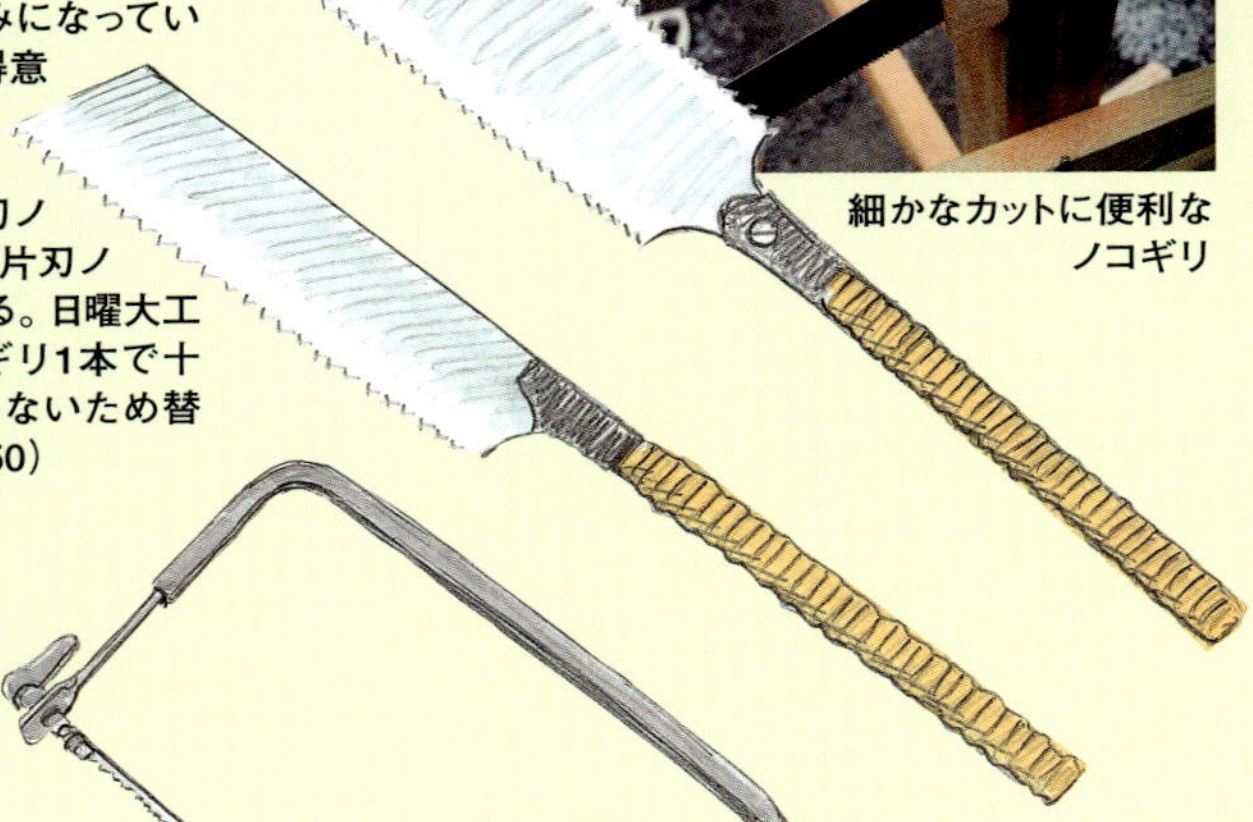

糸ノコギリ

糸ノコと呼ばれるこのノコギリは、細かい歯がついたブレード（刃）を上下の留め具で固定し、上下に引くことで部材を切断するしくみ。部材に窓を開けたり、曲線を切断するのが得意で、細かな作業に向いている（→P55）

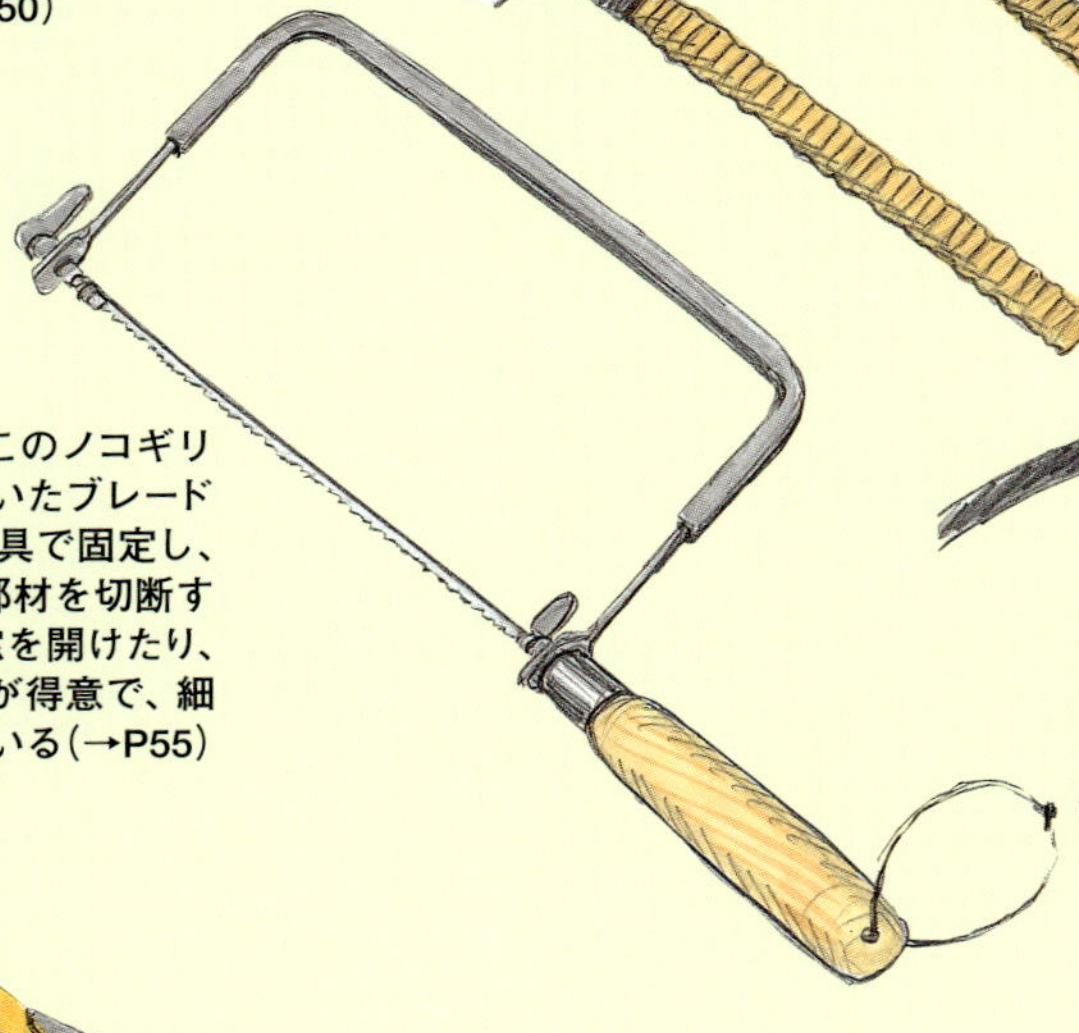

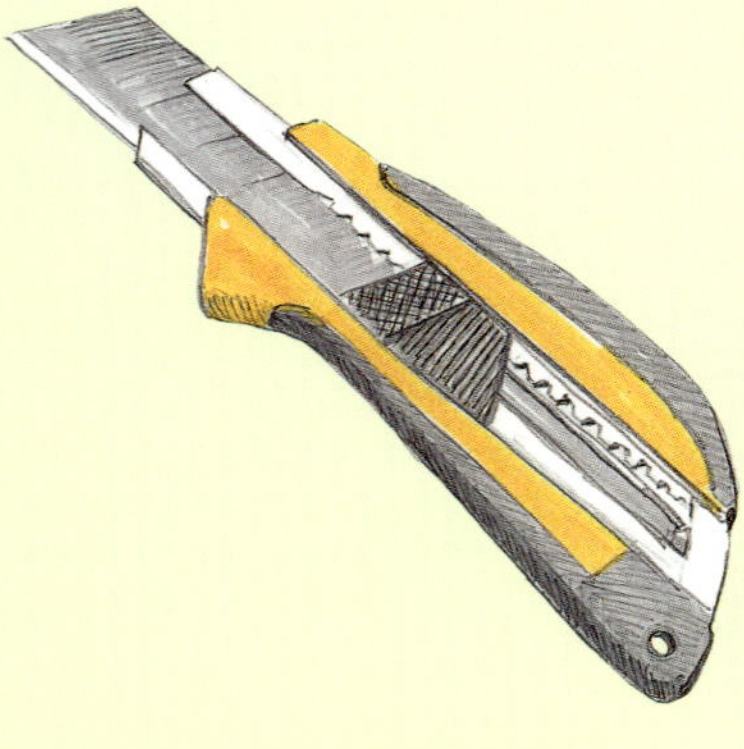

カッター

紙を切るカッターを大きくした、厚みのある刃がついたもの。木工作業では、電動工具やノミを使った加工で切断を誘導するために、あらかじめ切断線を入れる下作業に使われる。薄い合板ならこれ1本で切断可能（→P54）

丸ノコ

電動工具で丸いブレード（刃）を回転させて切断するものはすべて丸ノコと呼ばれる。中でもハンディで、小型のタイプがポータブル丸ノコ。丸ノコといえばふつうこのポータブル丸ノコを指す。むき出しになった刃が、1分間に5000回の高速回転で部材を切断するだけに最初は怖いようだが、安全を考えた使用法を身につければ、作業は一段と効率アップする（→P58）

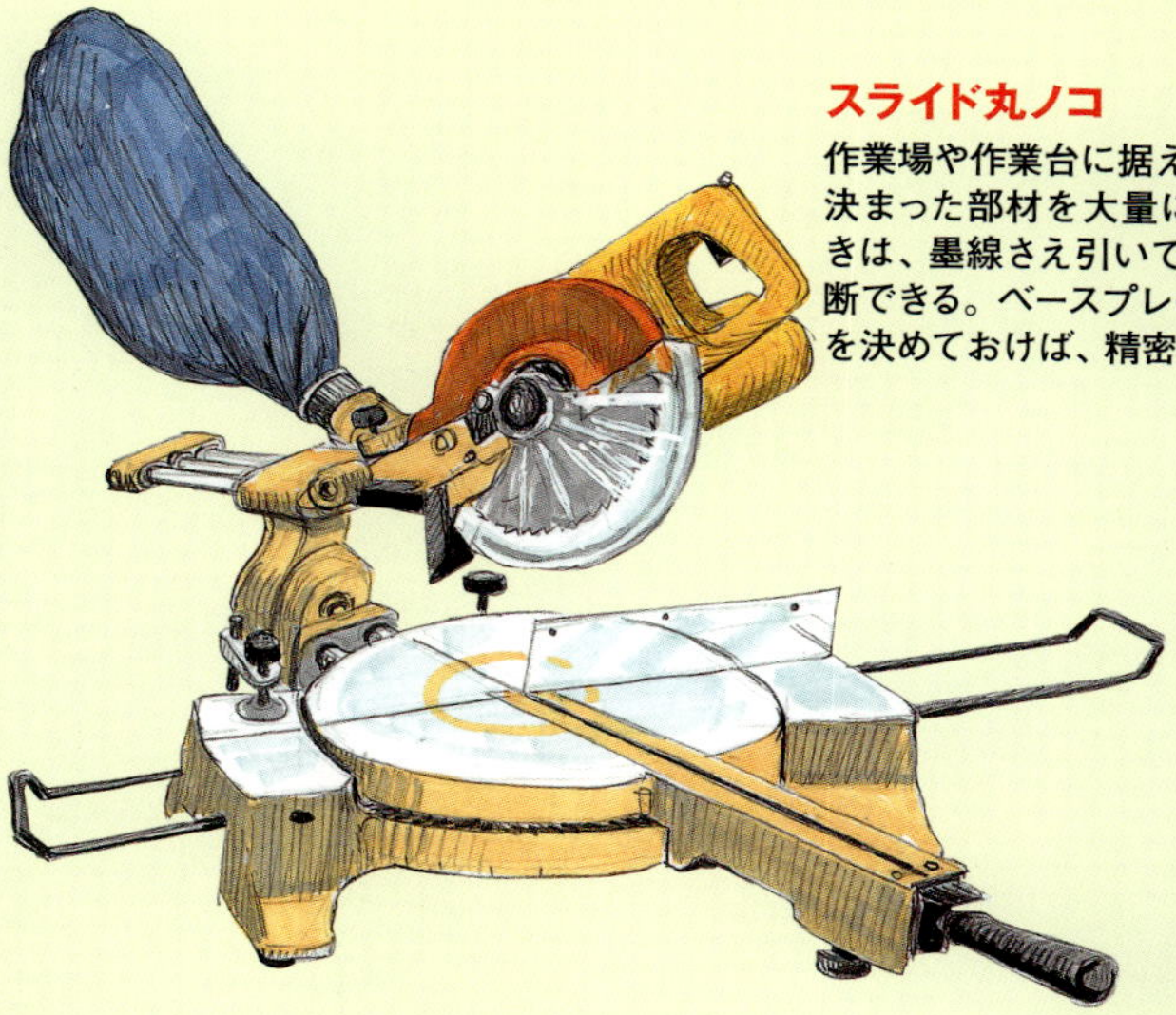

スライド丸ノコ

作業場や作業台に据えつけて使う丸ノコ。決まった部材を大量に切断するようなときは、墨線さえ引いておけば、一気に切断できる。ベースプレートを回転して角度を決めておけば、精密な角度切りも可能。

材の長さの方向には切断できない

糸ノコ盤

手動の糸ノコギリを電動で、しかもブレード（刃）を固定して使うため、部材を動かしてブレードに当て、切断する。慣れていないと刃を折ったりすることが多いが、ブレードの方向に合わせて、部材を自在に動かせるようになれば、美しい曲線を切り出すことが可能だ（→P70）

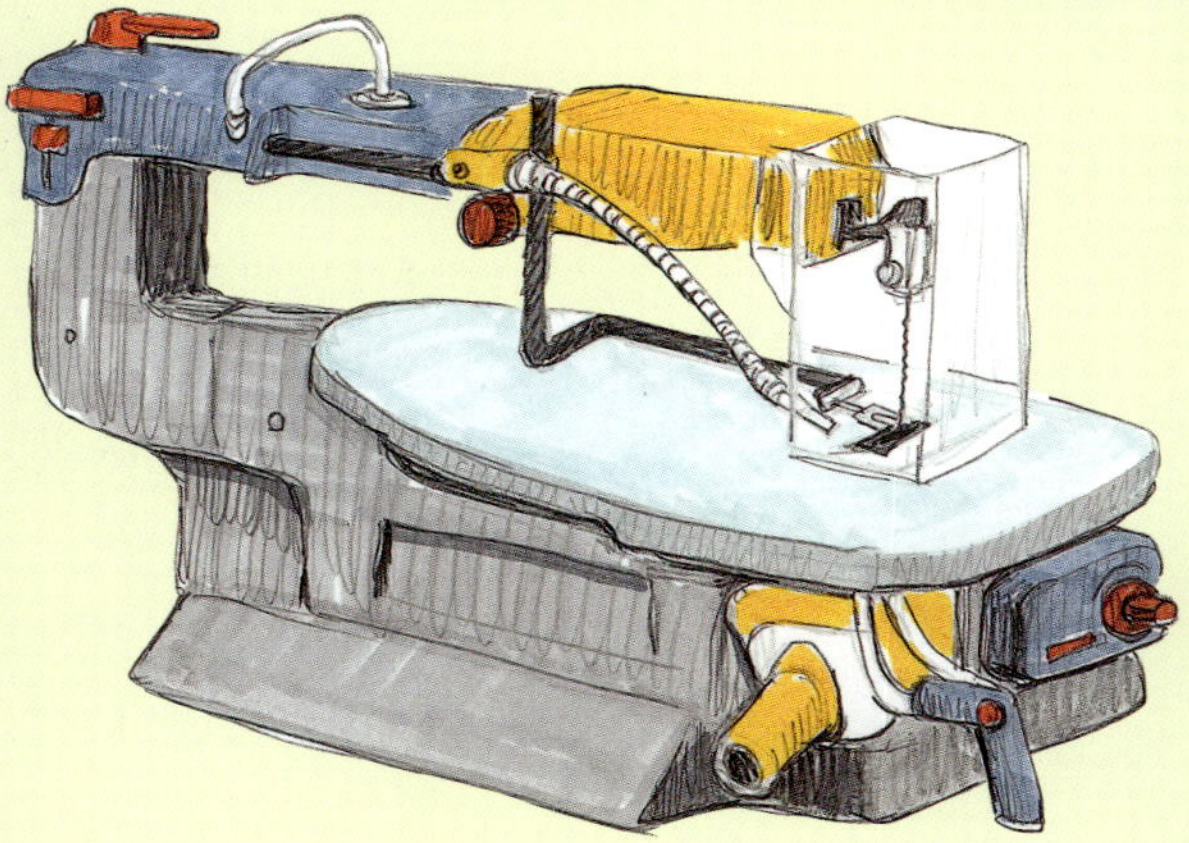

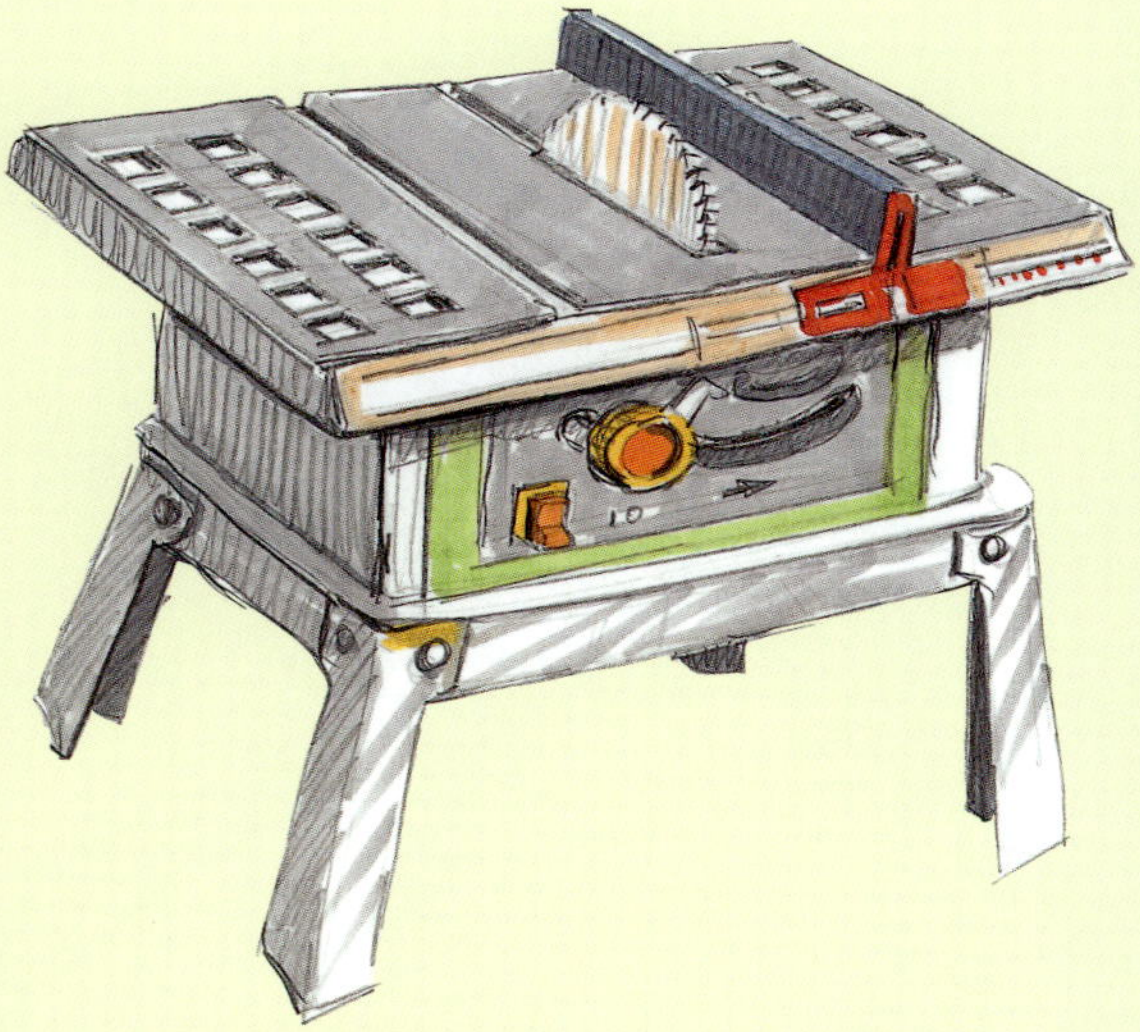

テーブル丸ノコ

作業場据え置き型の大型の丸ノコ。テーブルの下に丸ノコ本体が設置され、ブレード（刃）が下側から突き出した格好で切断するしくみ。部材をガイドに合わせて動かすので、ガイドやテーブル面の角度を調節すれば、角度切りや細かな切断が可能。工具の扱いに慣れた上級者向けの工具だ

ジグソー

ブレード（刃）を上下させて部材を切断する電動工具。ハンディで、曲線切りや窓空けなどの細かな作業向き。ブレードは替刃式で金属やプラスティックを切断できるものも。振動によるブレは、使用時に部材を固定して使うことで防げる（→P67）

部材がばたつくようなブレは、しっかり固定することで防ぐ

2 工具をそろえる

加工具

溝ほりなど加工に必要な用具

手動・電動工具を併用

トリマー1台があると便利

電動と手動の併用で

切断した部材をつないだり、組み立てたりするために加工は重要な工程となる。かつてはノミ1本でやっていた溝ほりも、トリマーで楽にこなせるようになった。しかし手動の工具の出番はまだ多い。

一枚の板をカンナがけすることはめったにないものの、角の面取りや仕上げ面の修整に、カンナの活躍する場は多い。ノミも同様で、溝ほりの仕上げに手加減を加えられるノミは必需品。

このように、さまざまある加工工具も、電動工具と手動工具を併用することで能率を上げ、また完成度を高めることが可能となる。電動工具では、トリマー1台はもっていると便利だ。

加工工具

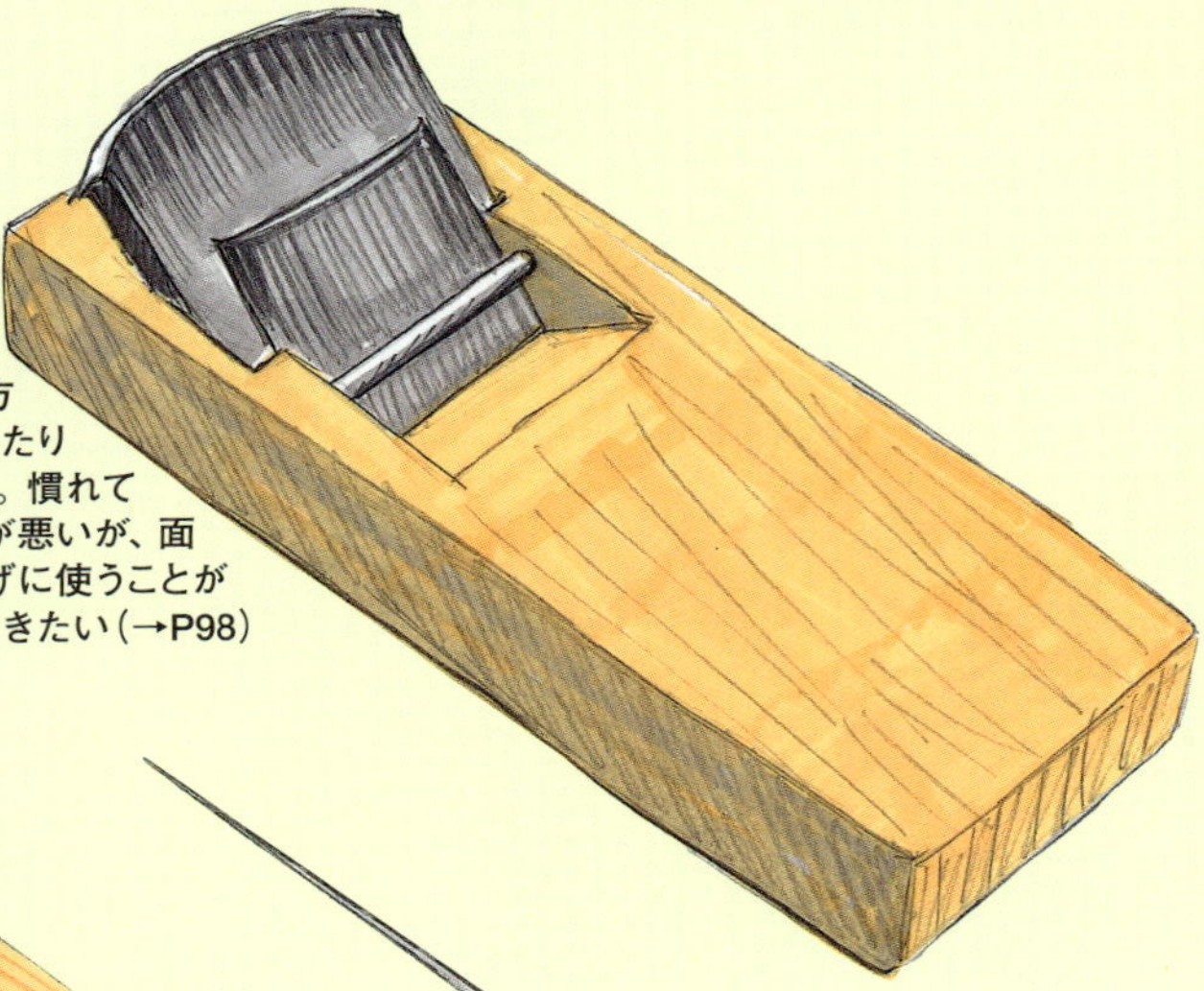

カンナ

削り出す刃と、それを押さえる裏金の2枚構成のものが主役。刃の出し方で、部材を厚く削ったり薄く削ったりできる。慣れていないと使い勝手が悪いが、面取りや加工の仕上げに使うことが多く、使い慣れておきたい（→P98）

キリ

ドリルの穴あけなど下穴用の加工用具。下穴用の四つ目ギリや三つ目ギリ、大きめの穴を空けるつぼギリなどもある（→P74）

千枚通し

下穴を空けるのに使う工具で、1本もっていると重宝する

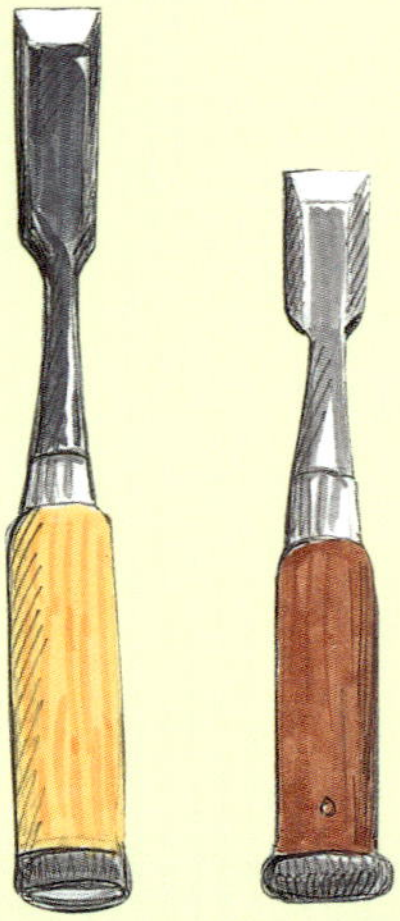

ノミ

木工では穴をほったり、削り取ったりという作業は多く、1本はもっていたい工具。大別して叩きノミと突きノミがあり、叩きノミは柄に金属のかつらがはめてあり、柄尻をたたいてほるのに使う。突きノミはカツラがなく、彫刻刀のように削り出し、仕上げなどに使う（→P84）

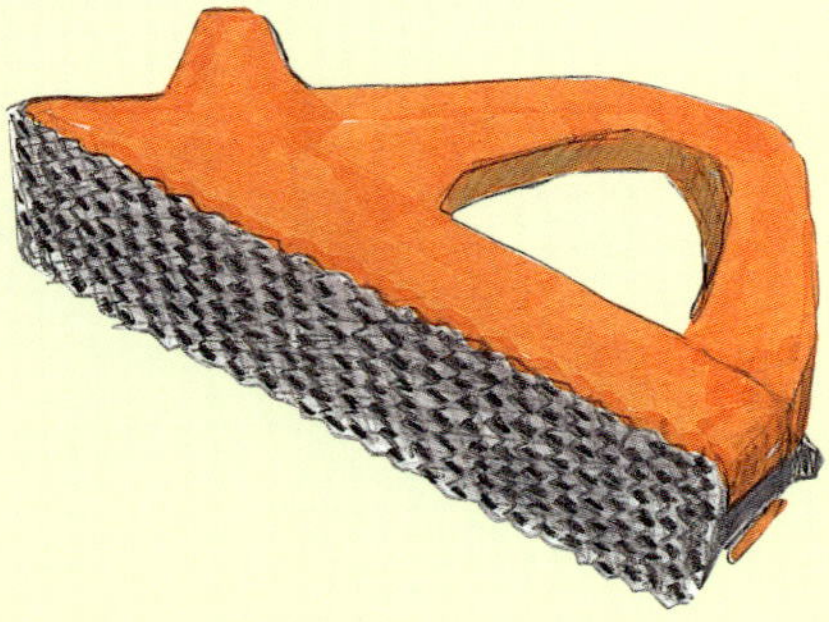

ヤスリ

木工用のものは、部材表面の荒削りに使う。イラストはハンディタイプのもの

サンドペーパー

面取りや仕上げに使うヤスリで、番号が大きくなるほど、目が細かくなる

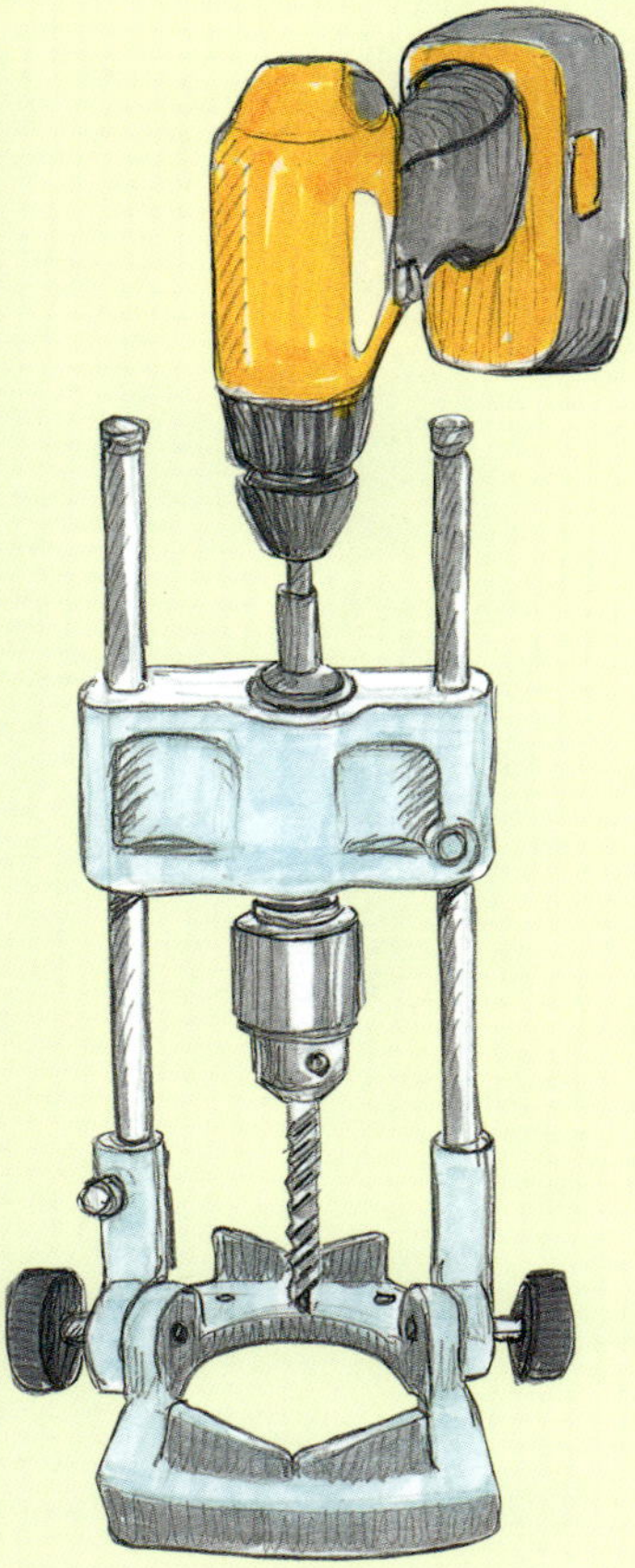

ドリルスタンド

ドライバードリルを装着し、ボール盤同様正確な穴空けができるようつくられたスタンド。斜めの穴空けも可能だ(→P78)

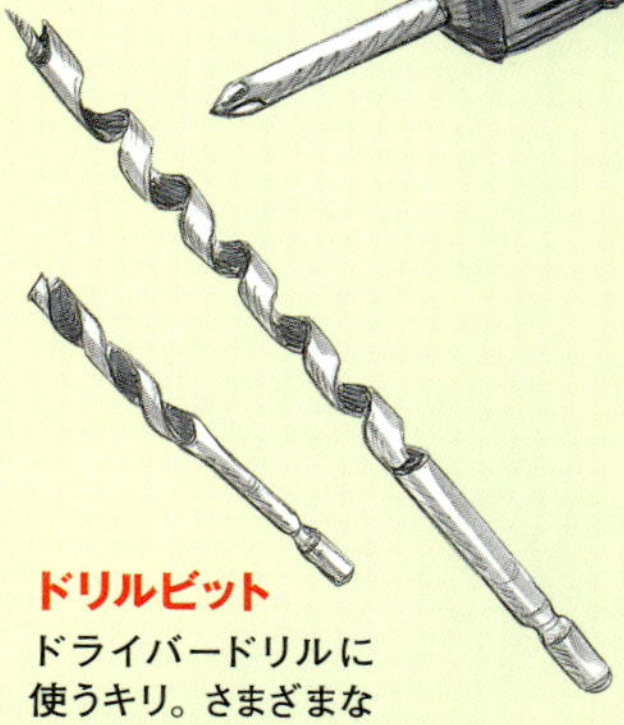

ドリルビット

ドライバードリルに使うキリ。さまざまな径が用意されている

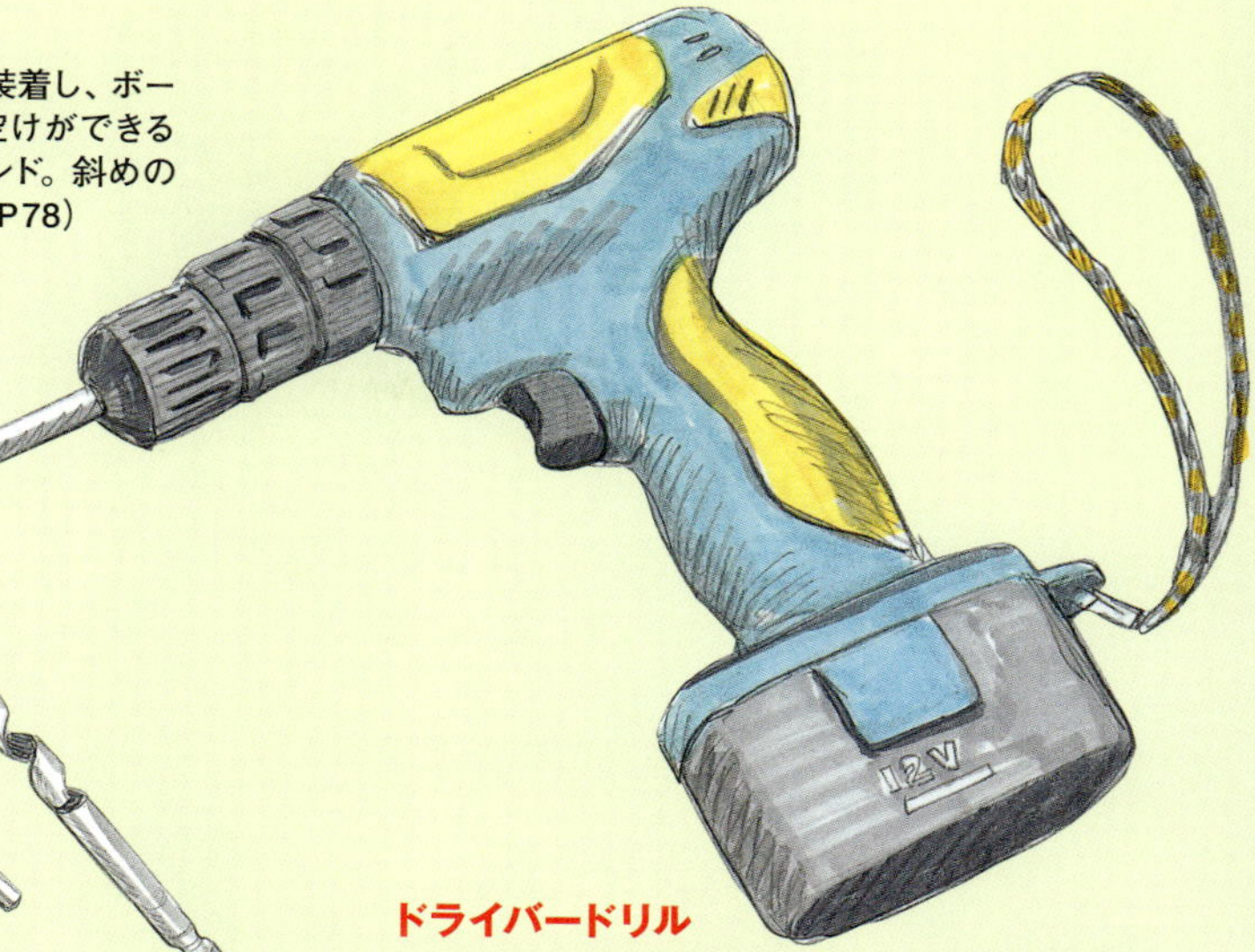

ドライバードリル

ドリルビット(キリ)を装着して穴空けに使う電動工具。コードレスタイプの充電式がハンディで扱いやすい。購入時は12V以上のバッテリーパワーで、替バッテリーが2個ついているものをすすめる(→P76)

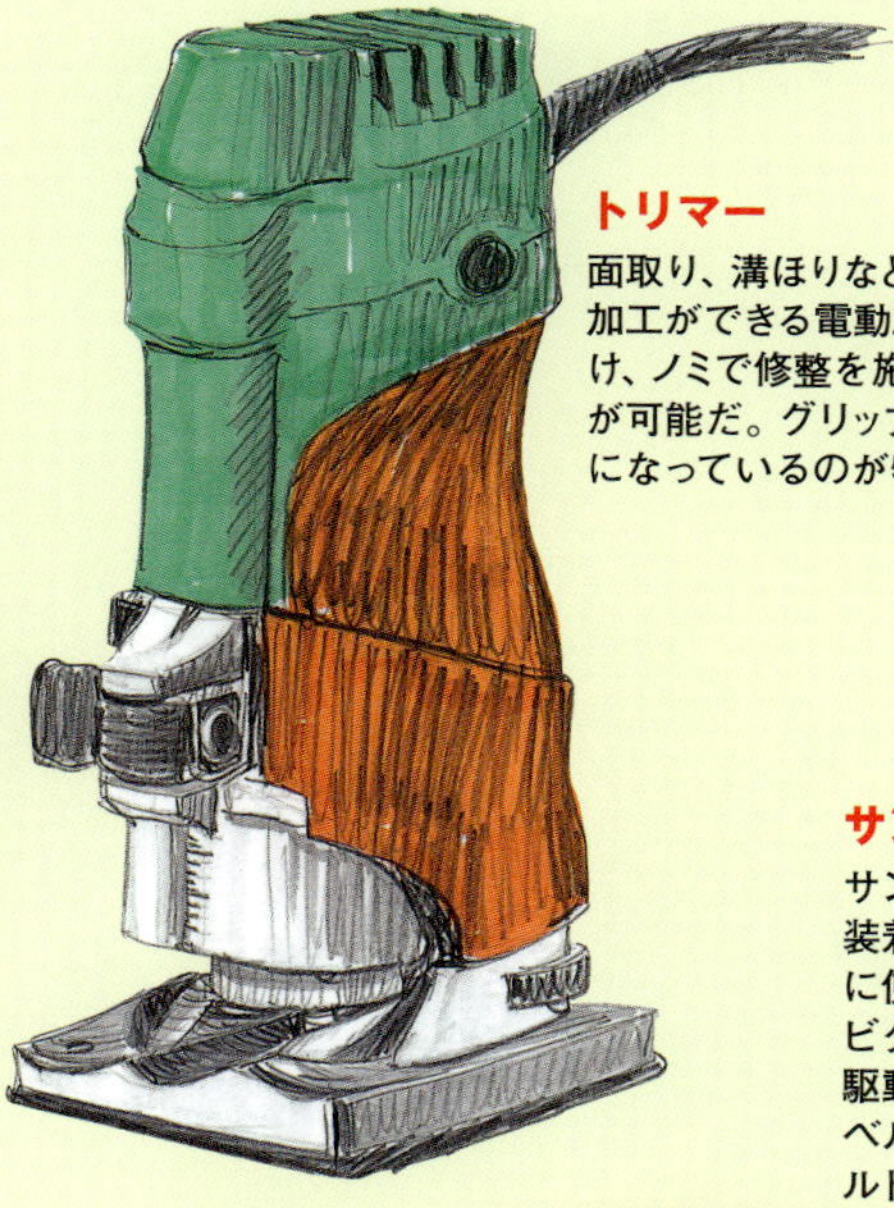

トリマー

面取り、溝ほりなど、取りつけるビットでさまざまな加工ができる電動工具。ホゾ穴もこのトリマーで空け、ノミで修整を施せば、ビギナーでも容易な加工が可能だ。グリップが、片手作業を考えたスタイルになっているのが特徴(→P86)

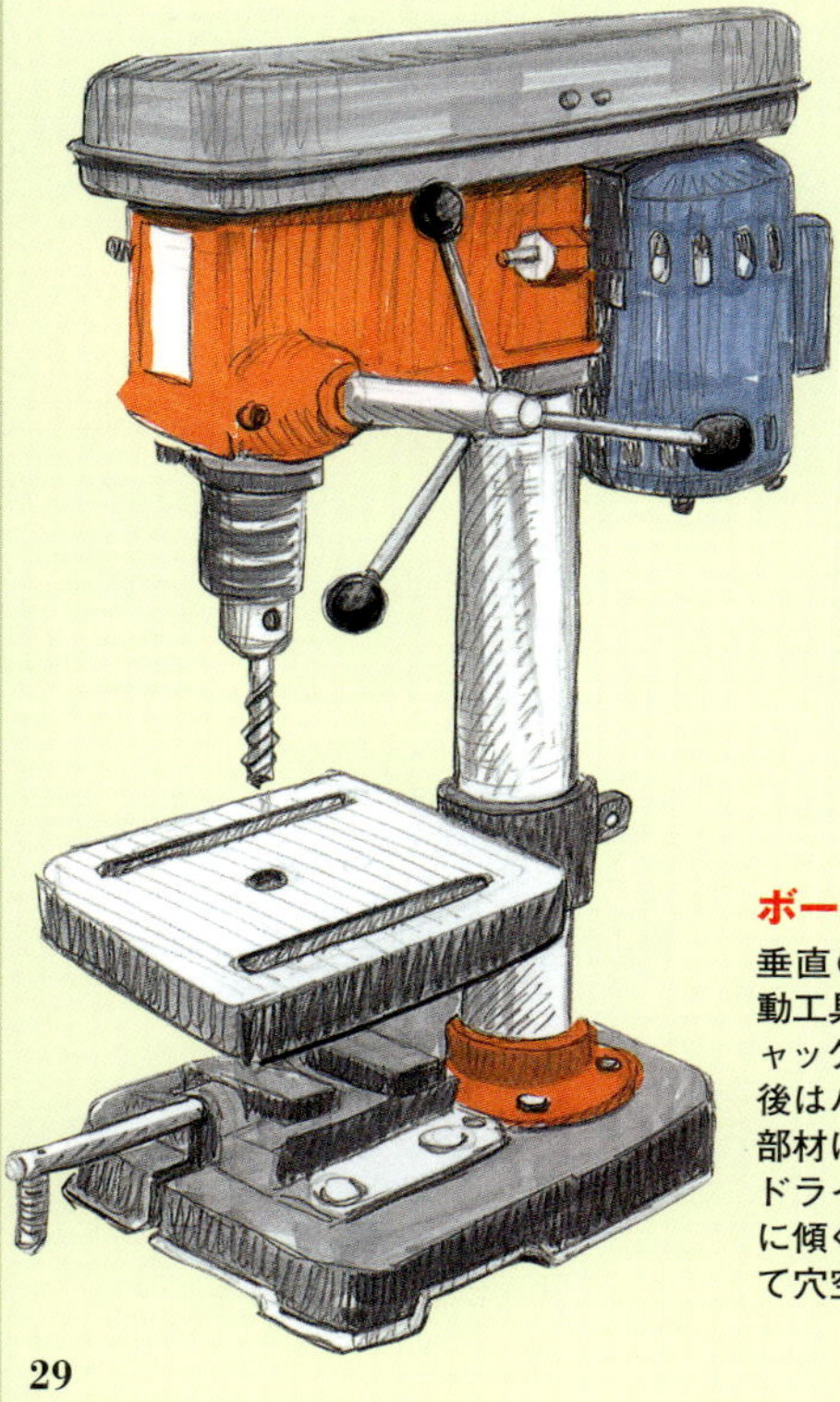

ボール盤

垂直の穴空け専門の電動工具。ドリルビットをチャックに装着して固定、後はハンドル操作だけで部材に穴を空けるしくみ。ドライバードリルのように傾くこともなく、安心して穴空け作業ができる

サンダー

サンドペーパーを下部のプレートに装着して、上下振動で部材の仕上げに使う電動工具。このタイプはオービタルサンダーという普及タイプ。駆動軸をもたせ、サンドペーパーをベルト方式にして回転させ、磨くベルトサンダーもある(→P103)

2 工具をそろえる

接合工具

接着剤との併用が基本

電動工具を利用して能率アップ

適材適所で接合金具を利用

基本はボンドと金具の併用

部材の加工が済めば、次は組み立て作業に工程が移る。組み立ては部材と部材をつなぐ接合の繰り返し。クギでつなぐ場合もあれば、木ネジで接合する場合も出てくる。木工では、接着面を強固にするため木ネジと接着剤を併用するのが基本だ。

　ここで他の工程と同じように活躍するのが、電動工具。ほとんどがドライバードリル、またはインパクトドライバーなどの電動工具で、ハンマーを使ったクギ打ちやドライバーによる接合作業とは比べようもなく、正確さと能率がアップする。

　また、補強具を使った部材の接合も多く、適材適所で接合金具なども利用したい。

接合工具

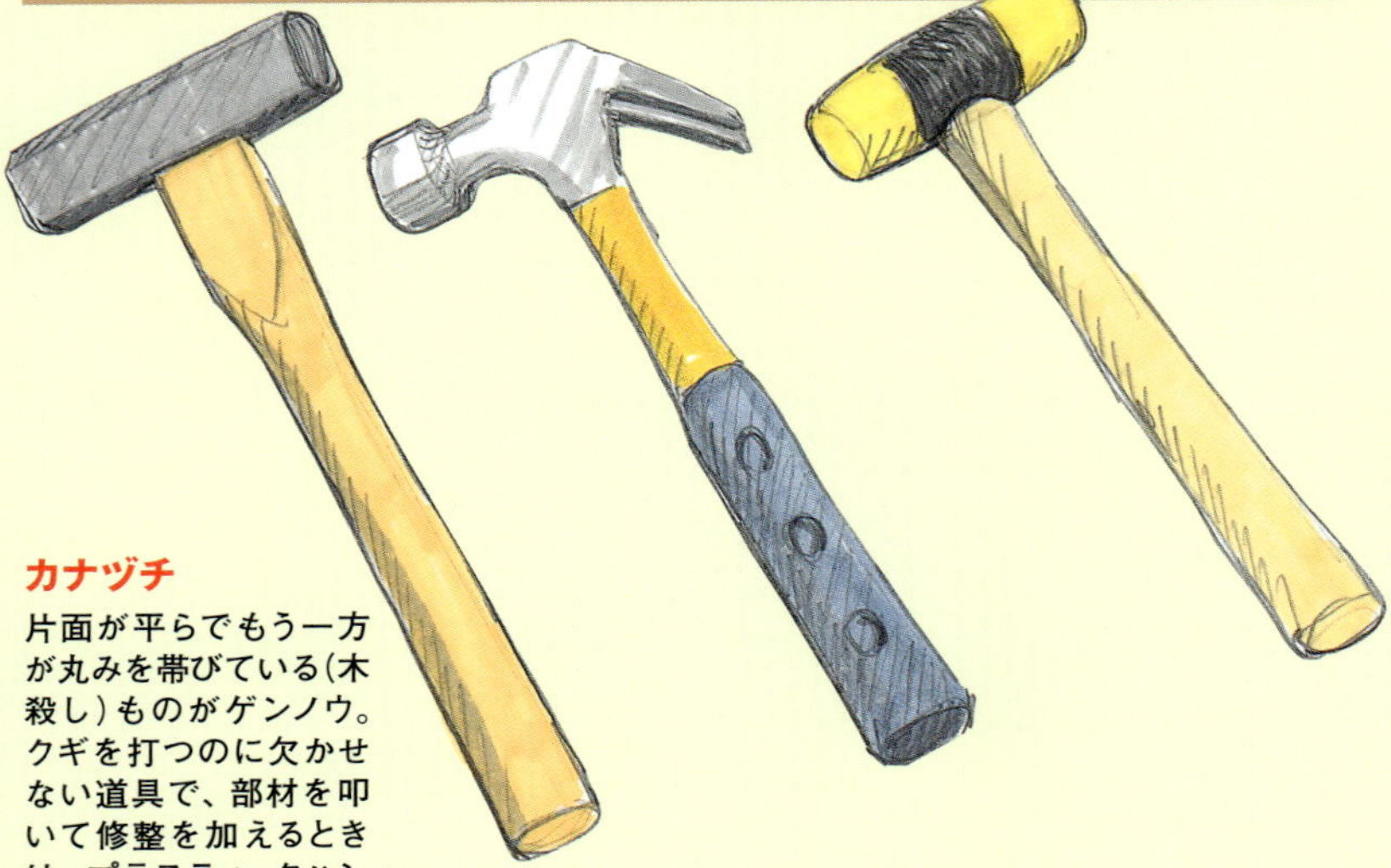

カナヅチ

片面が平らでもう一方が丸みを帯びている（木殺し）ものがゲンノウ。クギを打つのに欠かせない道具で、部材を叩いて修整を加えるときは、プラスティックハンマーを利用する（→P106）

タッカー

木工用のホチキス。見えない部分の部材の接合や仮止めなど使い道は広い

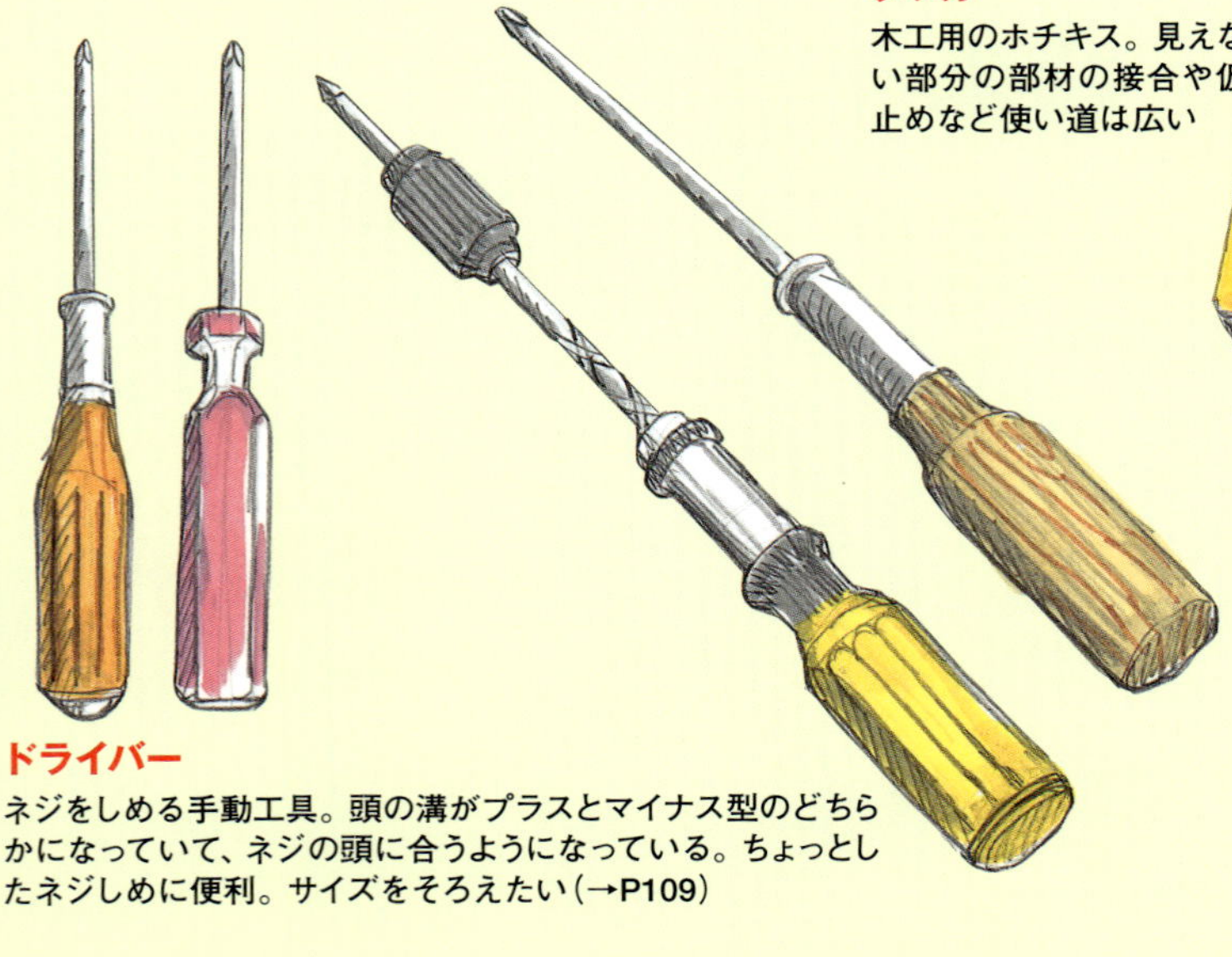

ドライバー

ネジをしめる手動工具。頭の溝がプラスとマイナス型のどちらかになっていて、ネジの頭に合うようになっている。ちょっとしたネジしめに便利。サイズをそろえたい（→P109）

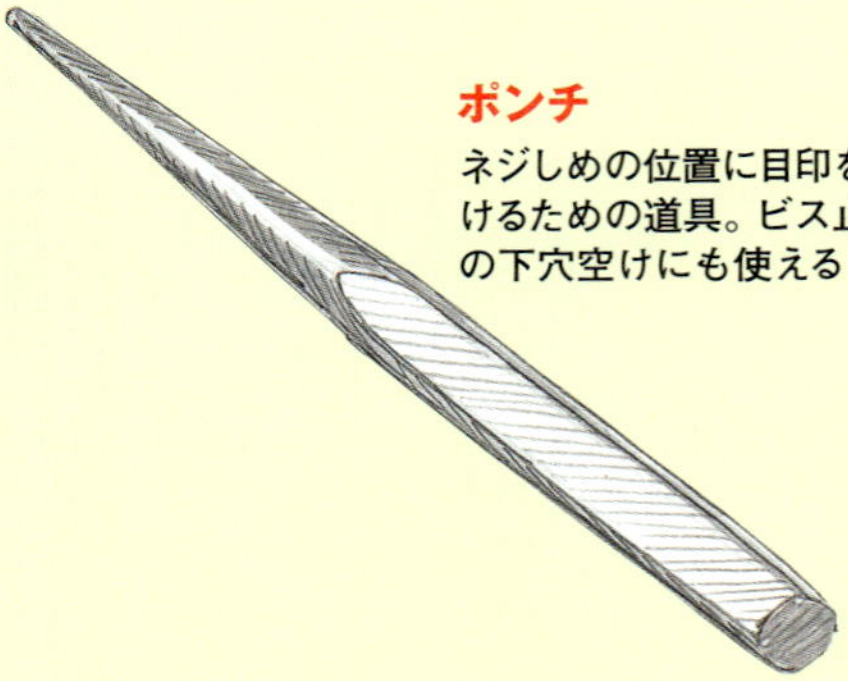

ポンチ

ネジしめの位置に目印をつけるための道具。ビス止めの下穴空けにも使える

ドライバービット

ネジの頭の形に合い、接合箇所に応じたサイズのものを使おう

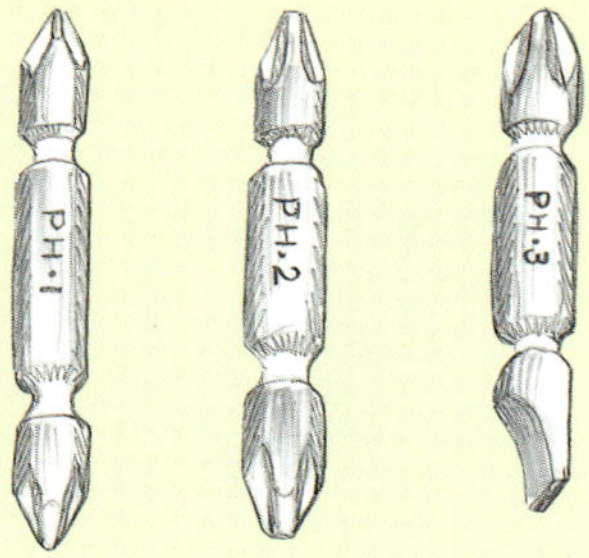

ドライバードリル

接合でドライバードリルを使うのは、木ネジをしめる作業専用となる。ビットは頭がドライバーと同じ溝が刻まれたドライバービットを用意する。このビットもネジの頭の形や、とりつけ場所に応じたサイズのものを使いたい（→P111）

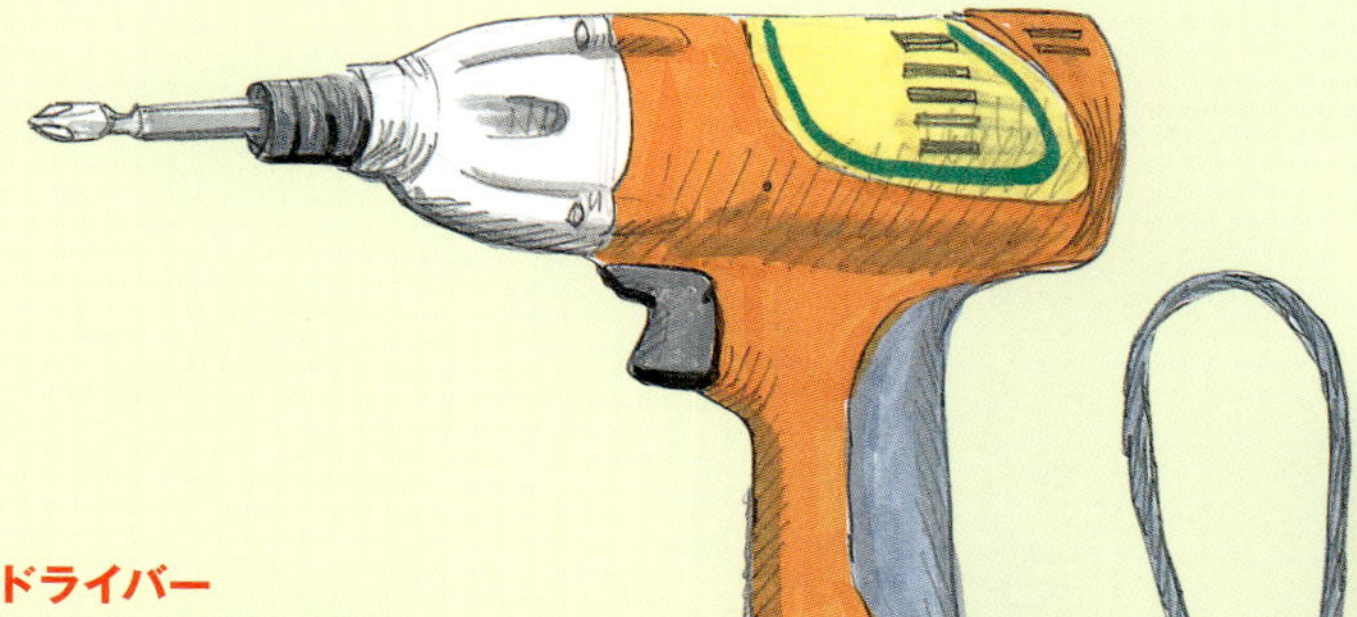

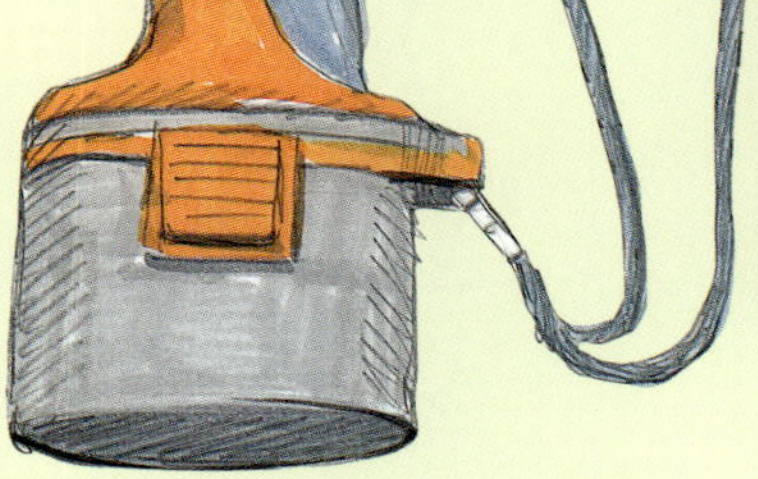

インパクトドライバー

同じ電動のドライバーでも、装填されたハンマー機能で力強い接合力を得られるのがインパクトドライバー。上から叩く力が働いて、厚みのある部材でも容易にネジしめが可能だ。ビットはドライバードリルと同じドライバービットを使い、装填はワンタッチで固定できる構造になっている。厚い部材を大量にネジしめするデッキづくりなどに威力を発揮する（→P114）

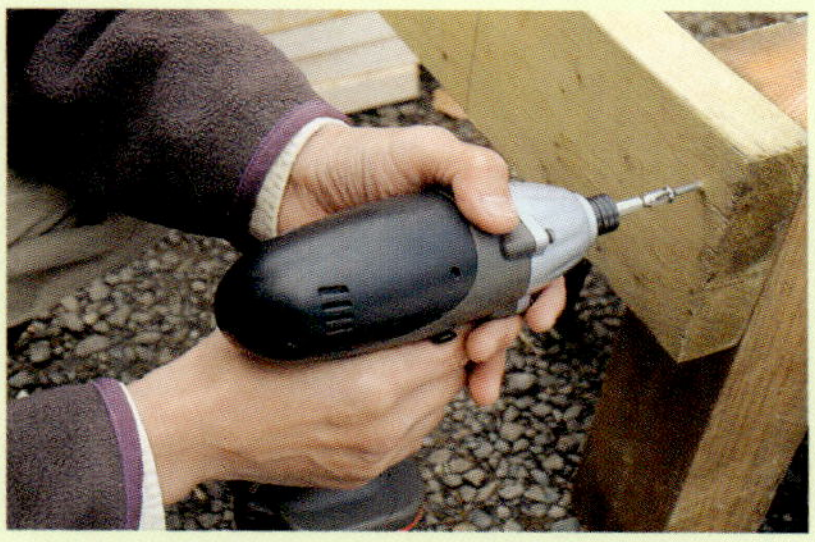

ネジしめが多いデッキなどの製作に欠かせないインパクトドライバー

クギ・ネジの種類

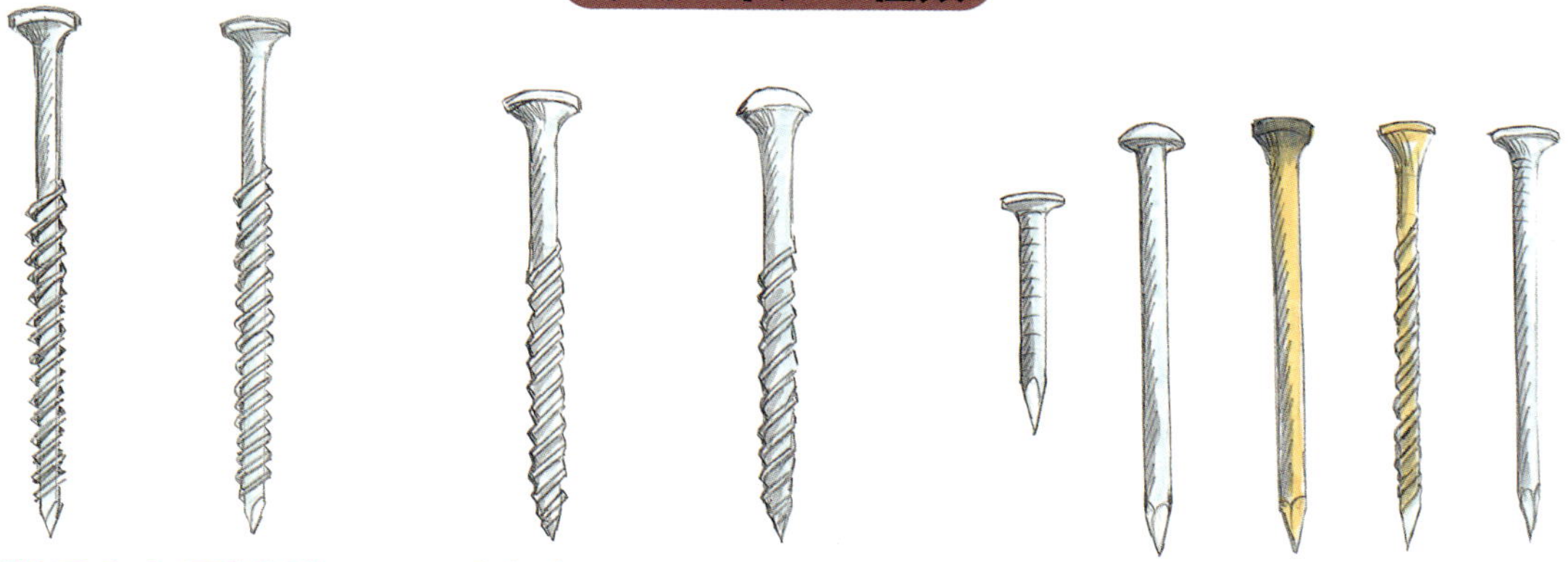

電動ドライバー用木ネジ

電動ドライバー用につくられた専用の木ネジ。ネジ山が高く、間隔も広く、ネジ山部分と頭が離れている。コーススレッドとも呼ばれている（→P115）

木ネジ

部材と部材を接合する木工用の基本のネジ。頭が皿形のものは埋め込み用、丸頭形になっているものはネジ頭を生かすときに使用する（→P110）

クギ

材質、長さ、用途によってさまざまなタイプがある（→P108）

接合部材・金具

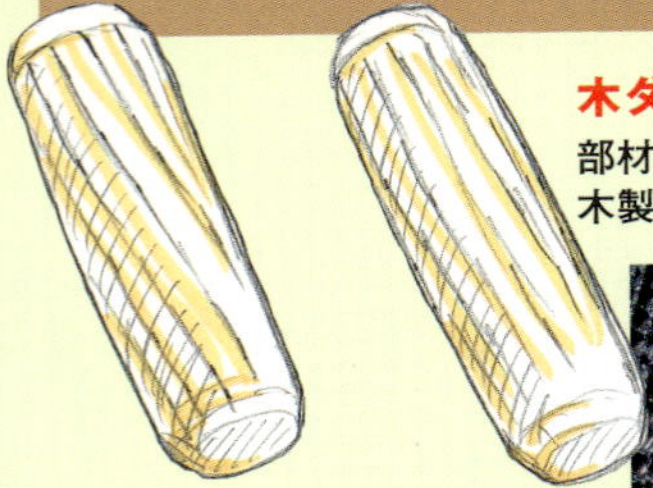

木ダボ

部材と部材の接合に使う
木製の接合部材（→P117）

ビスケット

額縁のコーナー接合などに
使うパーツ（→P116）

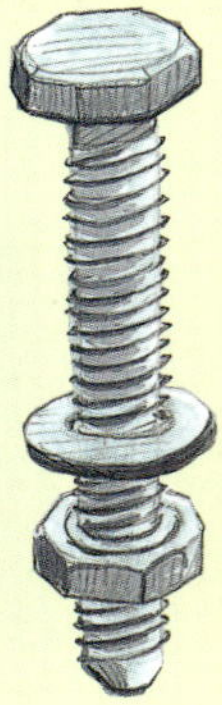

ボルトとナット

デッキの柱と根太を接合するなど、
強固な接合が要求される場合に使用（→P121）

ボルトじめの例。デッキの柱を固定している

接合金具

部材と部材の接合を補強する金具。さまざまな形や材質がある（→P119）

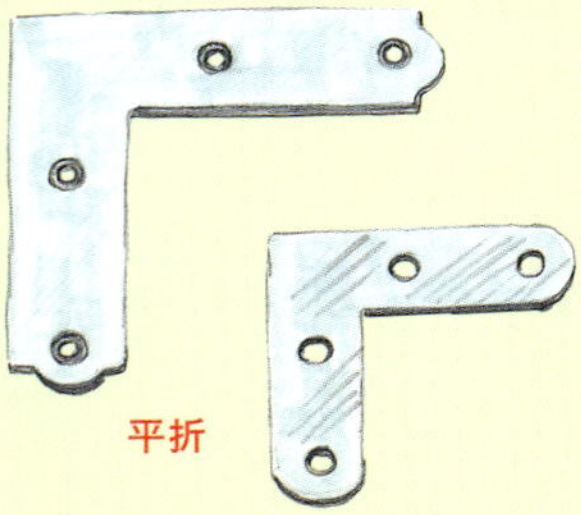

平折

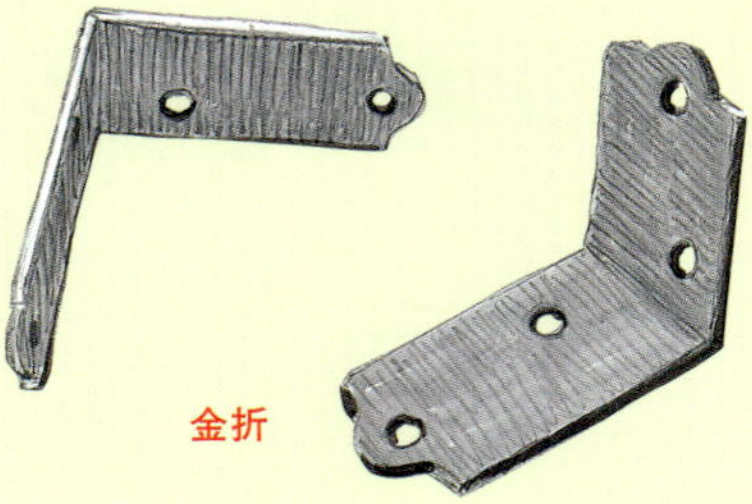

金折

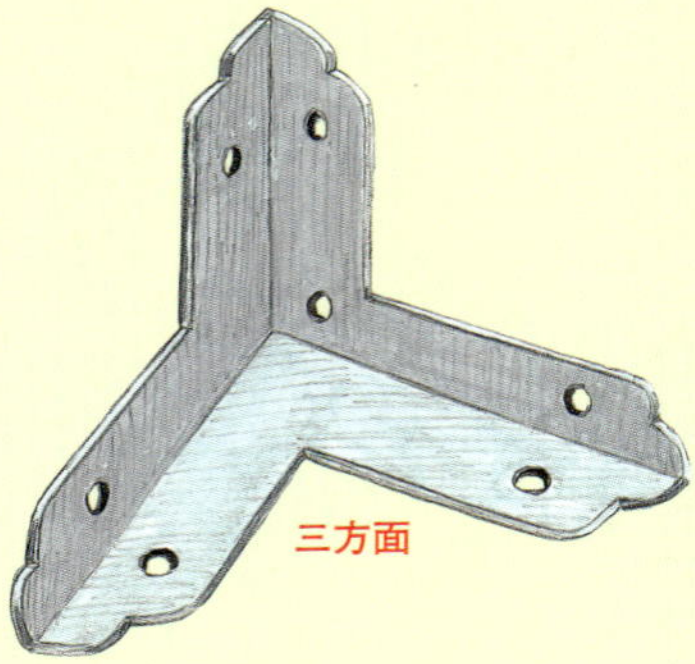

三方面

丁番

家具などの扉を本体につなぐ接合具。蝶番（ちょうつがい）ともいわれ、角丁番と呼ばれるふつうのタイプの他、外側から接合部が見えないスライド丁番などがある（→P122）

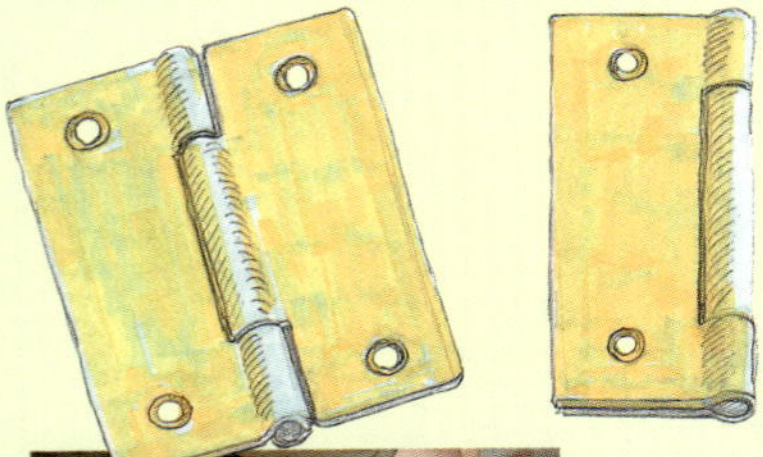

角丁番

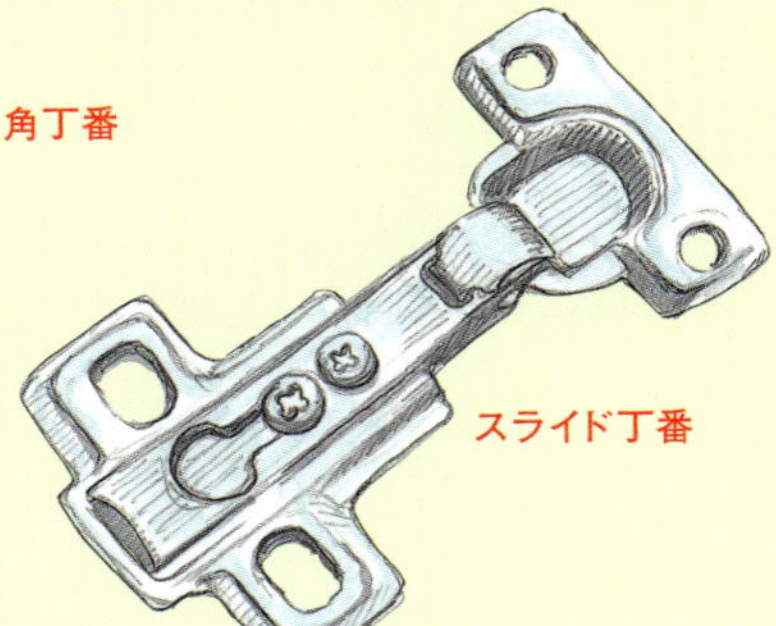

スライド丁番

スライド丁番を扉につける。外側
からは中の丁番が見えないタイプ

シンプソン金具

2×4材の接合や補強専用につくられた接合金具（→P121）

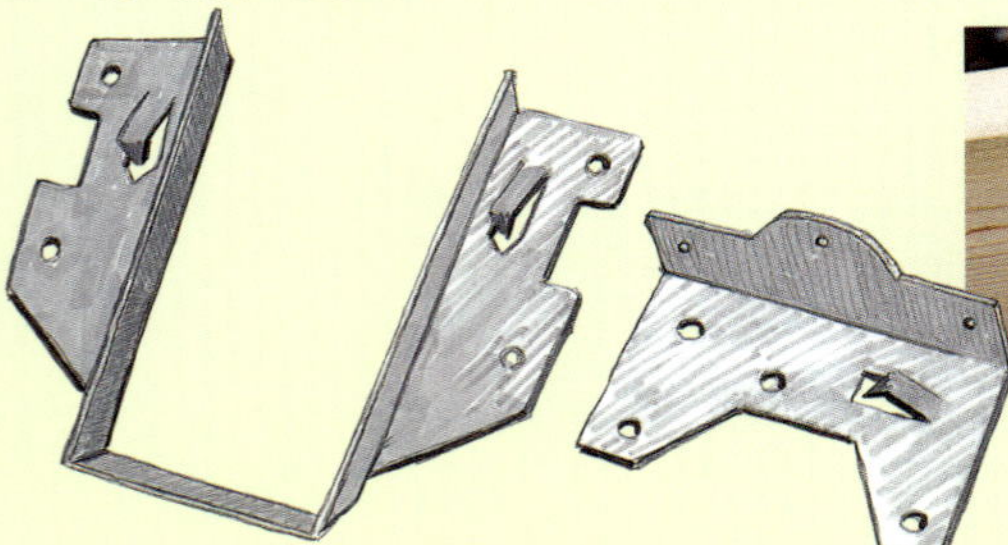

デッキの根太を接合する
シンプソン金具

保安用具を装備

木工作業では間違って使うと事故につながったり、切断時の粉塵で目を傷つけるなど危険なことも少なくない。作業着を着用するなど平素から安全につとめたいが、あれば安心な保安用具も売られているので、ぜひ活用したい。

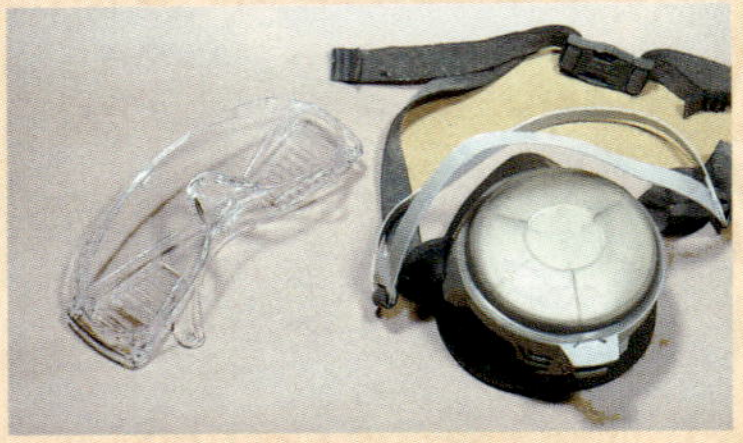

ゴーグルとマスク

木クズなどの粉塵から目とのどを守ってくれるゴーグルとマスク

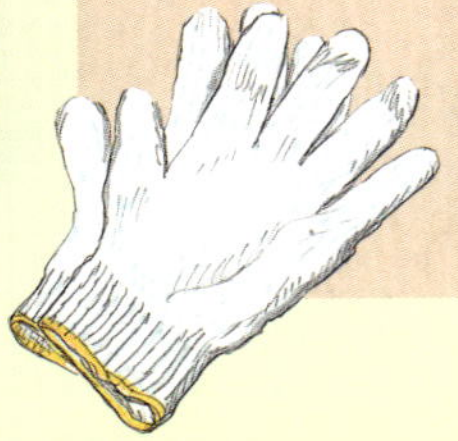

軍手

塗装や接合時に手を守ってくれる。丸ノコを使うときは手を引きこまれるので使用しない

3 計測と墨つけ

こんなイスがほしい…という人で、すぐに木を切ってイスをつくってしまう人などいないだろう。まずはイスの設計をし、そのサイズを買ってきた材料に書き込み、カットすることからはじめる。この書き込みこそ墨つけ。正確に材料を計測して、鉛筆で墨つけすることから木工ははじまる。墨つけにはサシガネやスコヤなど専門の計測工具を使うと、作業がはかどり、間違いがない。

■測る

■墨つけ

測る

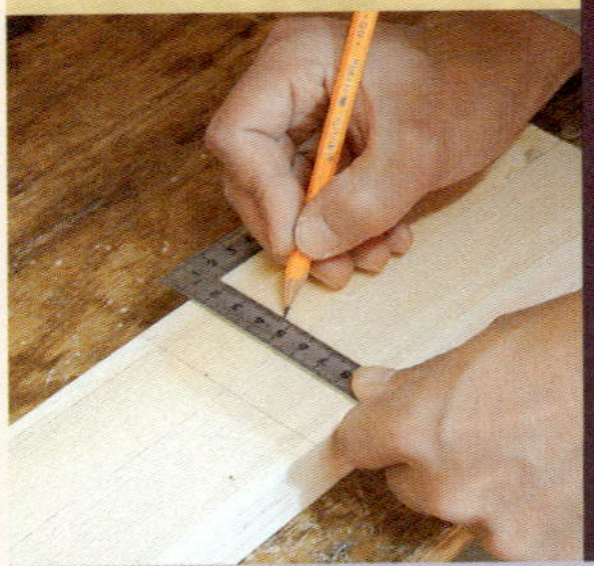

サシガネは最低限必要

メジャーも1個は準備

使い方の基本を覚える

便利な5種類の計測器

木工でよく使われる計測器にはサシガネ、メジャー、直定規、スコヤ、水平器の5種類がある。曲尺《かねじゃく》とも呼ばれるサシガネはL字型をしており、cm単位の目盛が刻まれていて、計測や墨つけに最低限1本はほしい。

一方、メジャーはカットする板などの長さを測るのに便利で、金属製のテープ(定規部分)が5・5mあるものが普及している。また、テープをロックできるロック機構つきが便利。ビギナーはこのメジャーとサシガネはそろえよう。

墨つけに使う直定規は金属製の幅のある定規で、スコヤはホゾ穴など厳密な直角の墨つけが必要なときに威力を発揮する。

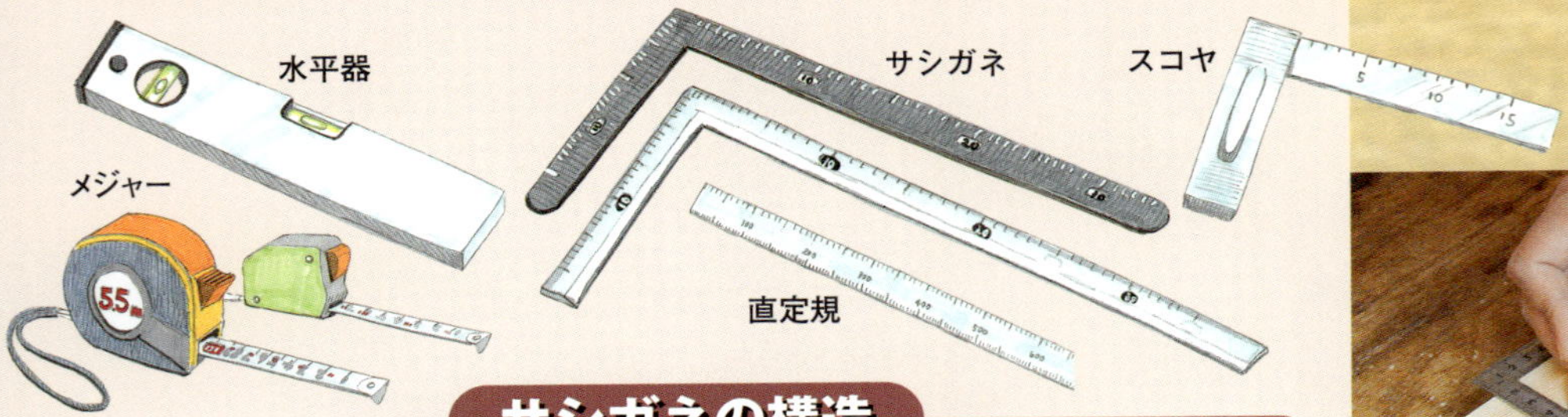

サシガネの構造

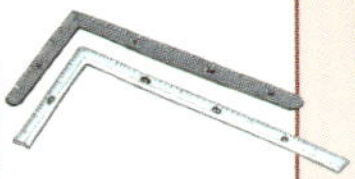

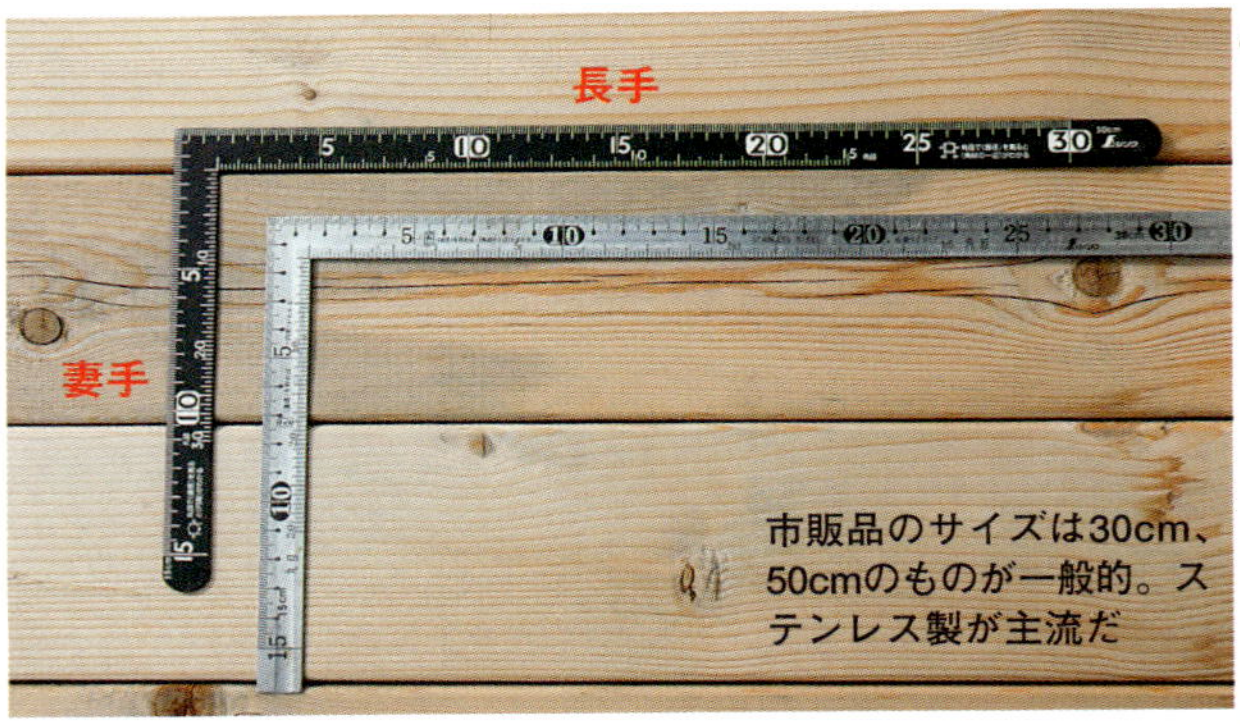

市販品のサイズは30cm、50cmのものが一般的。ステンレス製が主流だ

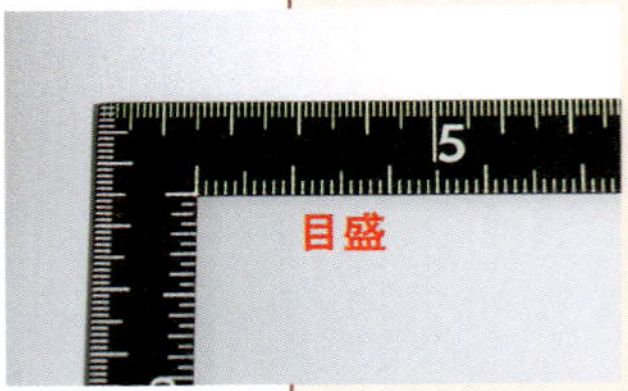

サシガネは長い方を長手、短い方を妻手と呼び、ふつう長手をもち、妻手で墨つけを行なう。目盛は表裏に刻まれていて本来は寸刻みだが、週末大工ではcm刻みが便利。弾力性のある製品が使いやすい

サシガネの当て方

サシガネを当てる

サシガネは長手を木端の外側に合わせるよう当て、動かないよう固定して使う

× まちがった当て方

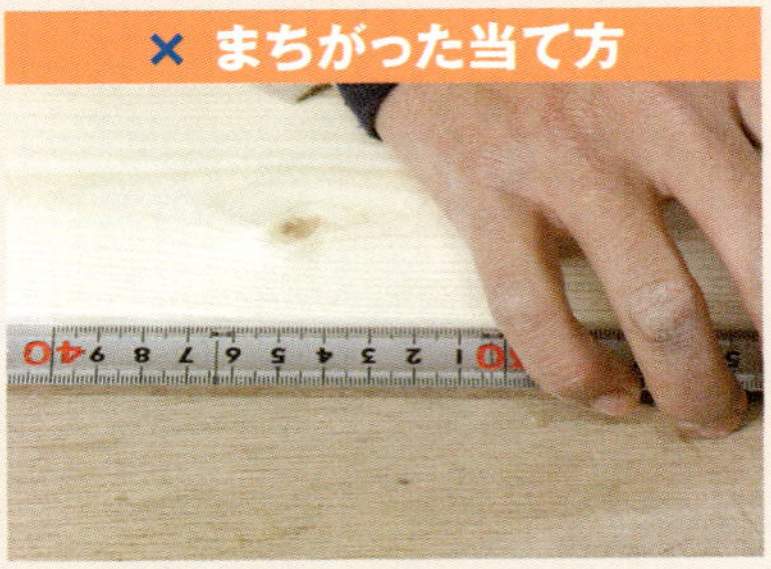

木端上面に合わせただけや、内側に合わせた置き方は、墨つけ時にズレる心配がある

○ 正しい当て方

サシガネは木端に少し落とし気味に当てると、ズレる心配がない

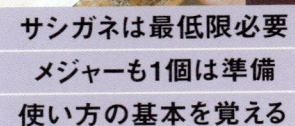

メジャー

目盛

金属製の計測部分はテープといい、目盛はcm刻みになっている。テープは幅のあるものが安定して使いやすい

ツメ

かけ方でズレがないよう、ツメの厚さ分、前後に動くようになっている。穴はクギの頭に引っかけて測るためのもの

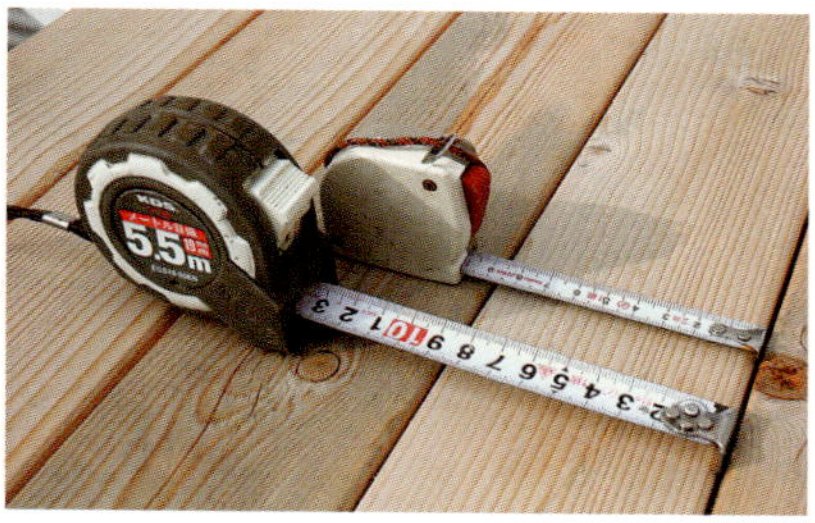

サイズはさまざま。普及版の5.5mサイズのものが安価で、使い勝手がよい。5.5mメジャーの白い突起がテープを押さえるロック機構

メジャーの当て方

○ 正しい当て方

当て木などで、ツメを常に固定しながら計測すると間違いのないサイズが得られる

× まちがった当て方

斜めに当ててしまうと、当然計測サイズがくるってくる。幅のある合板などは注意

○ 正しい当て方

板を計測する例。板の端にツメをかけ、そのまままっすぐに引っ張って計測する

水平器

材や木工作品の水平、垂直を測る道具。使用頻度は低いが、デッキづくりには必需品

水平の気泡管

気泡管の泡の位置（基準線内）で左右の水平を確認するしくみ

垂直の気泡管

こちらは板や木工作品の、縦側の垂直を見る気泡管

水平器を使う

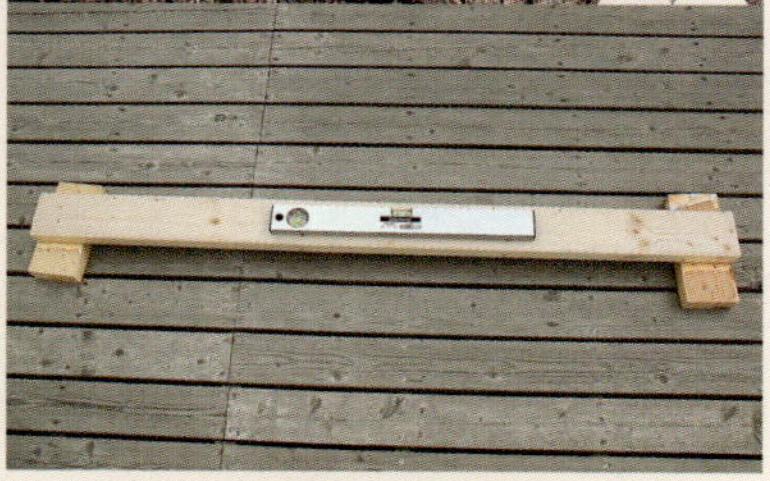

計測したい板材の中央部、斜め、木端側、木口側など、何ヶ所か置いて水平を見る

直定規

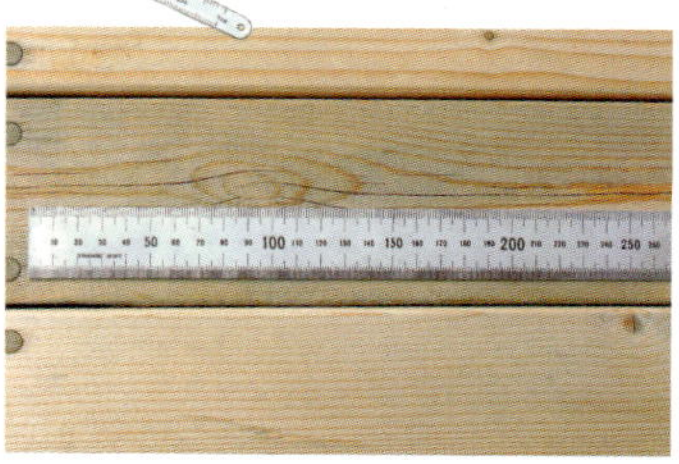

ステンレス製の長い定規で、厚みがあるため安定した計測ができる。目盛はcm基準

直定規の当て方

木口に合わせ、直角を確認したら、手でしっかり面に固定して計測する

3

墨つけ

計測と墨つけ

- 使いやすい墨つけ用具
- 正しい墨つけ方法
- 線は一気に引く

加工の基準となる墨つけ

失敗しない木工製作は正確な計測と、加工の基準となる墨つけからはじまる。墨つけにはサシガネや直定規の他、ホゾ穴など正確さが要求される墨つけをするために、スコヤなどの使い方も覚えておきたい。

　幅の狭い板のカットぐらいなら難しさはないが、90㎜角の角材を切るとなると話は変わってくる。部材に三方向の正確な墨線を入れられないと、平らな木口面を得ることは難しいからだ。こうした失敗が、完成品のがたつきなどの原因となる。

　ここでは、基本的な垂直線の引き方から、3等分の墨線の引き方、斜線の引き方など6通りの方法を取り上げた。

垂直線を引く

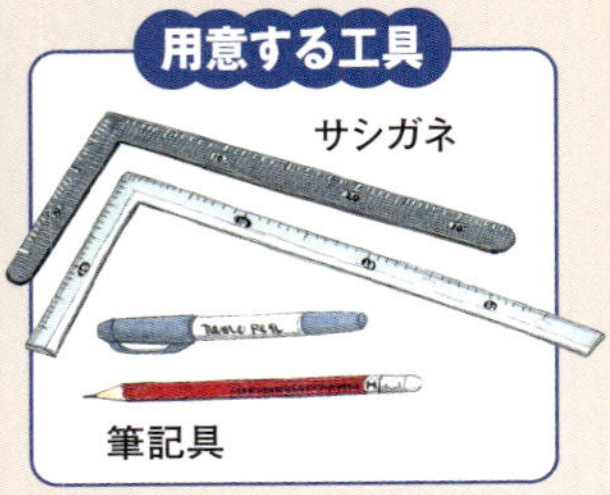

①墨線の位置決め

サシガネを板に当て、墨線を引く位置を測って割り出す

②目印をつける

墨線を引く位置が決まったら、筆記具で目印をつけておく

③墨線を引く

目印の位置にサシガネを正確に当てて、墨線を一気に引く

④墨つけ完了

墨つけ完了。目印の位置を等間隔に置けば、平行な垂直線を何本も引ける

スコヤで垂直線を引く

墨線を引く

最初に墨線を引く位置に印をつけておけば、平行の直線引きが何本でも楽にできる。連続して平行線を引くようなホゾ穴の墨つけなどに効力を発揮

スコヤの当て方

サシガネの妻手に相当する部分が厚くなっていて、この妻手を板などの木端にしっかり当てて固定して使う。安定した墨線引きができる直角定規だ

用意する工具

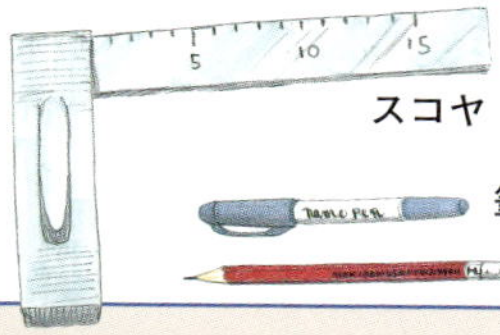

斜線を引く

用意する工具

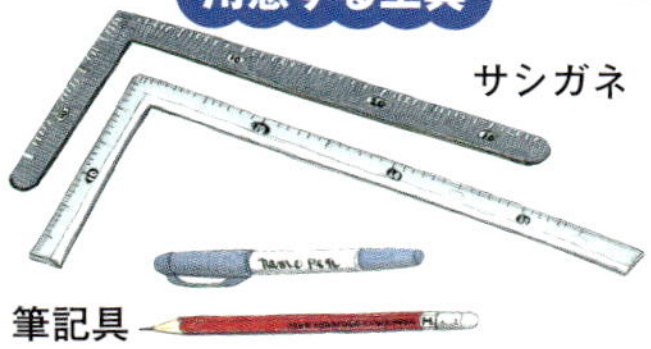

【斜線】
木工の墨つけでは、垂直線同様に使う機会が多いのが斜線の墨つけ。ふつうの斜線から15度、30度、45度…といった様々なスタイルを求められるので、引き方をマスターしておきたい。

①目印をつける

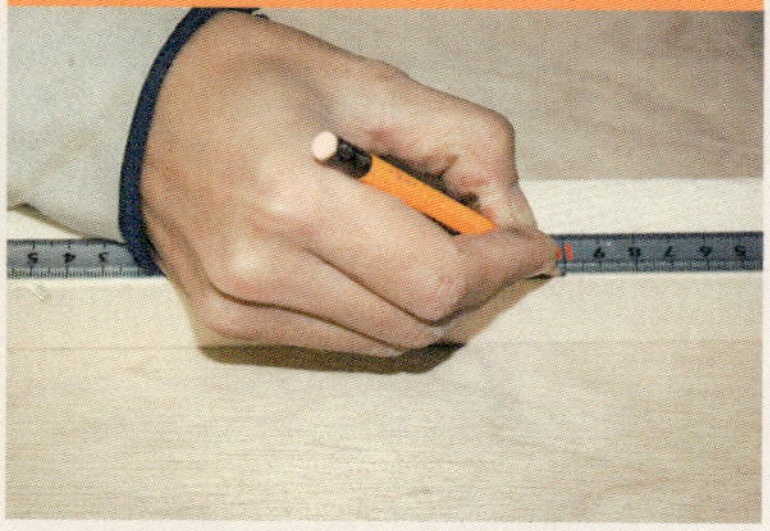

サシガネで必要な始点の位置を計測し、始点となる目印を落としておく

②反対側の目印をつける

斜線の終点側となる反対側の位置も同様に計測して、目印をつける

③サシガネを当てる

始点、終点の両側の目印にサシガネを合わせる

④墨線を引く

墨線を始点側から一気に引く

⑤墨つけ完了

斜線の墨つけが完了。最も基本的な斜線の引き方だ

目印を等間隔に置いて、斜線の引き方の要領で墨線を引けば、平行な線を何本も引ける

45度の斜線を引く

【45度の斜線】

サシガネ1本あればさまざまな線が引ける一例。額縁のフレームなど、45度の墨線を引く機会は多く、簡単なのでぜひマスターしておきたい。

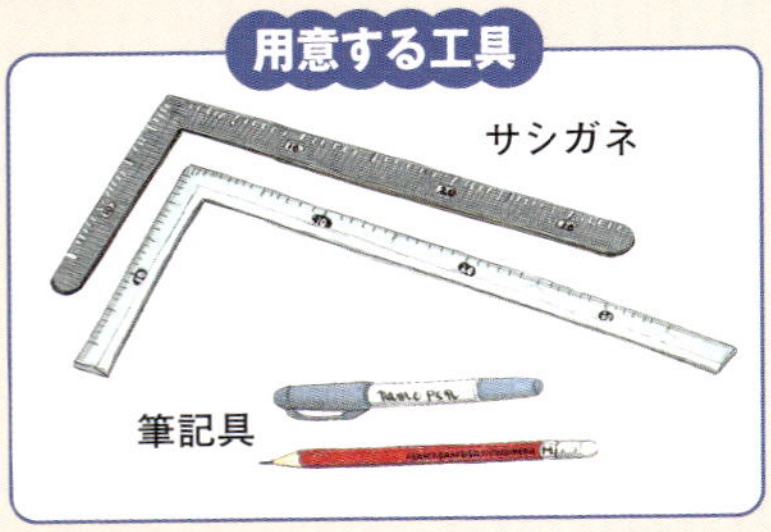

①墨線の位置を計測

サシガネで木口から墨線を引く位置を測る

②目印をつける

位置が決まったら印をつけておく

③サシガネを当てる

目印に長手と妻手の長さが同じになるように合わせて、サシガネを当てる

④墨線を引く

つけておいた目印から、カットする側のサシガネに沿って墨線を引く

⑤墨つけ完了

墨つけ完了。目印の間隔を一定につければ平行の45度の墨線が何本も引ける

長手と妻手の長さが同じになるように注意。同じであれば問題はなく、引きやすい長さを利用する

約30度の斜線を引く

サシガネを当て、サシガネの角から見て短辺と長辺の割合が1対1.7（1対√3・写真では4cm対6.8cm）の割合で目印をつけ、目印に合わせて斜線を引く。角度はあくまで目安だが、この方法を使えば角度を変えた斜線が引ける

計測時の注意

計測→目印→墨線を引く…という墨入れ作業では、どうしても計測の繰り返しが多くなる。このとき注意したいのは、直前の墨入れに続けて計測するときは、始点を目盛の0に合わせると、後でくるいが出やすい。必ず途中の10cmなどの目盛に合わせよう

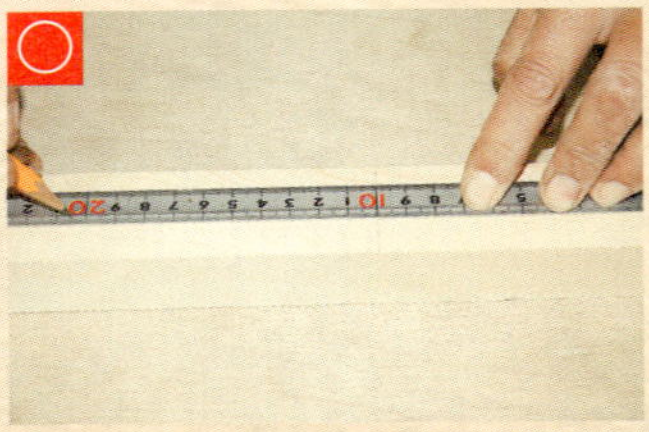

3面に墨線を引く

用意する工具

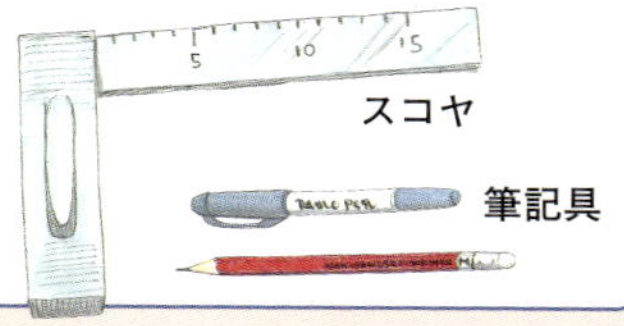

【3面の墨線】

正確な角材の切断や、一度に切断できない太さの角材の切断などには、角材の3面に墨線を引くと、切断時に失敗しない。正確な直角を得られるスコヤなら、3面の墨線がズレる心配がない。

①スコヤを当てる

計測し、最初の面の墨つけ箇所が決まったら、スコヤを当てて目印をつける

②最初の墨線を引く

落とした目印に合わせ、墨線を一気に引く

③角材を回転させる

角材を回転させ、スコヤを最初の墨線に合わせて確実に当てる

④2本目の墨線を引く

2本目の墨線を引く

⑤角材を回転させる

再び角材を回転させ、前の墨線にスコヤを合わせて当てる

⑥3本目の墨線を引く

3本目の墨線を一気に引く

⑦墨つけ完了

墨つけ完了。3面の墨つけがあれば切断面がズレず、確実にノコ刃の合わせが可能だ

目印は直前の墨線に合わせる

3面にズレがない正確な墨線を引くには、①墨線を引く→②角材を回転させる→③前の面の墨線に合わせて目印をつける→④目印に合わせてスコヤを当てる→⑤墨線を引く…の要領を忘れないこと。特に③の直前の墨線に合わせるときは、前の面の墨線をしっかり見ながら、目印をつけるとズレない。

3等分の墨線を引く

【3等分の墨線】

木工では材の幅を何等分かに分けて加工する場合がある。材と材をつなぐホゾ組みなどはその一例で、3等分に墨つけした中央部にホゾ穴をほるのがふつう。しかし、ある長さを3等分しようと計算すれば、端数が出てしまうのは当然だ。そこで役立つのが2ヶ所の支点を決め、サシガネを当てて、割り切れる数の所(この場合は3で割る)にそれぞれ目印を落とし、両方の目印を結んで墨つけを行なう方法だ。

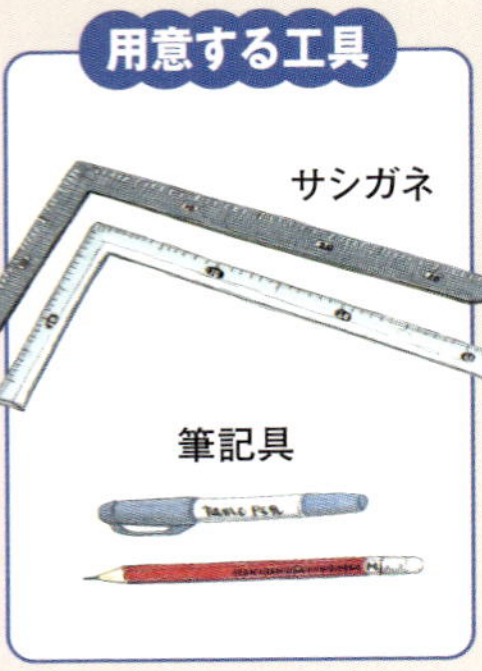

①部材の幅を計測

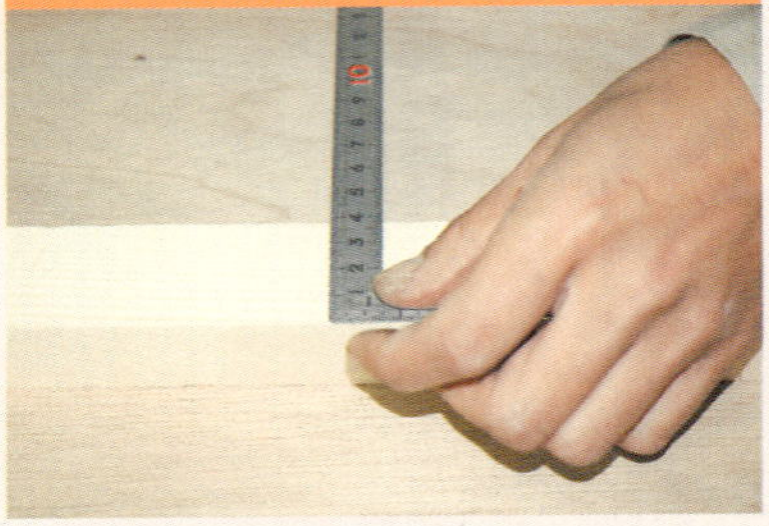

幅を測り、3で割って端数の出ないサイズを求める。この場合は6cm

②サシガネを当てる

木端にサシガネの角を合わせ、反対側の木端に6cmの目盛が来るよう合わせる

③1番目の目印

6cmを3等分した値、2cmの所に、最初の目印を落としておく

④2番目の目印

次に4cmの所に2番目の目印を落としておく。目印は正確な位置に

⑤反対側にサシガネを当てる

今度は15cmほど離れた所に同じようにサシガネを当て、6cmの目盛を合わせる

⑥反対側に目印を落とす

④と同じように2cm、4cmの所に目印を落としておく

⑦1本目の墨線を引く

2cm部分の一番目の目印を合わせて、水平の墨線を一気に引く

⑧2本目の墨線を引く

サシガネを下にずらして、両側4cm部分の目印を合わせ、2本目の墨線を引く

⑨墨つけ完了

三等分された墨線が引けた。この方法で4等分、5等分の墨線を引くことができる

4 木材を固定する

買ってきた材料をカットするのにも、手で押さえて切っていてはすぐにずれてしまい、うまくカットするのは難しい。そこで使いたいのがクランプなどの固定具。用途によってさまざまな形があり、加工時の材料の固定ばかりでなく、接合した部材の固定や圧着にも重宝する。パーツの多い家具づくりでは、固定具が何本も必要となるので、使い勝手のよい固定工具をそろえよう。

4

木材の固定

木材を固定する

木工の加工作業、まずは材の固定から

木工では部材を切断する、穴をほる…など、さまざまな加工が待ち受けている。このとき最初に行なう作業が部材の固定。固定しないで加工すると、仕事が進まないばかりか、部材が動いてケガをすることもある。安全な作業を進めるためにも、まずは部材の固定が肝心だ。

部材の固定になくてはならないのがクランプ。クランプにはG型クランプ、F型クランプ、バイスなど、用途に応じてさまざまなものが市販されているが、作業に見合ったクランプを最低2本は用意しておきたい。

板をつなぐことが多い家具づくりでは、大きなサイズを固定できるハタガネも一つほしい。

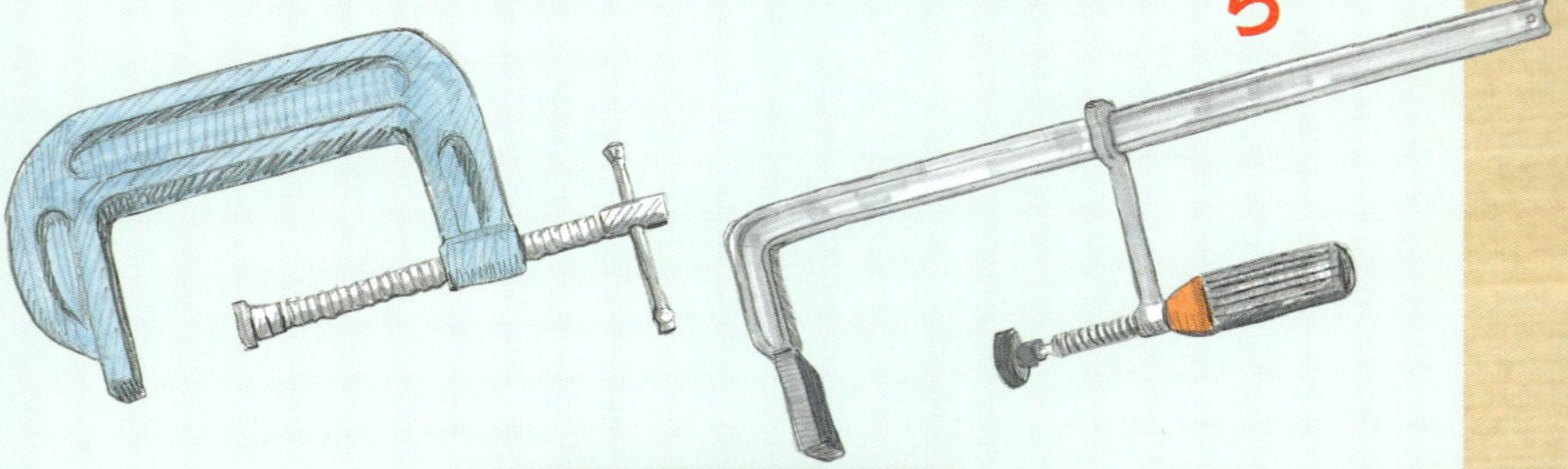

- 部材の正確な加工
- 作業の能率化と安全
- 同じものを最低2本準備

クランプの構造

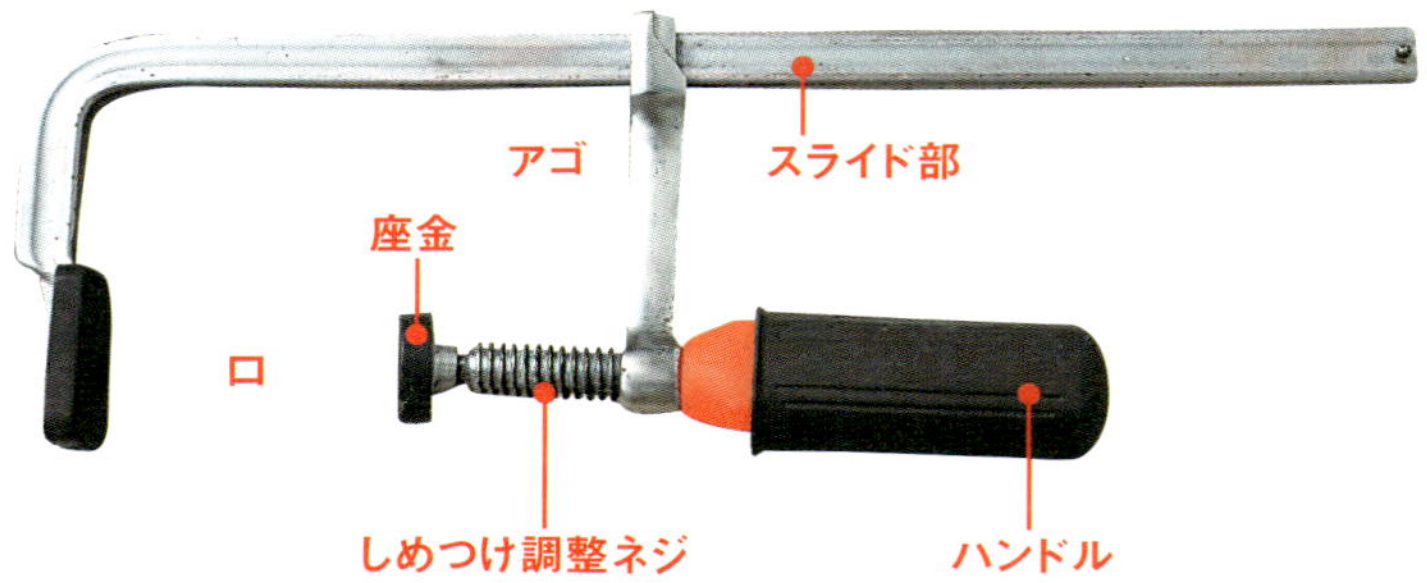

アゴの深さが深いほど、安定した固定が可能となる。購入時は自分の作業に合わせ、口の最大幅も考えておきたい

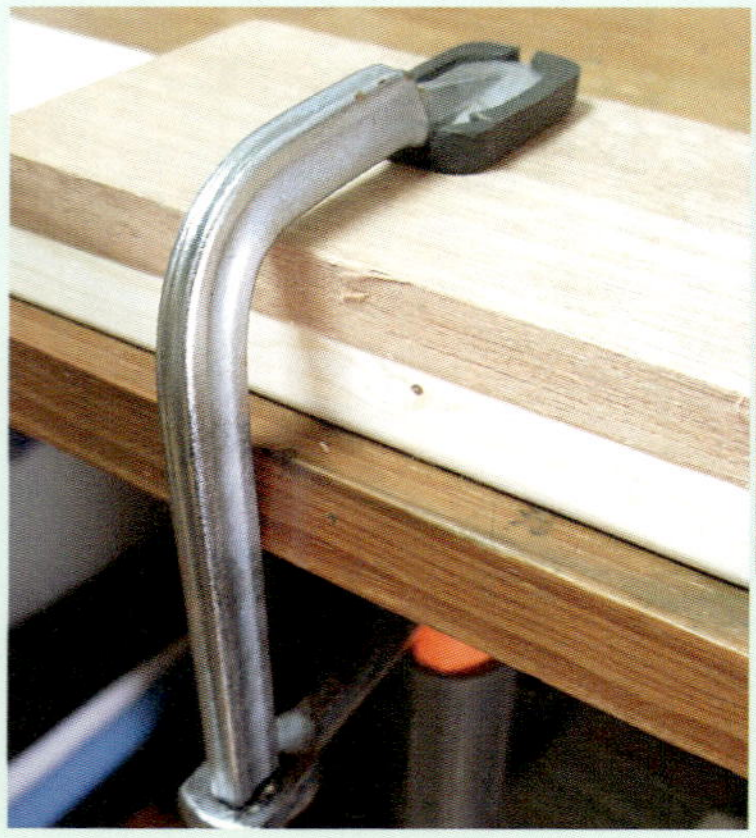

写真はG型（C型）クランプの固定例。最も基本的な構造で、ネジをしめることで口を狭めてゆき、固定するしくみ。固定するときは材を奥深くまで入れ、ぐらつかないようきつく固定することがポイント。左はF型クランプの固定例

F型クランプ

作品をF型クランプで圧着する。クランプはワンタッチレバーつきのもの

スライドクランプ、F型クランプとも呼ばれ、アゴがスライド式になっていて、部材の厚みに合わせて縮め、ハンドルを回して固定するしくみ。口幅が広く取れるために厚みのある部材の固定や工作物の圧着に威力を発揮する。G型クランプのようにネジをしめ続けなければ固定できないのとは違って、すぐに固定できるため作業効率がよい。ワンタッチで固定をゆるめられるレバーつきのものもある。

コーナークランプ

フレームの角の接合に便利

45度に切断した角材を留め継ぐことから、留め継ぎクランプともいわれる。角材と角材の接合、角材の45度の切断などに利用でき、額縁やフォトフレームづくりには必需品

G型クランプ

ちょっとした板の切断にも便利

C型クランプともいわれ、最も基本的なネジでしめて固定するもの。口幅が最大で数cmサイズのものから、20cm前後まで、小型ながらサイズが多く、ボンドづけした薄板や角材の圧着など小物の作業に便利だ

バネクランプ

木工では板の仮止めなど、ちょっとした固定が必要な作業が多い。そんなときに便利なのがバネクランプ。バネの力だけの固定力は弱いが、数をそろえておくと役立つ

バンドクランプ

フレームの固定例

額縁などに便利なクランプ。コーナーブレイスと呼ばれる4つのパッドで角を押さえ、ベルトで固定する。パッドをはずせば円や多角形、家具全体の固定も可能となる

ハタガネ

ボンドづけした作品の圧着に使用

木工では横につないだ板の接合など幅のある部材や、組み込んだフレームの圧着などに使う。短いアゴは幅を広く取って固定するようになっているが、アゴが短い分固定力は弱い

バイス

材はまっすぐ中央をはさむ

作業台に本体を設置(固定)し、部材を固定する万力のこと。固定力があり、クランプで、はさめないような小物の加工が安定してできる。木工専用は部材を傷つけないよう口に板がついている

加工のためのF型クランプを使った固定

用意する工具

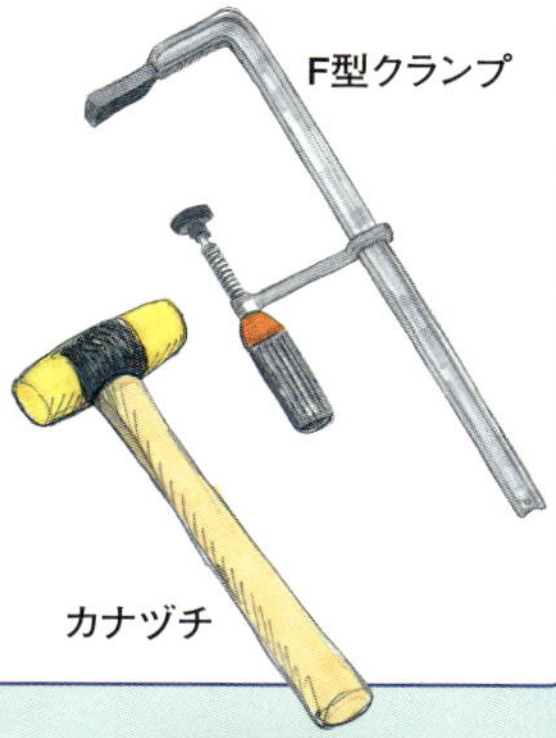

作業手順

部材の準備
↓
当て木を当てる
↓
固定する
↓
加工

①接着剤を塗る

木工の接合ではたいていの場合、固定する前に接着剤を塗る

②当て木を当てる

固定するときは必ず当て木を当てる。クランプで部材を痛めないためだ

③仮固定

接合する部材がきちんとおさまっているか確認する。写真の例は少しフレームが出っ張り、修正の必要があるため、クランプをゆるめに仮固定する

④接合部の修正

当て木を当て、プラスティックハンマーで軽めにたたいて修整する

⑤固定

修整部分のおさまりを確認したら、クランプをしめ直して、固定する

⑥加工

加工。ズレることもなく、ドライバードリルを使って確実にビス止めできた

確実なクランプの固定

クランプを使った固定はネジをしめるだけの単純なものとはいえ、コツがある。部材をアゴの中心部でとらえられるよう、当て木とともに奥深くまで入れること。また、クランプ本体が部材と垂直になるようしっかりネジしめすることだ。

4

木材を固定する

木材の圧着

接着剤の硬化までの固定

駆使したい当て木

ハタガネが便利

加工の重要なプロセス

さまざまな加工の中でも、圧着は板と板を水平につないだり、家具などのフレームを固定するなど重要なプロセスといえる。この圧着に大きな力となるのは、やはりクランプなどの固定具。特に長い部材の圧着には、ハタガネが威力を発揮する。

また、クランプの力は座金の1ヶ所に集中するが、全体を均一に圧着するためには、当て木が大きな力をもつ。

圧着は木工ボンドを使った部材と部材の接合であり、板と板、板と角材、合板に突板を張るなどさまざまな工程があげられる。ここでは板と板を平行につなぐ例を中心に圧着を取り上げた。

圧着のパターン例

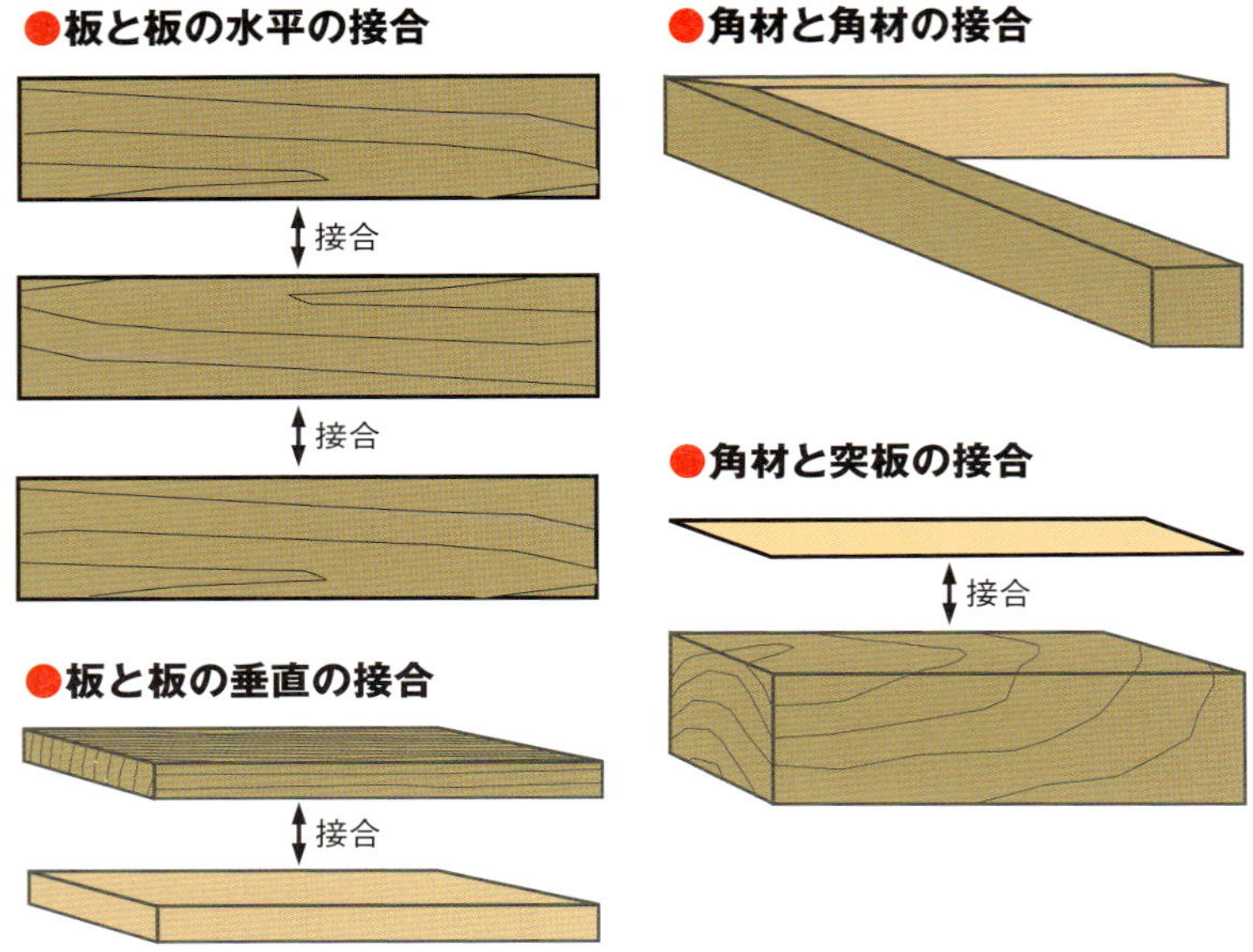

圧着の実際例

左は家具のフレームの例。木工ボンドが硬化するまで一晩ほど、ハタガネで圧着しておく。部材を固定するときは、当て木を当てる習慣をつけよう(上)

F型クランプを使って家具の側板を圧着する

フォトフレームの角をビス止め後、圧着

家具の天板を圧着する

用意する工具

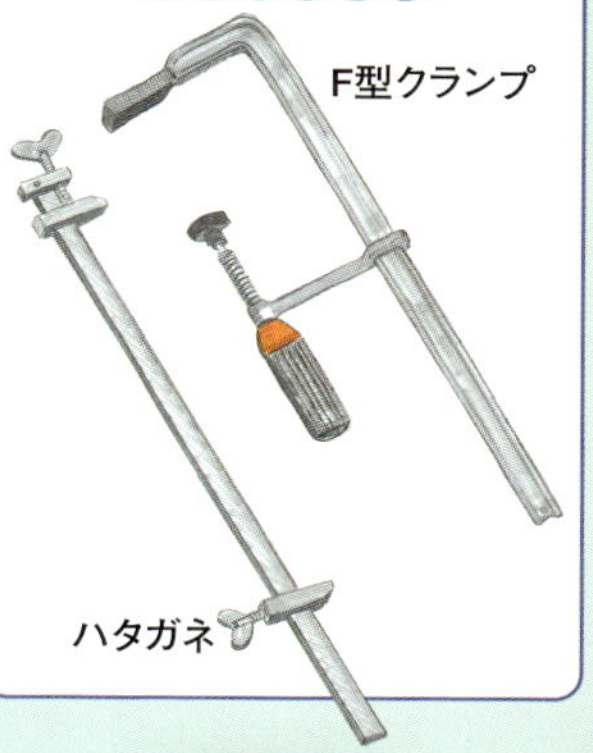

作業手順

部材の準備
↓
接着剤塗布
↓
板の接合
↓
当て木を当てる
↓
固定する
↓
圧着

接合の強度を増すため、接合の部材である雇いざねで板をはぐ（つなぐ）。接合はボンドを用いる

①板材の準備

水平（平行）につなげる家具の天板の板材を準備する

②接着剤を塗る

木工ボンドを接合部に塗る

③仮固定

④板の接合

ボンドづけした3枚目の板をつなぐ

⑤当て木を当てる

つないだ板に当て木を当て固定開始

⑥水平方向の圧着

板と板の水平の接合部の固定

⑦垂直方向の圧着

水平方向の圧着のための固定が終わったら、今度は垂直側に板がズレないよう固定する。力が面全体に均等にかかるよう、当て木を当て、F型クランプで固定

雇いざね

板の木端に溝をほり、そこにさねと呼ぶ接合材を継いでさらに板をはぐ（つなぐ）方法（→P118）

その他の固定と圧着法

箱物の圧着

引き出しなどの箱物を圧着するのにも、当て木とF型クランプが有効だ

丸ノコ使用時の固定

電動工具では初心者に扱いにくく、危険がともなうのが丸ノコ。確実な固定が正確な切断と安全性を高める

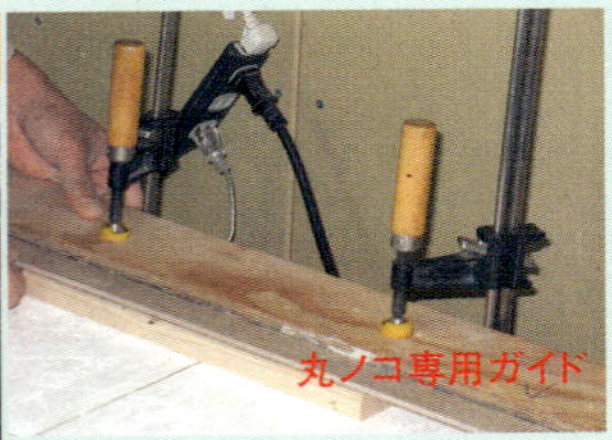

丸ノコ専用ガイド（→P64）を使って切断する部材を2ヶ所で固定。部材を固定し、定規でノコ刃の切断ラインを確実にする方法だ

バンドクランプの使用法

ハタガネの代わりに幅のあるヒモでフレームを固定する方法がある。この原理を使ってネジしめを加え、ヒモの固定を確実にしたのがバンドクランプ。パッド使用時は、跡が残るので締め過ぎに注意。

パッドをコーナーにかけたら、バンドの張り具合を見る

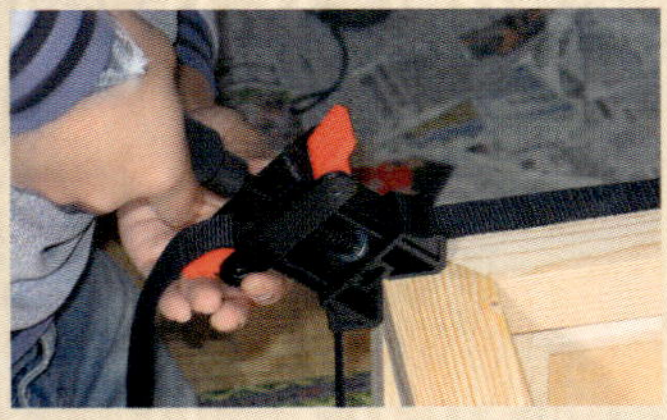

ハンドルを回し、バンドに均一なテンションがかかるようしめる

使用例。右はハタガネを使用

長尺物の加工

写真は引き出しの箱組みで、側板を取りつけている例。便利なF型クランプが使えないため、ここではハタガネを利用した。固定力が弱いため、ビス止めは下穴を空けてから、ていねいに行なう

材の片側の加工

部材の片側だけ切断したりする機会は多い。写真の場合は脚材をまとめて2本平行に置いて、幅のある当て木で強力に固定。固定面積が広いため、フリーとなった右側の脚は丸ノコをかけてもズレることがない。

圧着時にフレームのゆがみを直す

部材は生きているだけに伸縮をくり返すもの。部材のそりも、組み立ててはじめてわかることが多い。組み立て後の圧着でくるいを見つけた場合は、スペーサーとクランプを使って部材を矯正（きょうせい）する

上部にスペーサーを入れ、厚い板と当て木でフレームのゆがみを矯正する。フレームの状態を見ながら、クランプのしめ加減を調節するのがコツ

スペーサー

くるいでできたすき間に入れて、サイズやバランスを確保する板や金属板のこと。

5 木材を切断する

木工の加工作業で、最も基本的な加工が切断だ。昔はノコギリ1本で何でもカットしていたが、効率・仕上がり面の美しさでは、電動工具にはかなわない。最も普及している電動ノコギリは、正式にはポータブル丸ノコと呼ばれる丸ノコ。この他、曲線が切れるジグソーや糸ノコ盤も覚えると扱いやすい。ただ、丸ノコなど電動工具は危険が常にともなうので、安全な使い方を学んでおこう。

5 ノコギリを使う

木材を切断する

手作業の基本はノコギリから

大工道具といえば、何といってもノコギリ。電動工具が手軽に手に入るとはいえ、ちょっとした部材の切断にはやはりノコギリがあると重宝する。

ノコギリには横刃と縦刃があり、横刃は材の繊維(木目)を横引きしてカット、縦刃は繊維を縦引きして縦にカットする。このため横刃は刃が細かく、交互に開いて刃がつけられている。

両刃ノコはこの横刃と縦刃が双方につけられたもので、片刃ノコは横刃だけがつけられている。部材の切断が多い木工作業を考えると、横引き用の片刃のノコギリ1本あれば十分こと足りる。できれば刃を交換できる替刃式で、ノコ身が25㎝前後のものが使いやすい。

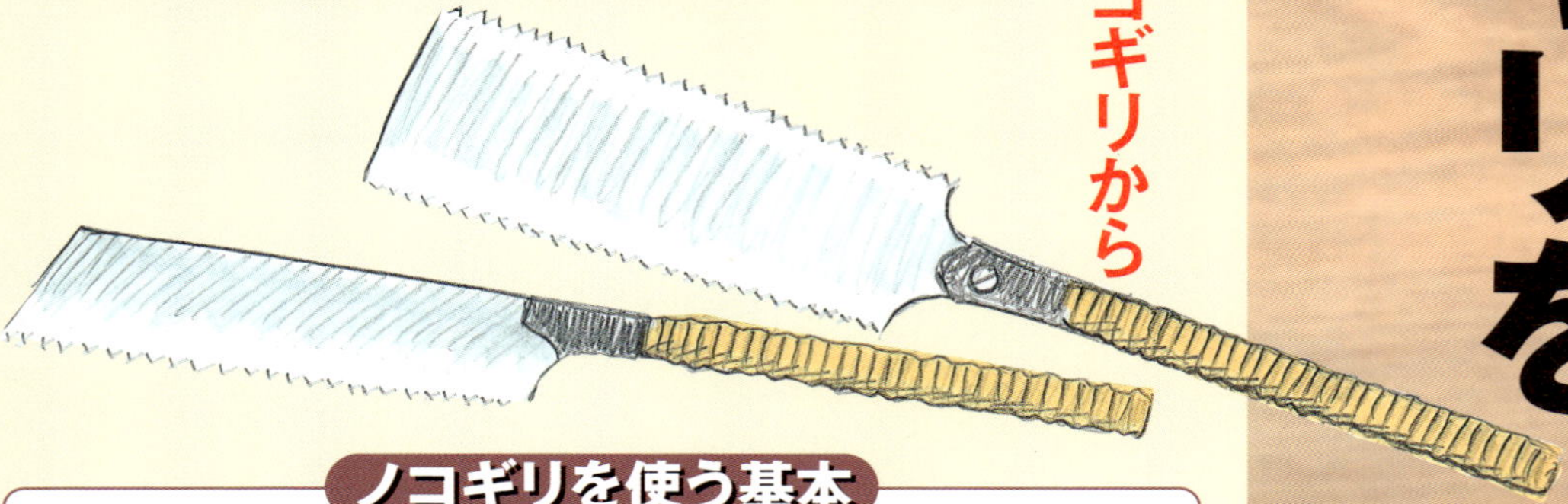

ノコギリを使う基本

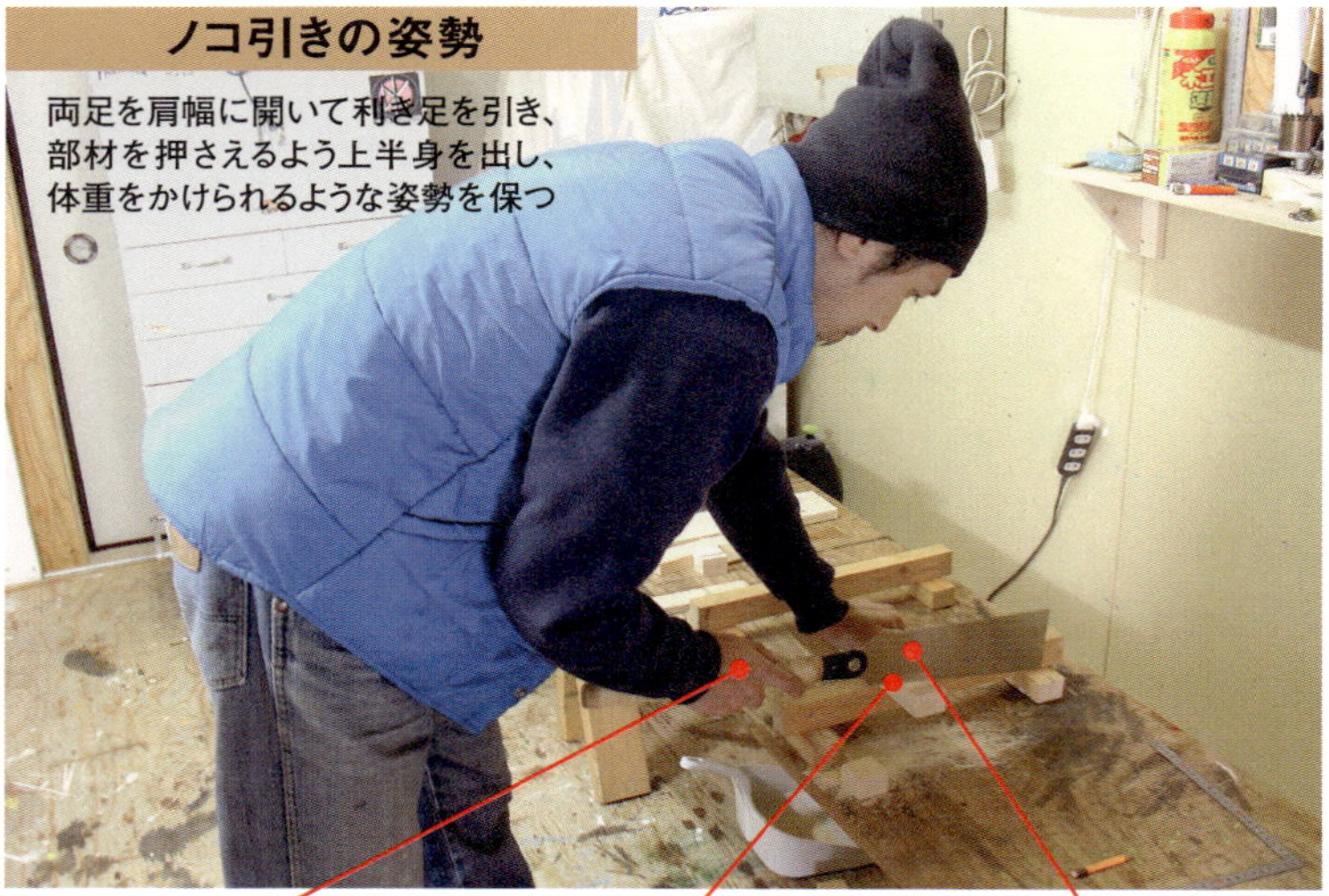

ノコ引きの姿勢

両足を肩幅に開いて利き足を引き、部材を押さえるよう上半身を出し、体重をかけられるような姿勢を保つ

ノコギリのもち方

柄の中央を手のひらに抱くように軽くもち、指でグリップ

墨線を引く

ノコ引きする位置の目安となる墨線を必ず引いてからカット

当て木の利用

ノコ引きのガイド役となる当て木を墨線に合わせ部材を固定

- ビギナーは片刃ノコ
- ノコ身25cmほど
- 替刃式タイプが扱いやすい

●片刃ノコ

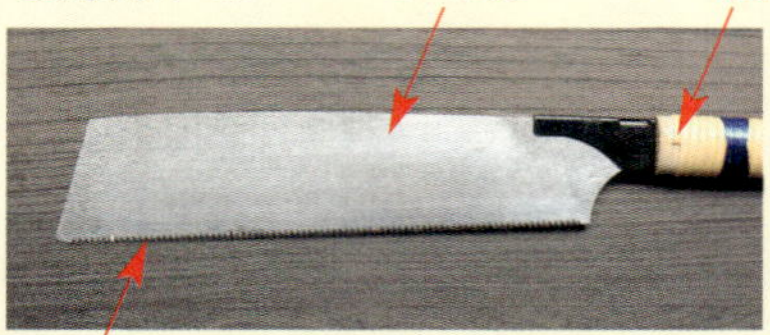

片刃ノコ。ノコ刃が替刃式で、柄にツルを巻いて滑り止め加工されたものが便利だ

●両刃ノコ

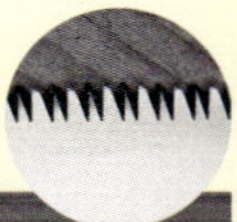
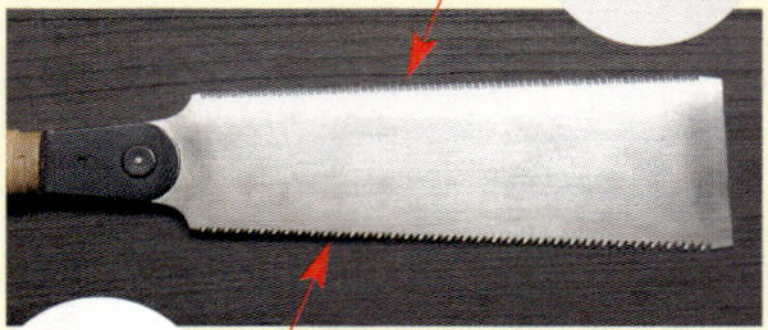

両刃ノコ。片側に横刃、もう一方に縦刃がつけられたもの。ノコギリを使いこなしたい人向きだ

板を切る

用意する工具

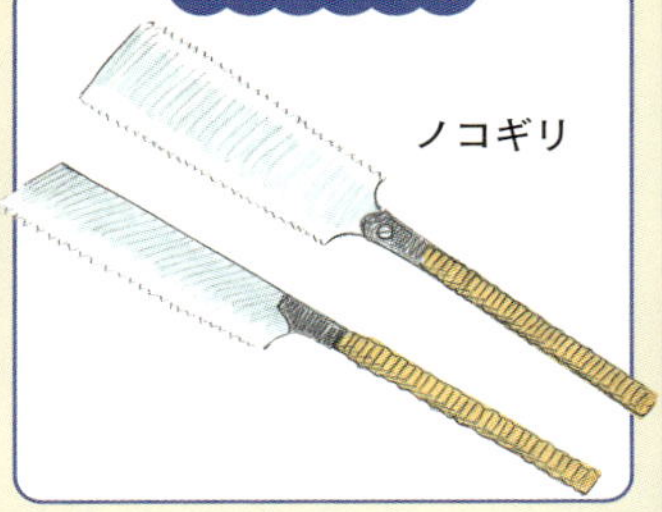

作業手順

- 部材の選択
- ↓
- 墨線を引く
- ↓
- 当て木を当てる
- ↓
- 切断線を入れる
- ↓
- 切断

①墨つけ

切断する部材が決まったら切断個所に印をつけ、サシガネを当てて墨線を入れておく

②当て木を当てる

部材をウマ（台）にのせ、墨線に沿って当て木を当てて、部材が動かないよう強く押さえる。これで最初のズレが防げる

③切断線を入れる

当て木を当て、手前からノコ刃を墨線に沿って一度引き、確実な切断線（切れ込み）が入ったら当て木を外して切り始める

④切りはじめる

切断線を頼りにノコ刃が部材と平行になるよう保ち、ノコ刃を下ろしてゆく。不安なときは当て木を使ってもよい

⑤切り進める

きれいに切り進めるにはノコギリをまっすぐ引き、無理な力を入れないこと。ノコの切れ味を頼りに引くようにする

⑥切断完了

ノコ刃の力を頼りにバランスよく切断できた例。木口に段差がなく、なめらかに仕上がっている

きれいに切るには

簡単そうに見える直線切りでも、手を抜くと切断面が斜めになったり、凸凹になったりと失敗はよくあるもの。失敗しないコツは、墨つけをきちんと行なうことで、墨線は部材の木表と木端（→P11）だけでなく、手前と奥の木端（→P11）の3点に墨線を記入し、これに沿ってノコ刃が外れていないか確認しながら、忠実にノコ刃を引くことだ。

①墨つけ

用意する工具

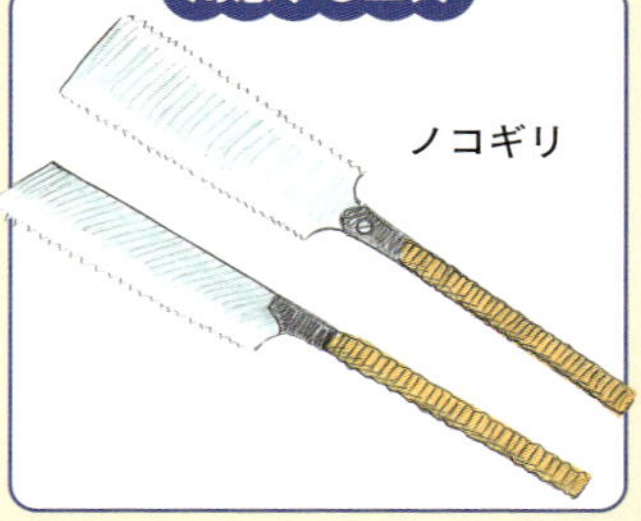

切断場所を測って目印をつけたらサシガネを使って垂直線を引き、墨つけをしておく

②当て木を当てる

角材全体を押さえるように、墨線に沿って当て木を当てる

③切断線を入れる

墨線と水平にノコ刃を合わせ、切断線(切れ込み)を入れる

④切りはじめる

切断線を頼りに、落とし気味で切りはじめる。当て木は不要となる

⑤切り進める

次第に刃を起こすようにして、切れ味を頼りにまっすぐ切り進める

⑥切り終わり

力を入れず、ノコ刃を水平にして、一気に引けば部材の端のはがれはない

⑦切断完了

まっ平らな木口面の切断が完了。この程度の角材の切断は、片手の固定だけでたいていこと足りるが、手ではぐらつきやすい太い部材は、クランプなどの固定具を利用しよう

当て木とウマ

当て木は固定する力を分散させて全体を押さえるもので、押さえやすい大きさを用意。また、部材をのせる台となるウマを使う場合、部材の両側にはかせると、切り進むうちに部材がノコ刃をはさむ形となる。部材は切る側がいつもフリーとなるよう置くのが基本。

この当て木は小さ過ぎる

太い角材を切る

①墨線を引く

見える3面の切断面に、1本となる正確な墨線を引く(→P 39)

②切断線を入れる

当て木を当て、向こう側に下ろしながら平行にして切断線を引く

③切りはじめる

ノコ刃を水平に保ち、ノコ刃の切れ味を頼りに切り下ろしてゆく

④切り進める

手前の面の墨線に、ノコ刃がのっているか確認しながら切り進める

⑤切断完了

刃全体を使って、切り下ろす。途中で止めると、ズレることがある

用意する工具

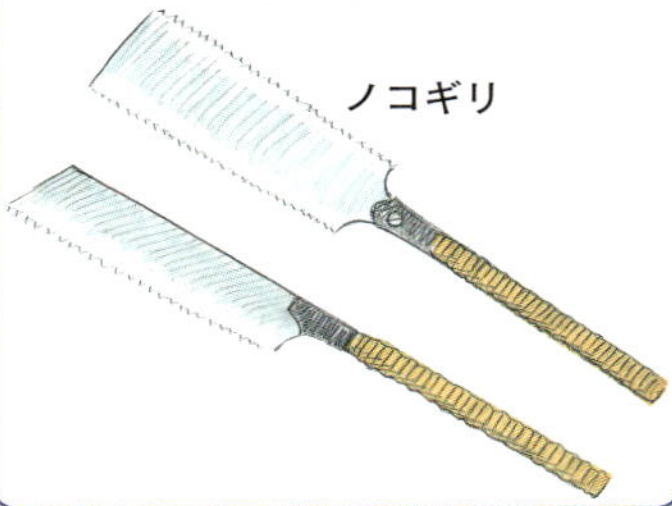

マイターボックスをつくる

マイターボックスとは

ノコギリを使うときに、まっすぐ切断できるように、ガイドとなる切れ込みが入っている箱。市販品もあるが、自分で手づくりしてみよう。

①部材の準備

底板、側板のサイズを決めて墨線を引き、カットして材料を用意する

②組み立て

部材を仮組みしたら、固定しながらドリルでビス止めして組み立てる

③切断線の墨入れ

完成した箱に、ガイドの切断線となる垂直線を墨引きする

④切断線を入れて完成

墨線に合わせ、切断線を底板の位置まで切り下ろして入れれば完成

用意する工具

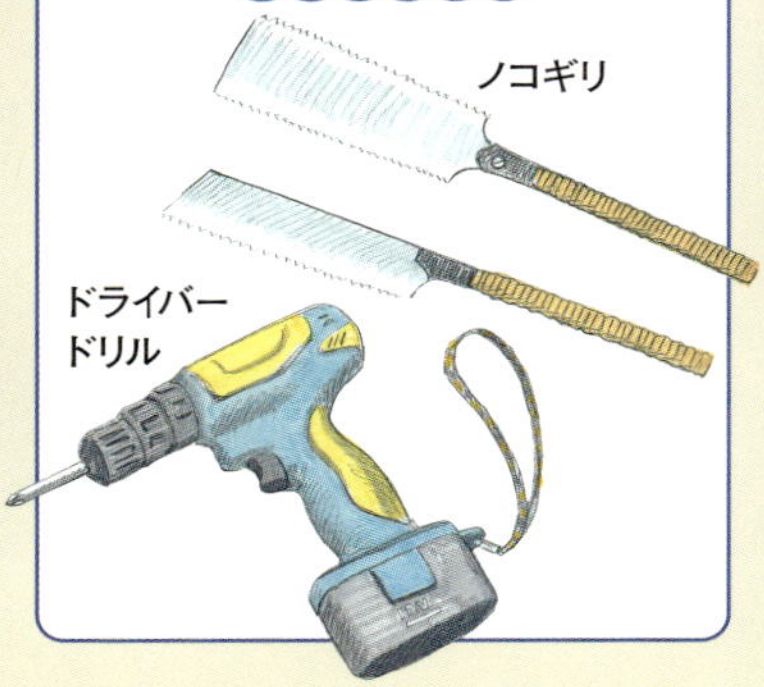

合板を切る

薄く、大きなサイズを利用することが多い合板は、しなりに十分注意して切断。しなった状態ではノコ刃を引くことはできないからだ

用意する工具

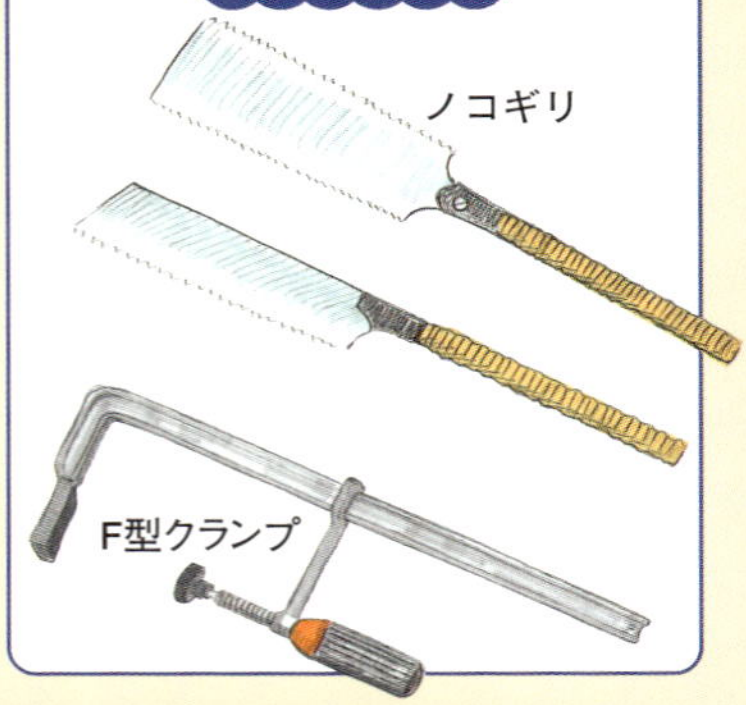

①墨線を引く

墨線を引く。長いサイズはメジャーを使って計測し、サシガネで正確に墨つけする

②ウマの位置修正

引いた墨線の位置を確認しながら、ノコ引きしやすいようウマの位置を再修正。ぐらつかないことが大切

③固定

クランプを使って、合板とウマを作業台に2点で固定する

④切断線を入れる

サシガネ(直定規または当て木)を当て、カッターで切断線を入れる

⑤確実な切断線

カッターで2回は引く。薄い合板の場合はカッターだけでも切断可能

⑥切りはじめ

カッターの切断線を頼りに、落とし気味で切りはじめる

⑦切り進める

ノコ刃全体で引くように、切り進める。合板のしなりに十分注意

⑧切り終わり

切断側がフリーになるので、端がズレないよう注意して切り終える

⑨切断完了

手元側の切断面にバリが出ないように、静かに合板を切り離す

5 材を切断する
糸ノコギリを使う

しめつけが調節できるものを
常に替刃を用意
替刃の交換に慣れる

曲線や細部の切断に威力

ノコギリが直線の切断に使われるのに対し、曲線の切断や窓空けなどのくり抜きに利用されるのが糸ノコギリ(糸ノコ)だ。便利な電動の糸ノコ盤が普及し、糸ノコの使い道は減ってきているが、手動の手軽さは電動にはなく、細かな作業には欠かせない。

糸ノコは金属管などを切断するつるかけノコ同様に、つる(フレーム)でノコ刃を張り、ネジで固定したもの。細かい刃を部材に当て、上下に引いて切断する。

細いノコ刃が入る所ならどこでも切断でき、替刃は木工用に加えて金属用、プラスティック用、細目、粗目、どの方向にも切れる自在刃も売られている。

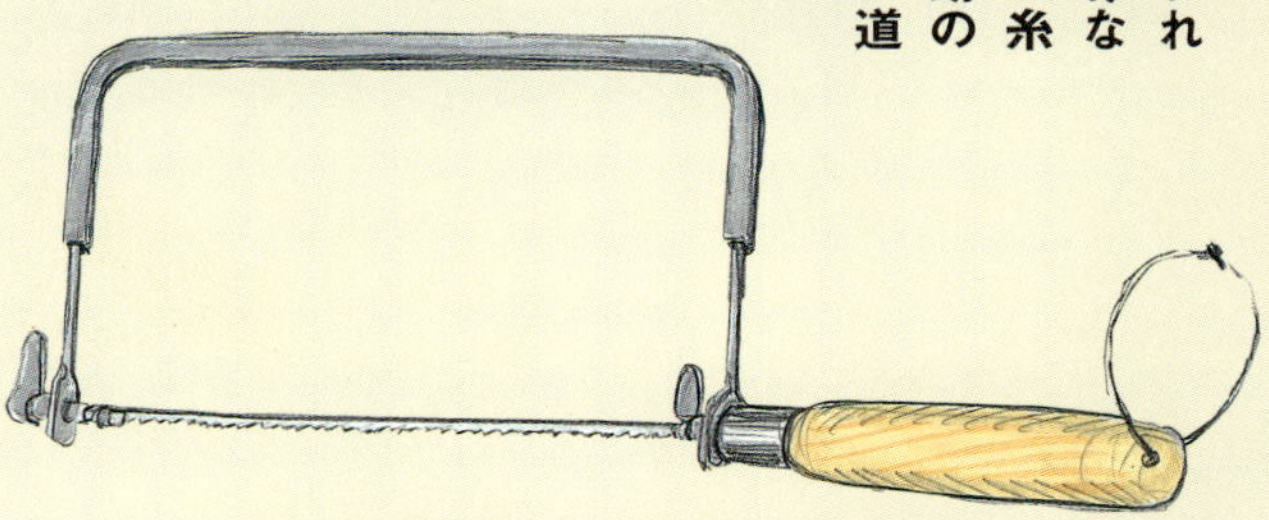

糸ノコギリの構造

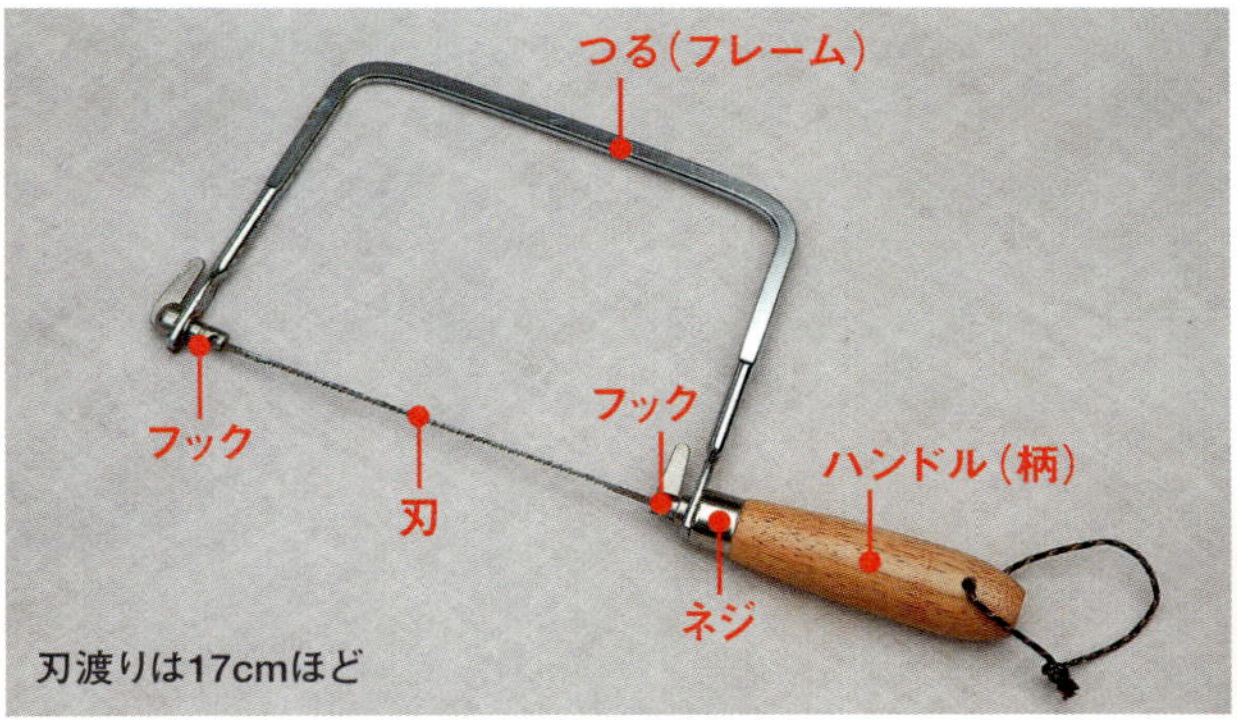

つるの上下についているフックに刃をかけたら、ハンドルについているネジを回転させて刃を引っ張り、固定するしくみ。ネジのしめ具合で引っ張り強度を調節できるようになっている。

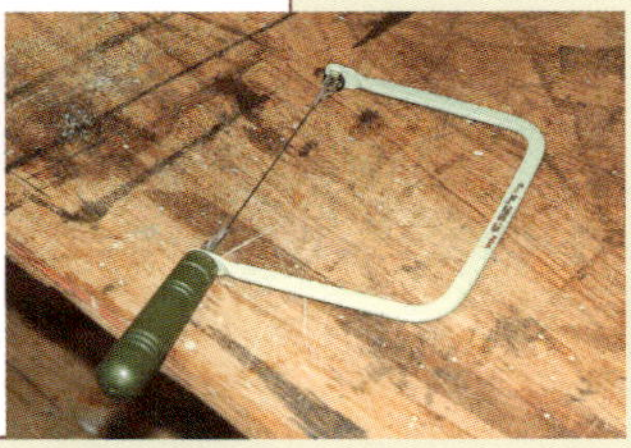

刃全体にヤスリのような粗目の刃がついていて、どの方向にも切断できる自在刃用の糸ノコギリ

糸ノコギリの替刃の交換

①古い刃を外す

刃が回転しないようフレームとフックを押さえてハンドルをゆるめ、古い刃を外す

②新しい刃の装着

新しい替刃を刃が下を向くように、上のフック側→ハンドル側の順でかける

③刃の固定

再びフレームとフックを押さえ、ハンドルを回し、張り具合を見ながら固定する

円板を切る

作業手順

部材の準備
↓
墨線を引く
↓
部材を固定
↓
切断
↓
バリ取り

用意する工具

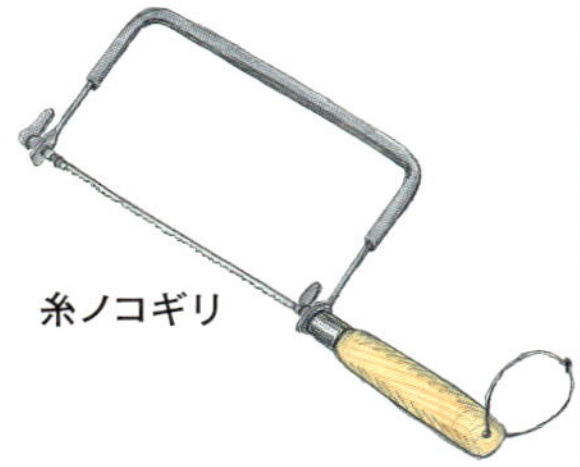

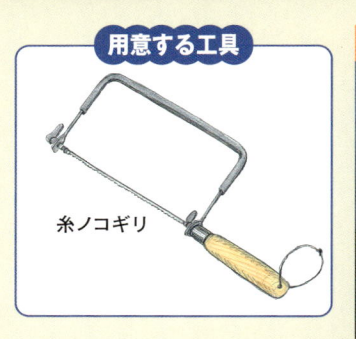

①墨線を引く

必要な円板のサイズが出たら、コンパスで墨線を引く

②墨線の位置

板をムダにしないで、ノコ引き作業も楽な木取りをする

③切断線を入れる

墨線の端に刃を当て、下方に下ろすようにして切断線を入れる

④切りはじめ

刃の切れ味の力を頼りにするよう、無理な力をかけず切りはじめる

⑤切り進める

カーブは内側寄りに刃を向けるようして切り進めると、スムーズに運ぶ

⑥反対側から切る

刃の運びが悪くなったら、反対側に切断線を入れて切りはじめる

⑦切り進める

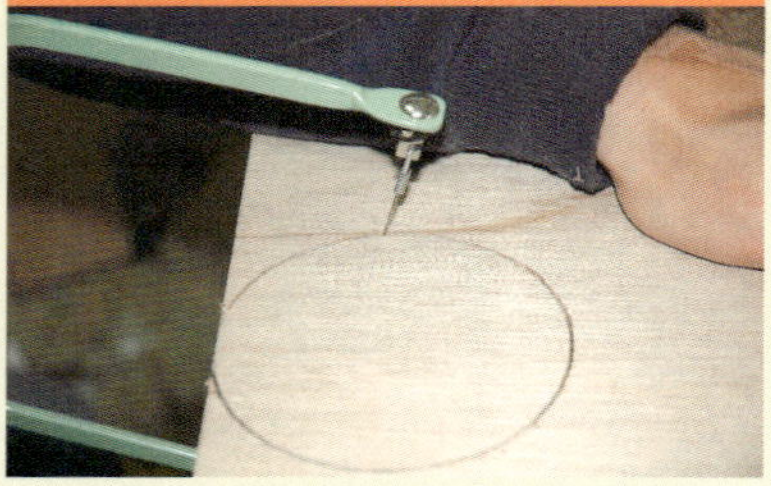

⑤同様にノコ刃は全体をスライドして、大きく引くのがコツ

⑧切り終わり

切り終わりに大きなバリが出ないよう、注意しながら円板を抜いて終了

⑨切断完了

円板の縁はサンドペーパーをかけ、バリを取っておく

窓を抜く

用意する工具

糸ノコギリの使用は5cm角ほどのサイズが手頃。長いサイズの窓抜きは電動工具を使った方が楽だ

①墨線を引く

サシガネを使って、必要な窓のサイズの墨線を引く

②切断線を入れる

カッターで墨線に合わせて切断線を入れる。何回か引いた方が楽に切れる

③四隅に穴を空ける

ドリルで糸ノコギリの刃が入るくらいの穴を、窓の四隅に空ける。バリに注意

④糸ノコの準備

糸ノコギリのフレームとフックを押さえて刃を外す

⑤刃を穴に通す

外した刃を穴の1つに差し込み、差し込んだまま刃を再び張る

⑥切りはじめ

窓の切断線に合わせて、押し当てるように切り出す

⑦切り進める

円板を切るのと同様、ノコ刃全体を使って切れ味を頼りに切り進める

⑧切り終わり

窓抜き完了。若干切れ残った所は、再び刃を当てて切り落としておく

⑨切断部の修整

糸ノコギリの切断面は粗いので、気になるならノミで平らに修整する

完成

きれいな窓抜きの完成。糸ノコを使った窓抜きは最も基本的な方法の一つ

5 木材を切断する

丸ノコを使う

- 構造をよく知る
- 安全な使い方を覚える
- 1台を使いこなす

作業効率を高める電動工具の決定版

木材の切断に威力を発揮するのが、ポータブル丸ノコといわれる丸ノコ。ブレード（チップソー・回転歯）が毎分5000回転ほどの高速回転することで、木材を正確に切断してくれるスグレものだ。

ノコギリなど日本の手動工具が引いて切断するのに対し、西洋で生まれた丸ノコは押して切断する構造。ブレードも外径が150～190㎜前後まであり、縦引き用、横引き用から、特殊コーティングしたものまでさまざまだ。

歯がむき出しになっているだけに木工ビギナーには危険に見えるが、安全で基本的な使い方を覚え、1台を使いこなして作業の効率化に役立てたい。

丸ノコの構造

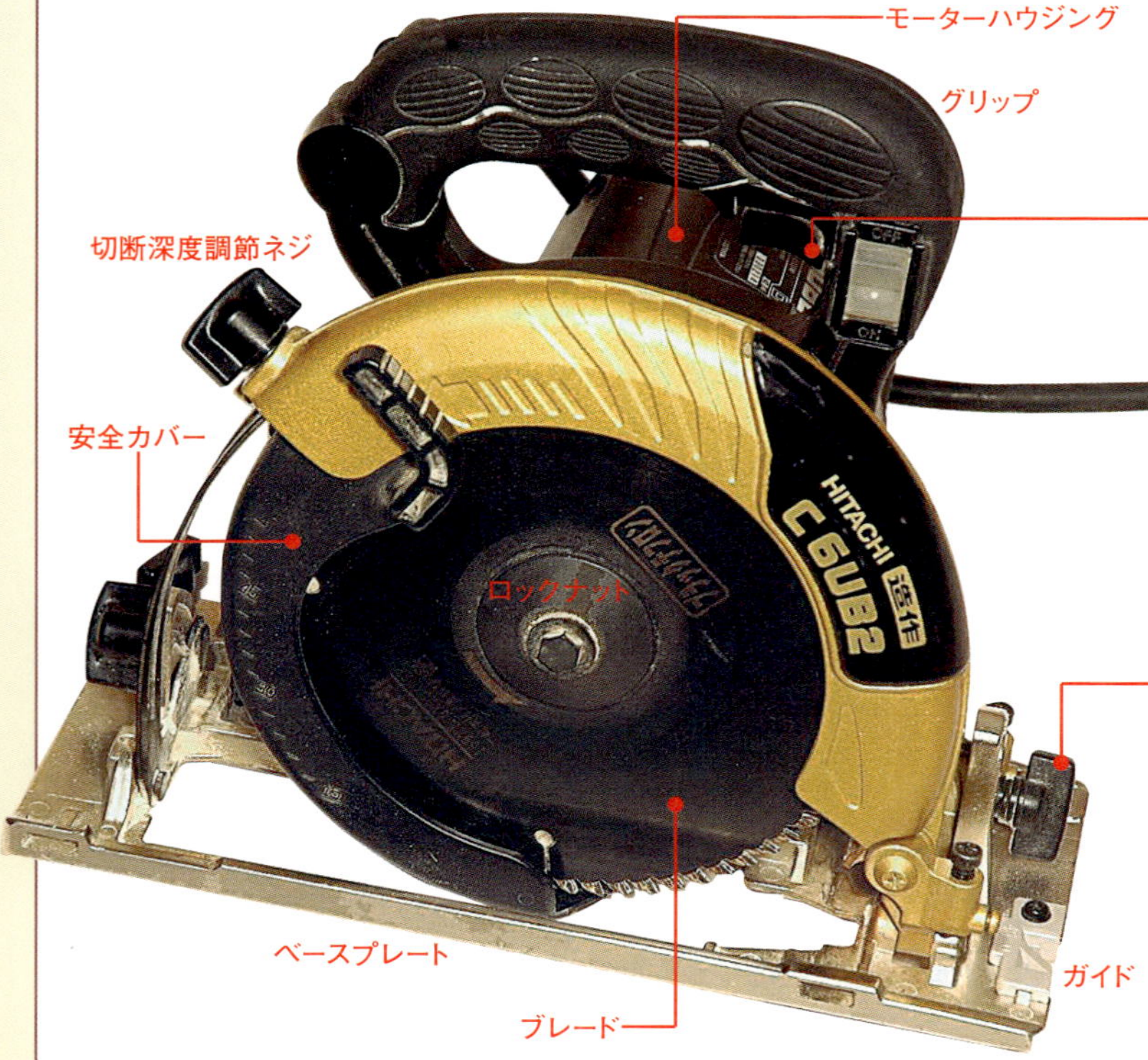

スイッチ

グリップしやすい位置についていて、上のロックボタンでロックも可能

角度調節ネジ

ネジの調節で、ブレードの角度が45～90度まで変えられ、角度切りが可能

丸ノコを使う基本

墨線を引く

部材には事前に、丸ノコを進める目安となる墨線を必ず引いておく

ガイドを使う

ノコびきで使う当て木同様、丸ノコ用のガイド（→P64）を墨線に当てて切断する

丸ノコ使用時の姿勢

丸ノコを進める方向に向かって立ち、両足を肩幅に開いたら丸ノコを押さえるように体を傾ける。脇はしめて、両腕で丸ノコを支えられるようにする

歯の出具合のチェック

歯を出すと歯の角度が変わる場合があるので、チェックは必ず行う

丸ノコの構え方

左手でモーターハウジングをつかみ、部材に押しつけるようにして丸ノコを進める

グリップのもち方

手のひら全体で包み込むように、しっかり握るのが基本

角度切りの刃の出具合を調節する

①角度調節ネジをゆるめる

角度調節ネジをゆるめ、ベースプレートがフリーな状態にする

②必要な角度に合わせる

45度なら45度に合わせてベースプレートごと傾けたら、角度調節ネジをしめて固定

③歯の出具合のチェック

歯が合わせた角度で固定され、きちんと出ているか確認する

まずは丸ノコを使ってみよう

①突き当ての準備

作業台の上に捨て板を敷き、用意したガイドとなる突き当てをビス止めする

②部材の固定と切断開始

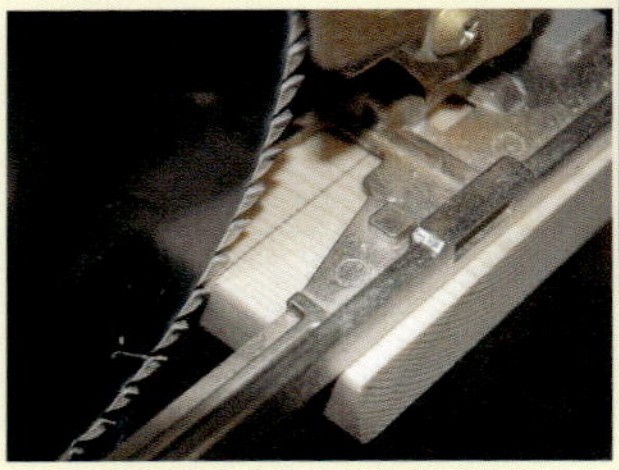

突き当ての向こう側に切断する部材を固定し、丸ノコのベースが全体に水平にのるよう丸ノコを構え、切断開始。切りしろ（ブレードの厚み）を考えて、墨線の左側にブレードを合わせて切断する（必要なのは切り落とす右側の部材）

③切り進める

部材を固定し、丸ノコもしっかり押さえていないとブレて危険だ

④切り終わり

部材が切り離れたら、スイッチを切って終了。歯の進め方に注意しながら練習しよう

●部材の切りしろ

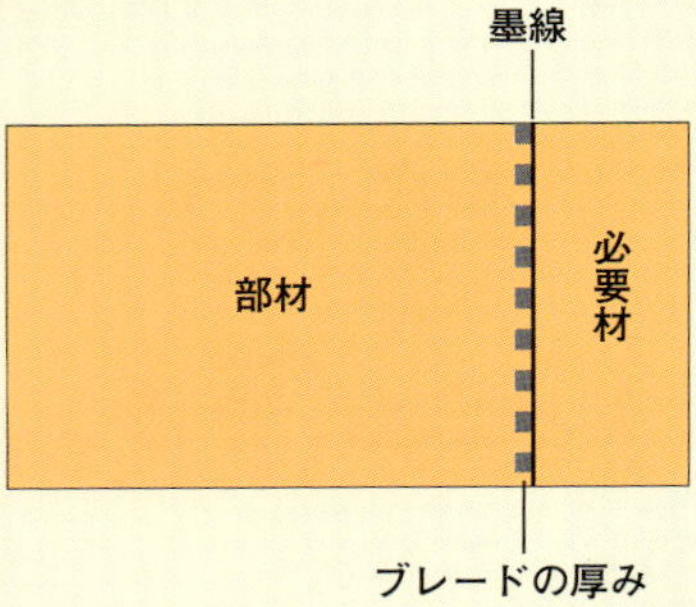

ウマの使用は避ける

丸ノコを使うとき避けたいのが、ウマの使用。力を加減しながら切れる手動のノコギリでは問題ないが、電動の強い力がかかる丸ノコでは話は別。写真のように部材をウマにのせて中心部を切ろうとすると、丸ノコのブレードが板間にはさまり、反動で丸ノコがはね返り、ケガをしかねない。丸ノコではウマは使わず、片側を固定、片側を切断…の基本を守ろう。

切断サイズが大きな合板では特に注意。墨線を引いて片側を固定し、常に切り離す側をフリーな状態にしておくことが事故を防ぐ

ウマにのせて部材を切ろうとすると、両側のウマを支点に、中央に押そうとする力が働く。これが板がブレードをはさむ原因となる

板を切る

用意する工具

作業手順

捨て板の固定
↓
部材の準備
↓
突き当ての固定
↓
丸ノコの準備
↓
切断

①捨て板を固定する

切ってもよい一枚板を用意し、作業台の上にのせて4隅をビス止めで固定する

②部材の準備

切断する部材を準備し、作業板にのせて突き当ての当て方を見当する

③突き当てを固定する

切断のガイドとなる突き当てを用意したら、捨て板にビス止めで固定する

④切断準備完了

墨線を引き、部材をずらして切断面を突き当てに合わせる

⑤切りはじめ

切断する部材をしっかり突き当てに当てて、丸ノコを回転させ切り進める

⑥切り終わり

切り終わりでは、切断した部材がその重みで折れてバリが出ないよう注意する

⑦切断完了

切り残しがないよう部材を押さえ、丸ノコを最後まで進めればバリも出ない。なお、板材などの切断は常に切った側（手にもった右側の部材）を使用するのが原則。このため、切断時は切りしろを考え、墨線左側にブレードを合わせて切ることになる

太い角材を切る

用意する工具

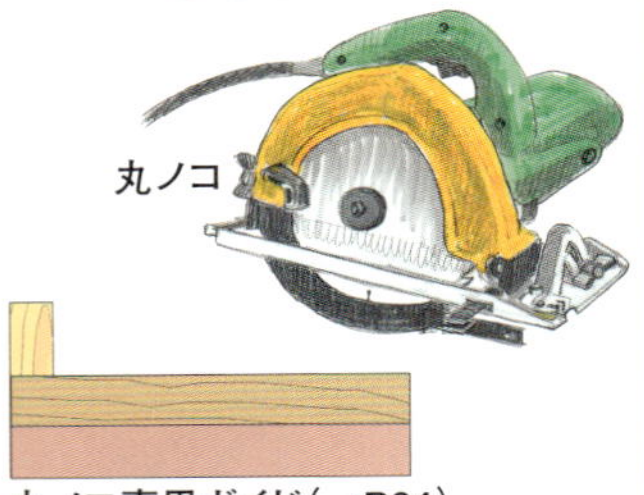

①墨つけ

墨線に沿って正確に切っているかどうか見るため部材は切る3面に墨線を引く（→P39）

②ガイドを当てる

ガイドは丸ノコ専用のもの（→P64）を使って墨線に合わせる

③丸ノコの準備

部材のサイズに合わせて切断深度調節ネジをゆるめ、ブレードを出す。このときブレードが垂直になっているかどうかも確認すること。上は4×4材（→P20）の木口に、使用する丸ノコのブレードを当てて出具合を見たもの。3面を切断すれば部材をカットできる

④切りはじめ

ガイドと切る部材を固定し、丸ノコで最初の面を切り進める

⑤1面の切断終了

木口の端に丸ノコのブレードの中心が来たら切断完了。そのまま奥に進めて逃がす

⑥2面の切断

部材を手前に回転させたら1面と同じように墨線にガイドを当て、切断する

⑦3面の切断

続けて部材を回転させ、墨線に沿って正確にガイドを当てたら3面を切り進める

⑧切断完了

必要な部材のカットが終了。墨線に正確に切断線を合わせることが大切だ

斜めに切る

用意する工具

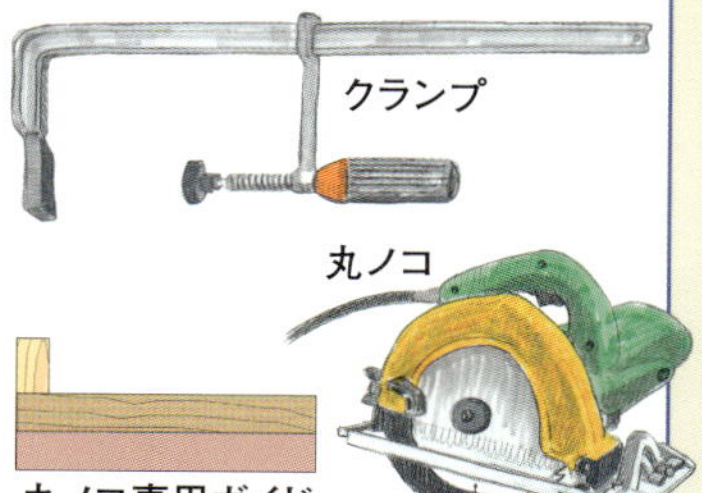

①ガイドを当てる

用意した部材に墨線を引いたら、丸ノコ専用ガイドを正確に当てる

②固定する

斜め切りはズレやすいので、必ずガイドと部材をクランプで固定する

③切断する

丸ノコをガイドに沿って当て、ガイドに頼るようにして部材を切り進める

④切断完了

バリが出ないように注意しながら丸ノコを先まで運び、斜め切りが完了

●鋭角の切断も可能

注目！

鋭角の部材も、墨線を正確に引いて固定を確実にすれば切断できる

45度の角度切りをする

用意する工具

①墨線を引く

作業台にガイドとなる突き当てをビス止めし、切断するサイズの墨線を引いた部材を当てる

②角度を調節する

丸ノコの角度調節ネジをゆるめ、ベースプレートを45度の角度に合わせる

③ブレードを固定する

角度調節ネジを確実にしめて、ブレードを固定する。ブレがないかチェック

④切断する

部材を突き当てに固定しながら、丸ノコを進めて切断する。加重がかたよらないよう注意

⑤切断完了

45度の切断が完了。額縁や箱などフレーム製作に使うので、角度切りはぜひ覚えよう

丸ノコ専用ガイド(固定定規)

ガイドはよく使うサイズに合わせたものを用意しておきたい

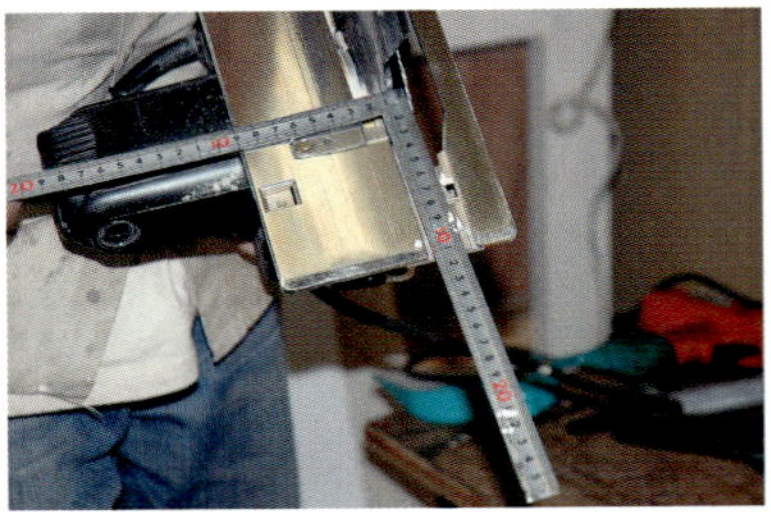

ブレードとベースプレートの端間の距離(約9cm)がガイドの幅となることに注目

丸ノコ専用ガイドとは

木工の切断では、正確に部材を切り出すためにクランプで固定し、突き当てを当てて切断するのが基本。この突き当てを、使用する丸ノコのサイズに合わせてつくり、加工しやすい定規としたのが丸ノコ専用ガイド(固定定規)だ。金属加工などにも使われる治具(ジグ)と同じで、木工では丸ノコのブレードとベースプレートの端間のサイズに合わせた定規をつくっておけば、ガイドに沿っていつも確実なサイズの切断が可能となる。

●ガイドを上から見た図

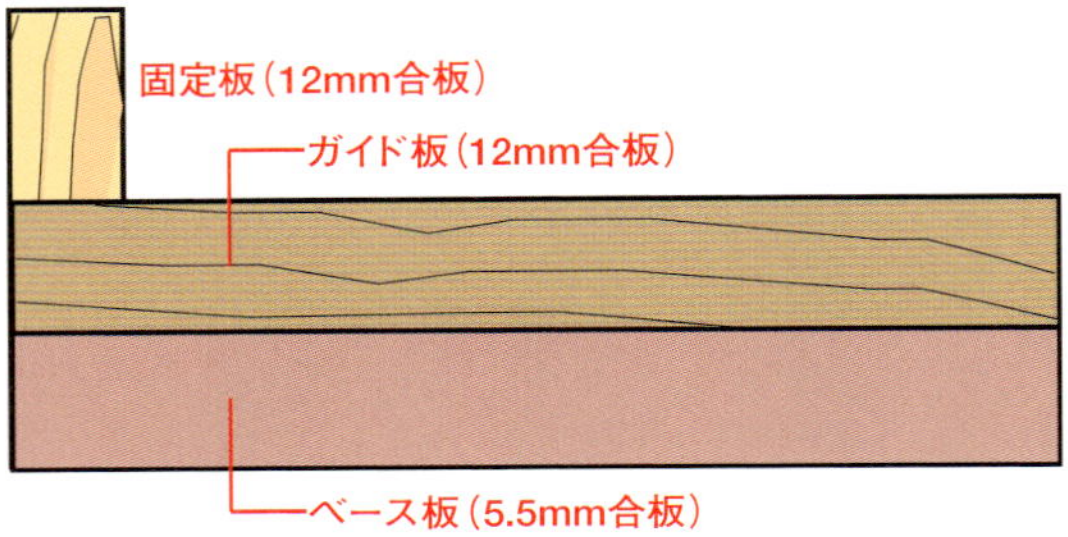

●ガイドを横から見た図

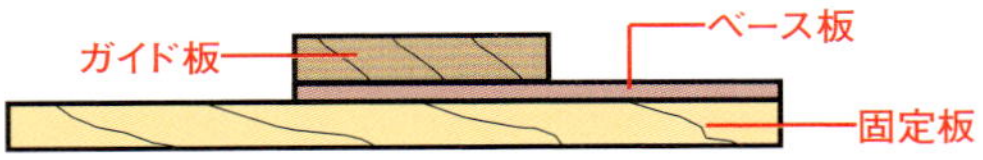

●ガイドに丸ノコを設定

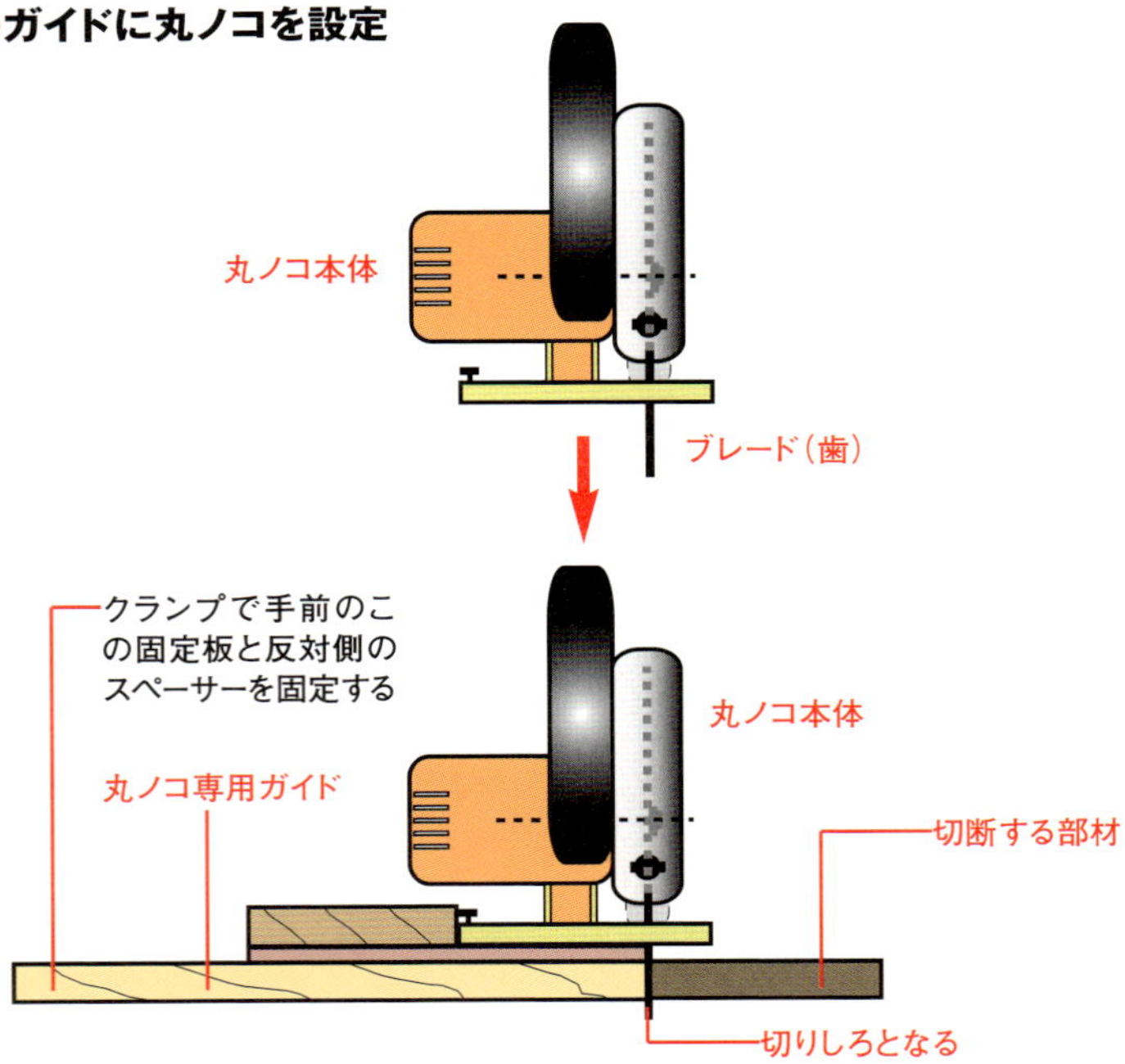

斜め切りなど部材が固定しにくい作業では、クランプでしっかり固定できるガイド利用が安心

自作の丸ノコ専用ガイド。よく使う45cmサイズと90cmサイズを基本的なカット作業に利用。家具製作など細かな切断が多い場合は、その都度必要なサイズのガイドをつくると便利だ

丸ノコ専用ガイドをつくる

用意する工具

作業手順

ガイド板の加工
↓
ベース板の加工
↓
組み立て
↓
固定板の取りつけ
↓
サイズ調整
↓
完成

①部材の準備

5.5mm合板と1×4材（ワンバイフォー・本来は12mmのランバーコア合板がよい）を準備する

②余分を切り落とす

1×4材を1000mm測り、墨線を引いたらノコギリで余分を切り落としておく

③丸ノコのサイズを確認

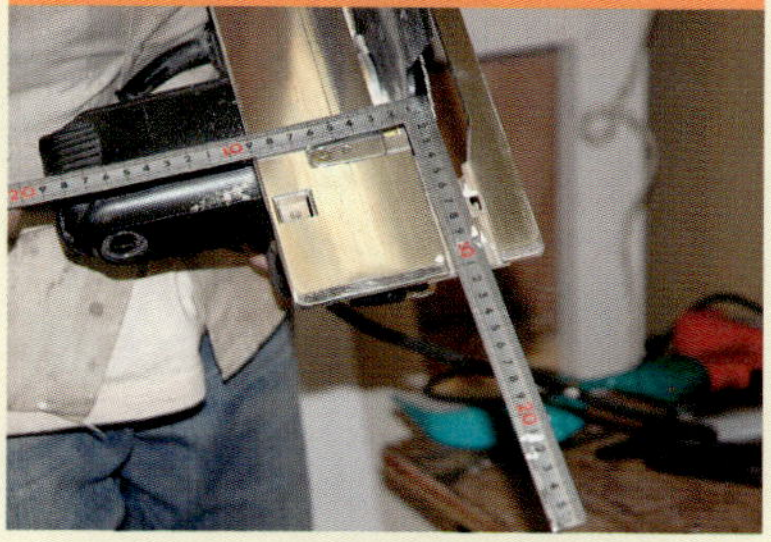

丸ノコのベースの端とブレード間の長さ（89mm）を確認しておく

④ベース板の墨つけ

ベース板幅の分約100mmと、1×4材の幅89mmを合わせてその外側に墨つけする

⑤ベース板の加工

ベース板となる5.5mm合板に縦横の墨線が引けたら、丸ノコで切断する

⑥ベース板切断完了

切断はそれほど正確ではなく、アバウトにカットできればよい

⑦組み立て

ベース板とガイド板を合わせて、クランプで固定しておく

⑧ビスどめ固定

組み立てたら裏返してビス止め。左右5ヶ所に上中下3ヶ所づつ止める

⑨組み立て完了

組み立て完了。組み立て作業はウマにのせて止めると効率がよい

ビス止めは、ベース面とまっ平になるよう頭の出っ張りに注意

P.66に続く

⑩固定板の取りつけ 1

固定板をガイドと直角の位置に取りつけるため、目安となる角材をクランプ固定

⑪固定板の取りつけ 2

固定板を角材に合わせ、ガイド側に5～6ヶ所ビス止めして固定する

⑫サイズ調整 1

長さは1m以内におさまる程度とする

⑬サイズ調整 2

丸ノコをガイドに合わせ、ベースを固定板ごと矢印方向に端まで切り落とす

⑭完成

ガイドの完成。使用時はガイドの水平バランスをとるためスペーサーを利用

●短尺のガイドも自作

注目!

短いサイズも利用する機会が多いので、自作しておこう

丸ノコ専用ガイドを使う

用意する工具

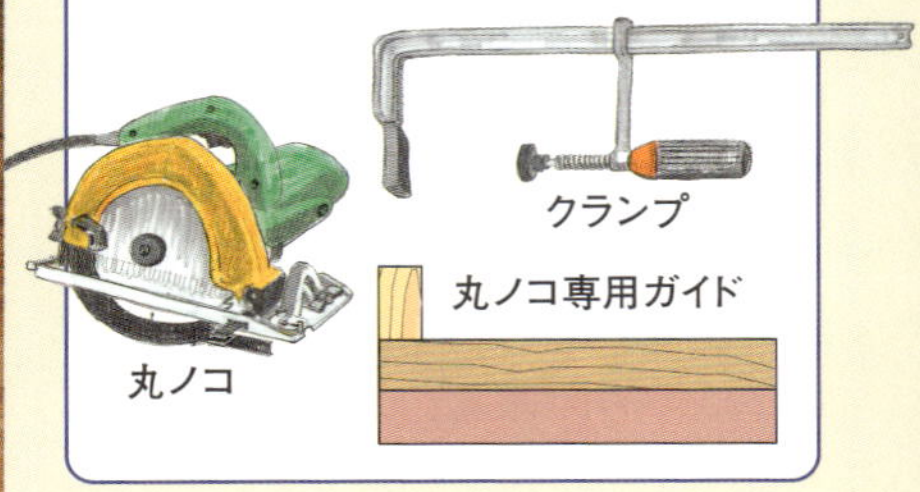

作業手順

作業台の準備
↓
部材に墨つけ
↓
ガイドを当てる
↓
クランプ固定
↓
切断

①墨つけ

作業台に切ってもよい捨て板をしいて部材を置き、墨線を引いておく

②ガイドを当てる

ガイドを当てる。このとき、ガイドが水平になるように注意する

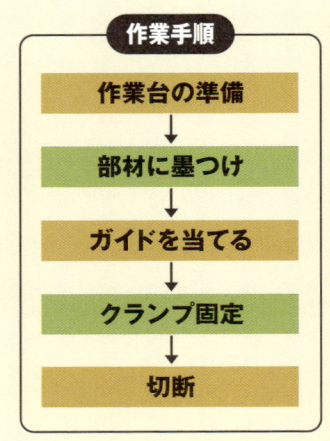

③固定する

部材とガイド、スペーサーをしっかり合わせ、クランプで2ヶ所は固定しておく

④切断する

ガイドに合わせて丸ノコを進ませ、切断する。直線切りもこれで安心だ

5 木材を切断する ジグソーを使う

曲線切りや窓空けなど細かな作業に威力

糸ノコギリより幅があるブレード(刃)を上下させて切断する電動工具。糸ノコ盤よりもハンディで、また丸ノコが直線切り専用なのに対し、ジグソーは曲線切りや窓空けなどの細かな作業に対応できる。

ブレードは替刃式。木工用では直線切りの他、曲線切りや合板用、仕上げ用など多種多様。また、軟鉄やアルミなどの金属やプラスティックを切断できるブレードもある。

ブレードの上下運動が基本なので、どうしてもブレが気になるが、使用時は部材を固定して使うことが大切だ。また、しゃくり運動で前後切断できるオービタル機能つきもある。

- ハンディな糸ノコ電動版
- 部材に合ったブレードを選択
- 部材をしっかり固定して使用

ジグソーの構造

ブレードの種類

①③⑤が木工用、②が刃が細かい金属用、④がプラスティックや合板の切断用ブレード

ブレード

上下に動くシャンクがブレードをはさんで切断。この部分を包み、木クズの飛散を防ぐカバーつきもある

板を切る

用意する工具

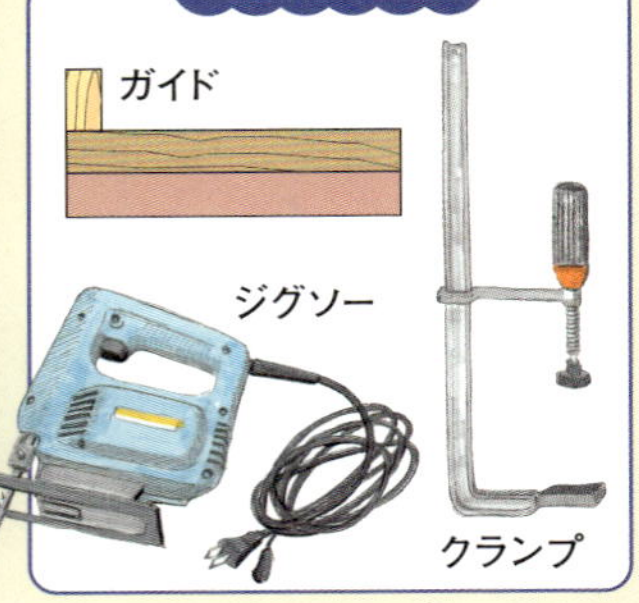

作業手順

ガイドの準備
↓
部材に墨つけ
↓
ガイドを当てる
↓
クランプ固定
↓
切断

①ガイドの準備

あらかじめジグソーのベースプレートの幅に合わせたガイドをつくっておく

②墨つけ

切断するサイズを計測したら、部材にサシガネで墨線を引く

③墨線の位置を確認

部材の墨線の位置がガイドの幅に合っているか確認し、セッティングする

④ガイドの固定

③のガイドの位置でガイドを捨て板にビス止め固定する

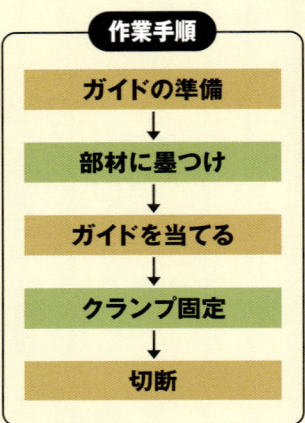

⑤ブレードの調整

ジグソーに木工用直線切りのブレードを装着し、出方を調整する

⑥切断線を引く

ブレードの動きを誘導するため、カッターで部材に切断線を引いておく

⑦ジグソーをセットする

部材をガイドに当てて左手で押さえたらブレードを墨線に当て、準備完了

⑧切りはじめ

スイッチを入れて切断開始。ブレードが進むよう進行方向に力を若干入れる

⑨切り進める

ある程度進んだら、ブレードの自然な動きに合わせるようにする

⑩切断完了

初心者は最初ブレやすいが、慣れてくるときれいにカットできるようになる

曲線を切る

作業手順

- 部材に墨つけ
- ↓
- 部材を固定
- ↓
- 切断
- ↓
- 切断面を磨く

用意する工具

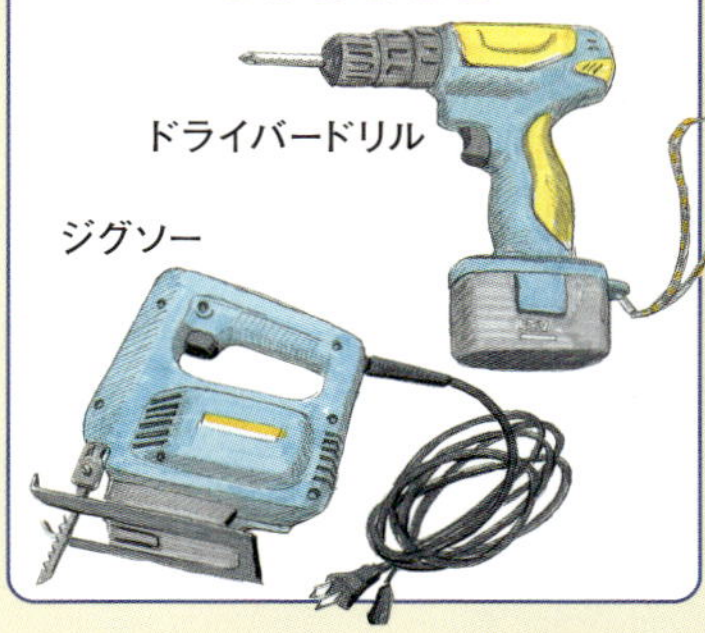

糸ノコギリ同様、曲線の切断でジグソーが持ち味を発揮する

①墨線を引く準備

作業台の上に穴を通してよい捨て板をしいたら、ドライバードリルを使ってサシガネが通る幅でビスを2本立てる。次にサシガネをかけて湾曲させる

②墨線を引く

①のサシガネのラインに沿って必要な墨線を部材に引いておく

③切りはじめ

部材を作業台に押さえつけて固定。ジグソーのブレードを墨線に合わせる

④切り進める

墨線に沿ってジグソーを切り進める。曲線の切断は内側に力がかかり過ぎると、木口の切断面が斜めになるので、直進方向に力が向かうようにする

⑤切断完了

きれいな切断面にカットできたが、ブレードによって隅にバリが出ることも

⑥切断面を磨く

バリを取ってなめらかな切断面にするため、サンドペーパーで磨いて完了

ブレを防ぐ

慣れていないとジグソーが暴れ、思うような切断は難しい。これを防ぐには、材質にあったブレードを選び、ブレードだけに力をかけず、腕全体で進行方向に移動するような力加減が必要となる。

むやみに力をかけると、バリだらけという結果のことも

5

木材を切断する

糸ノコ盤を使う

- 曲線切りや窓抜きに利用
- 部材に合ったブレードを選択
- 部材を動かして加工

部材を動かして加工する電動糸ノコ

糸ノコギリの電動版といえ、ジグソーと違って固定して使うために大型で、作業場に置いて利用する。

構造は、ブレードを上下の留め具で固定し、ストロークさせて切断するしくみ。木工用の刃は木クズがつまらないよう間隔が空けられている。またブレードも直線切りに向いた粗目、曲線切りが得意な細目など多種多様。

曲線や窓抜きなど糸ノコギリ同様の切断が可能で、部材を動かして加工するのが基本。このため、アームの奥行き（ふところ）サイズが大きいほど、大きな部材の加工が可能だ。固定して使うため、集塵《しゅうじん》機との接合可能なパイプがあると便利。

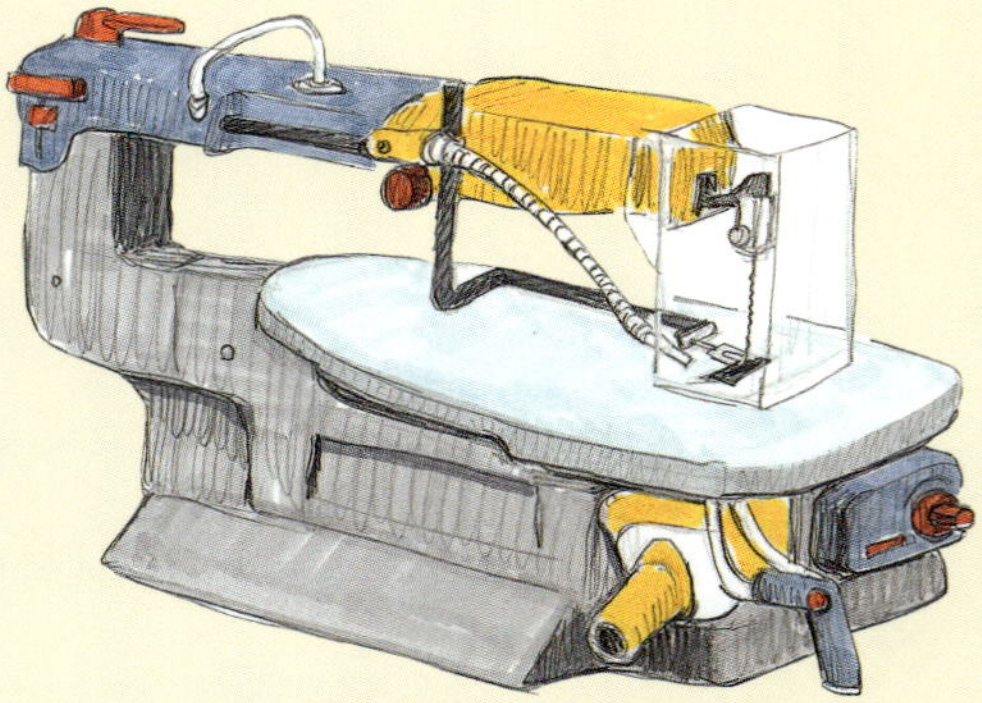

糸ノコ盤の構造

テーブル角度調節

傾斜切断ができるタイプについているテーブル角度調節レバー

無断変速

部材に合わせたストローク（回転数）が得られる無断変速ダイヤル

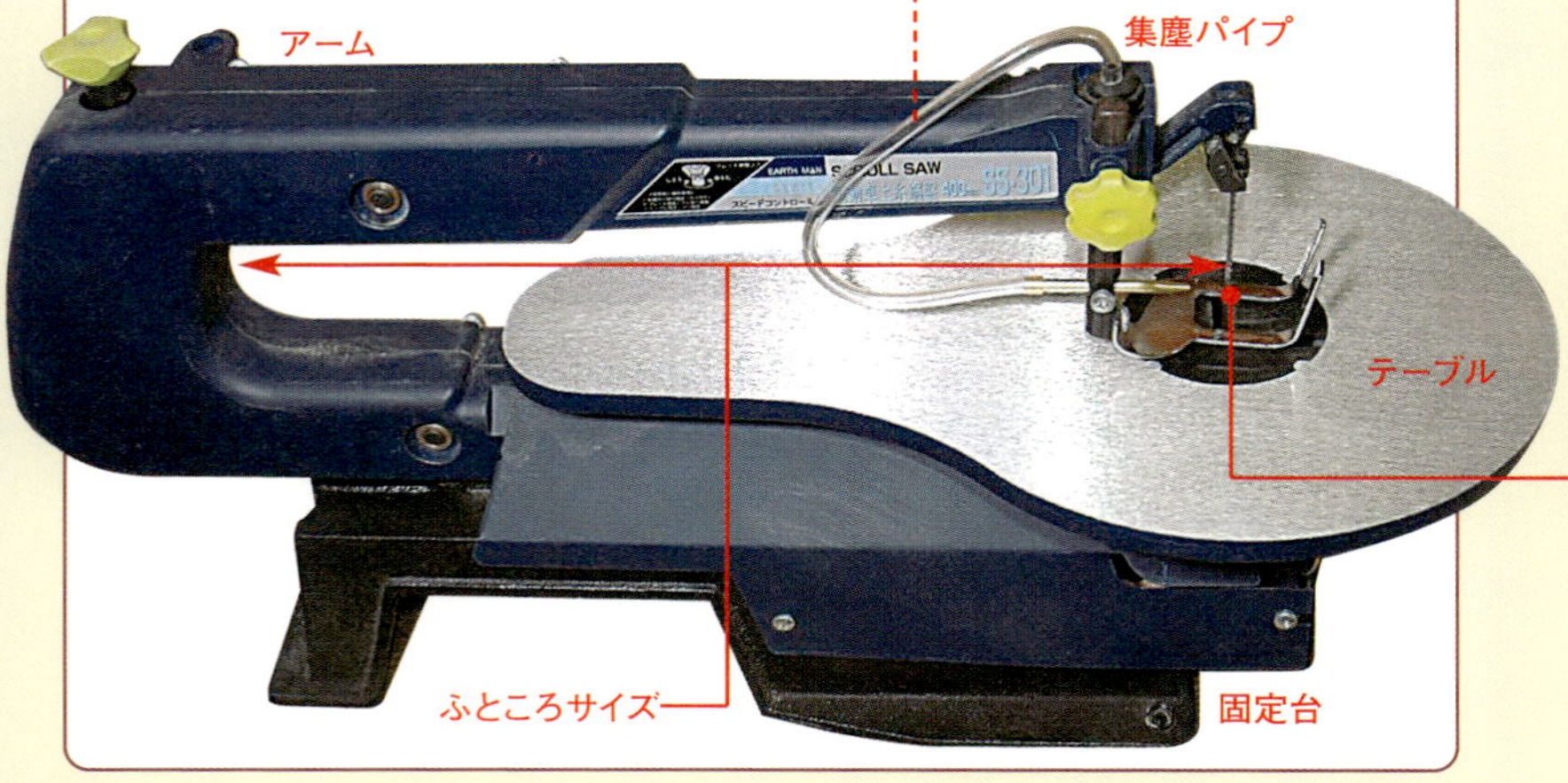

ブレード

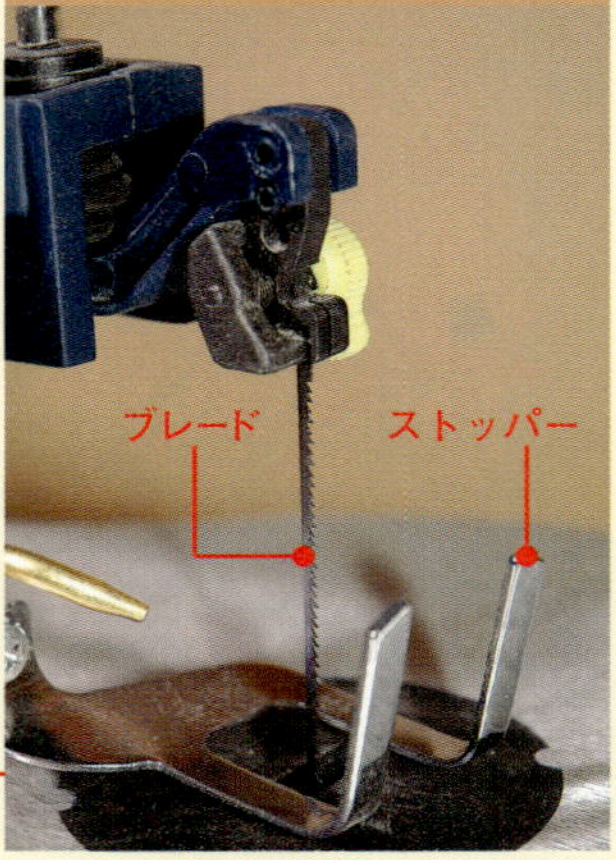

ブレードを装着し、張り具合を見ながら、ネジで固定する。張りが強すぎると折損の原因となる。最近はワンタッチで最適な張り具合のブレードを交換できる機種もある

円板を切る

用意する工具

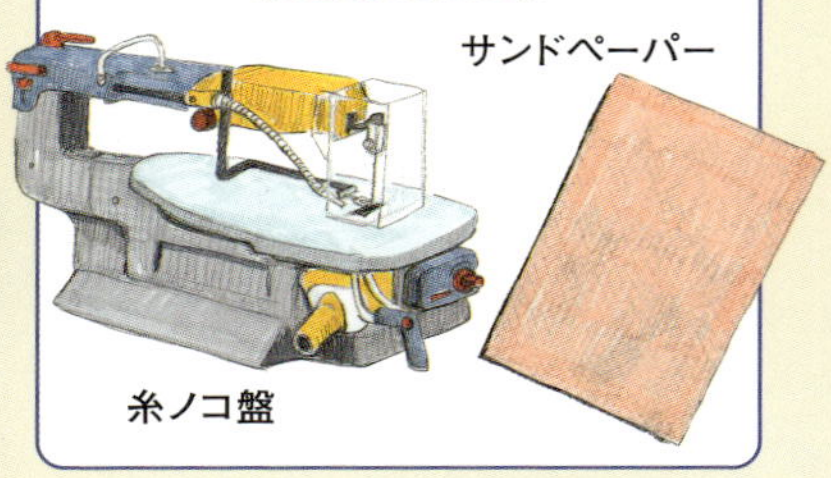

作業手順

部材に墨つけ
↓
糸ノコ盤の準備
↓
切断
↓
切断面を磨く

①墨つけ

糸ノコギリの円板を切る（→P56）と同様に、コンパスで墨線を引いておく

②切りはじめ

部材の端から墨線の位置まで切り進め、切断開始

③切り進める

ブレードの切断方向を保ちながら、墨線のアールに合わせて部材を回転させ、進ませる

④切断完了

まずは切断完了。隅のバリはサンドペーパーで磨き、取り除いておく

窓を抜く

①切断前の準備

墨線を引いたら、ドライバードリルで墨線内の4隅に穴を空けておく

②切りはじめ

ブレードを一度外して穴に入れ、再びセットして墨線に沿って切り進め、切断開始

③修整

とりあえず窓を抜いたら、ノミを使って切断面をなめらかになるよう修整しておく

④切断完了

切断完了。最初は糸ノコ盤だけで正確に切ろうとせず、修整する気持ちで挑戦したい

正確な切断のために

部材をブレずに正確に切断するには、糸ノコ盤の正面に構え、部材をしっかり押さえることが基本だ。さらにブレードがまっすぐ進むよう、ブレードの向きに合わせて部材を動かしながら切断すると、うまくゆく。

糸ノコ盤の正面に向き合う

ブレードの向きに忠実に

自由な形に切る

用意する工具

作業手順

部材に墨つけ
↓
糸ノコ盤の準備
↓
切断
↓
切断面を磨く

①墨つけ

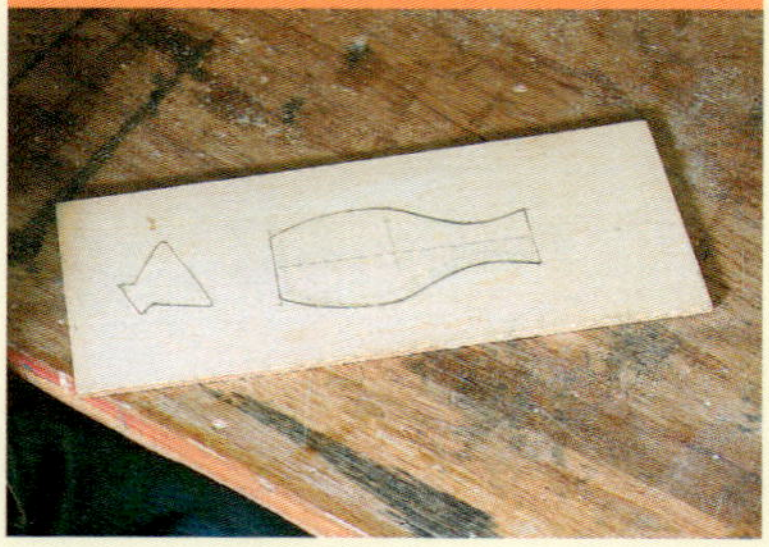

何をカットするかが決まったら、イラストを部材に墨つけしておく

②切りはじめ

部材の端から墨線の位置まで切り進めたら、切断を開始する

③切り進める

ブレードの切断方向を保ちながら、墨線の曲線部分にうまくのせる。無理な力をかけずに、部材を回転させながらブレードの進行方向を誘導したい

④余分な部分のカット

切断しやすいよう、先に余分な部分を落としながら切り進めると楽だ

⑤切り終わり

③の方法で反対側の曲線部分を切り進め、楽な頭の直線部分の切断でまとめた

⑥修整

サンドペーパーでバリ取り。曲線部分は特にていねいにかけておこう

⑦切断終了

曲線部分がきれいに仕上がるのが糸ノコ盤加工の魅力。いろいろな形に挑戦してみよう

6 穴を空ける

木材の接合にネジ穴を空けたり、部材同士をはめ込むために溝をほったりする作業は、家具づくりなどでは必要不可欠な加工法。小さな穴空けにはドライバードリルが便利で、ネジしめもできる。穴空けも電動工具が活躍するものの、角材同士を凹凸でつなぐホゾ組みなどは、いまだノミの加工が主流。それだけに、木材に穴や窓を空けるという作業は難しく、奥が深いといえる。

6

キリを使う

使用目的で異なる形状

1本はほしい三つ目ギリ

基本的使い方を覚える

下穴など手軽な穴空けに有効

電動工具主体の木工では、キリなど昔ながらの手動工具の出番は少なくなっている。といっても電力を使えない作業場では、手動工具の座は変わらない。

キリは部材に穴を空けるための専用工具。穴の使用目的によって、大きさや深さの違いが得られるよう、キリ刃の形状に違いがある。

日曜大工程度では、もっぱら三つ目ギリ、四つ目ギリなど、クギや木ネジを使用するときの下穴空け用のキリを使うことが多い。小さな穴専用ながら、手軽なのが手動工具としての魅力だ。

この他、木ダボを埋め込むための穴や、堅い部材の穴を空けやすくしたキリなどがある。

キリの構造

キリ刃

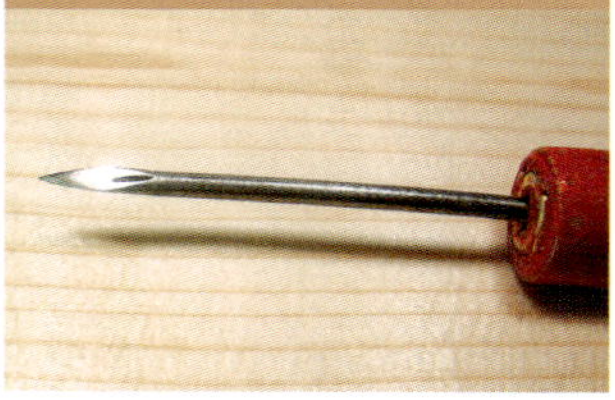

写真は刃先の断面が三角形になっていて、刃の頭が軸よりも太い三つ目ギリ。大きめの穴が空けられ、クギの下穴空けに便利

キリの使い方

キリの柄を手のひらではさみ、手のひらを前後してもむように回す

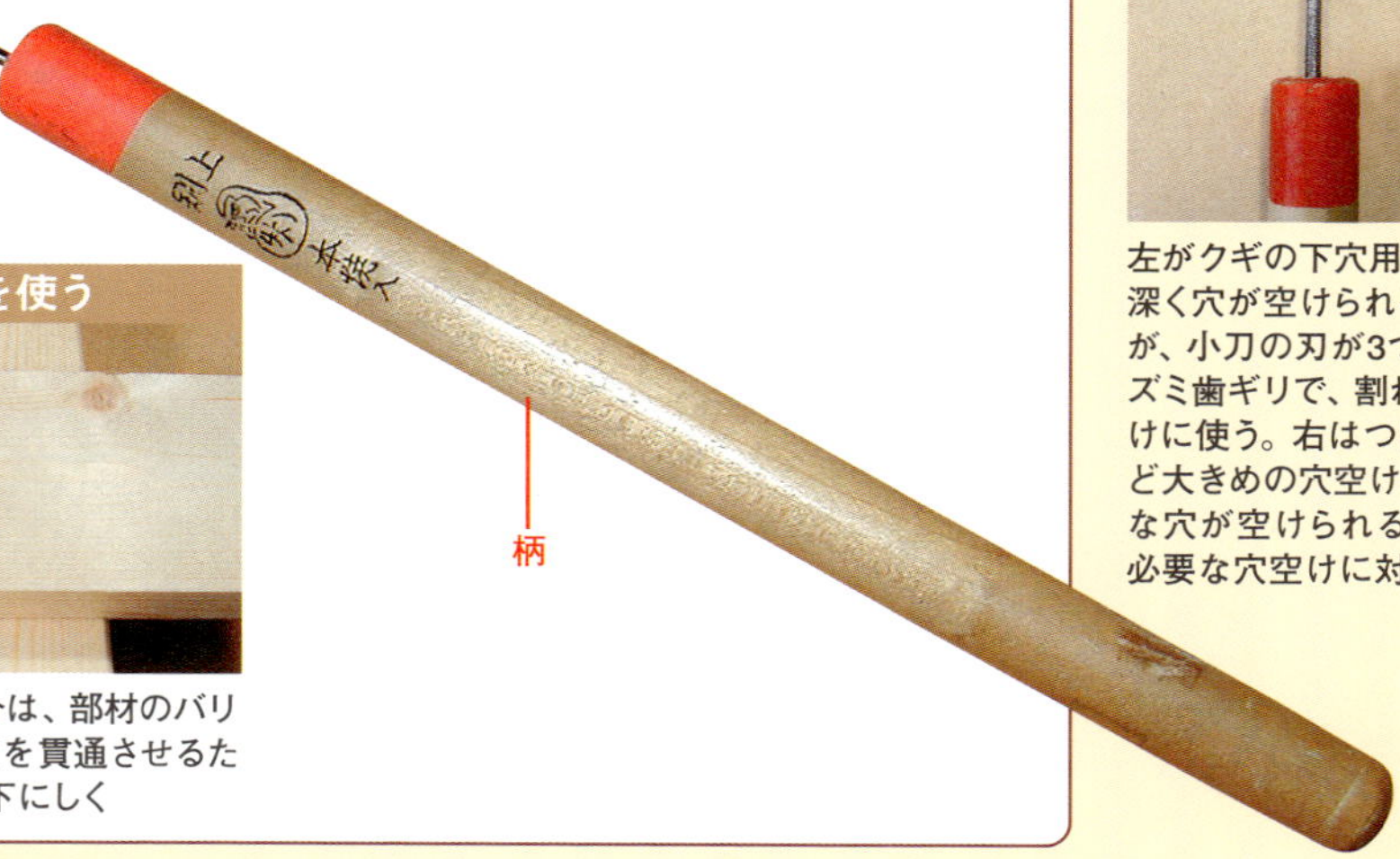

捨て板を使う

貫通穴を空ける場合は、部材のバリを防ぎ、きれいな穴を貫通させるために必ず捨て板を下にしく

キリの種類

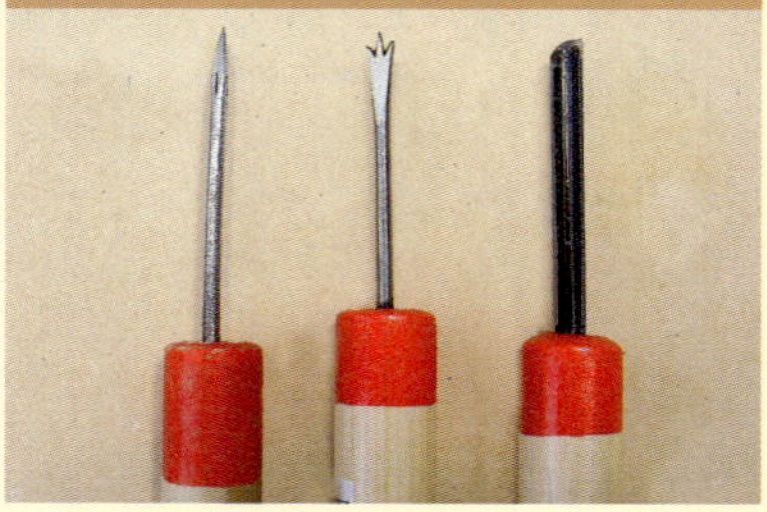

左がクギの下穴用の三つ目ギリ。木ネジ用の深く穴が空けられる四つ目ギリもある。中央が、小刀の刃が3つに割れたような形状のネズミ歯ギリで、割れやすい堅い木などの穴空けに使う。右はつぼギリと呼ばれ、ダボ穴など大きめの穴空けに使用、仕上がりがきれいな穴が空けられる。それぞれサイズがあり、必要な穴空けに対応できる

木ネジの下穴を空ける

【下穴】

クギを打ったり、木ネジをしめ込むときなど、注意したいのが垂直に打ち込むこと。そのためにはあらかじめ下穴を空けておくと、曲がったりしないで楽に打ち込める。三つ目ギリや四つ目ギリはこの下穴空けに手軽な工具といえ、ドライバードリルがないときの手助けとなってくれる。

①目印をつける

穴空け位置に目印をつけたら、キリ刃を目印に合わせて部材に垂直に立てる

用意する工具

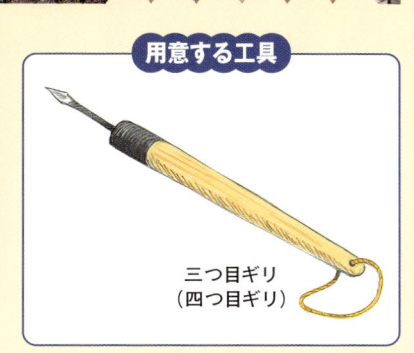

木ネジをしめる

キリで空けた下穴が、木ネジの垂直を保持してくれるため、ドライバーで簡単に木ネジがしめられるようになる

②穴を空ける

手のひらでキリを回転させて下穴を空け、完了。深さは木ネジが立つ程度でよい

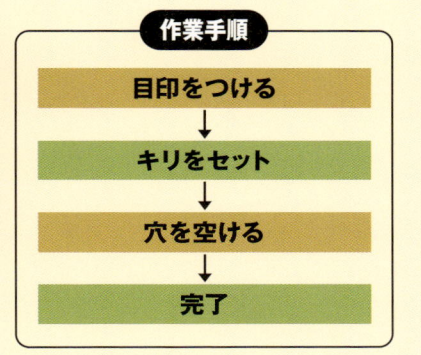

作業手順

目印をつける
↓
キリをセット
↓
穴を空ける
↓
完了

つぼギリを使う

ダボ穴に使えるきれいな穴

三つ目ギリ同様の使い方で穴を空ける

半円の筒状になっているつぼギリ

ネズミ歯ギリを使う

真円に近い美しい仕上がりの穴

心を軸にして部材を切削しながら空ける要領

独特の形状をしたネズミ刃ギリ

6 穴を空ける

ドライバードリルを使う

扱いやすいコードレスタイプ

バッテリーパワーは12Vは必要

加工に応じた専用ビット

バッテリータイプが便利

穴空け、組み立てのビス止めなど、木工の加工に欠かせない道具がドライバードリルだ。ふつうの電動ドリルにトルクコントロール機能をもたせたもので、回転力を制御できるため、堅い木材の穴空けや木工作業に多い微妙なネジしめが可能。コードレスのバッテリー充電式が便利で、パワーが12Vあれば問題ない。

穴空けには専用のドリルビット（刃）を使用し、部材に垂直にドリルビットを押し込んで穴を空け、逆回転させればビットを楽に引き抜くことができる。

ビットの種類も多く、大きな径の穴が空けられるホールソーや、金属用も用意されている。

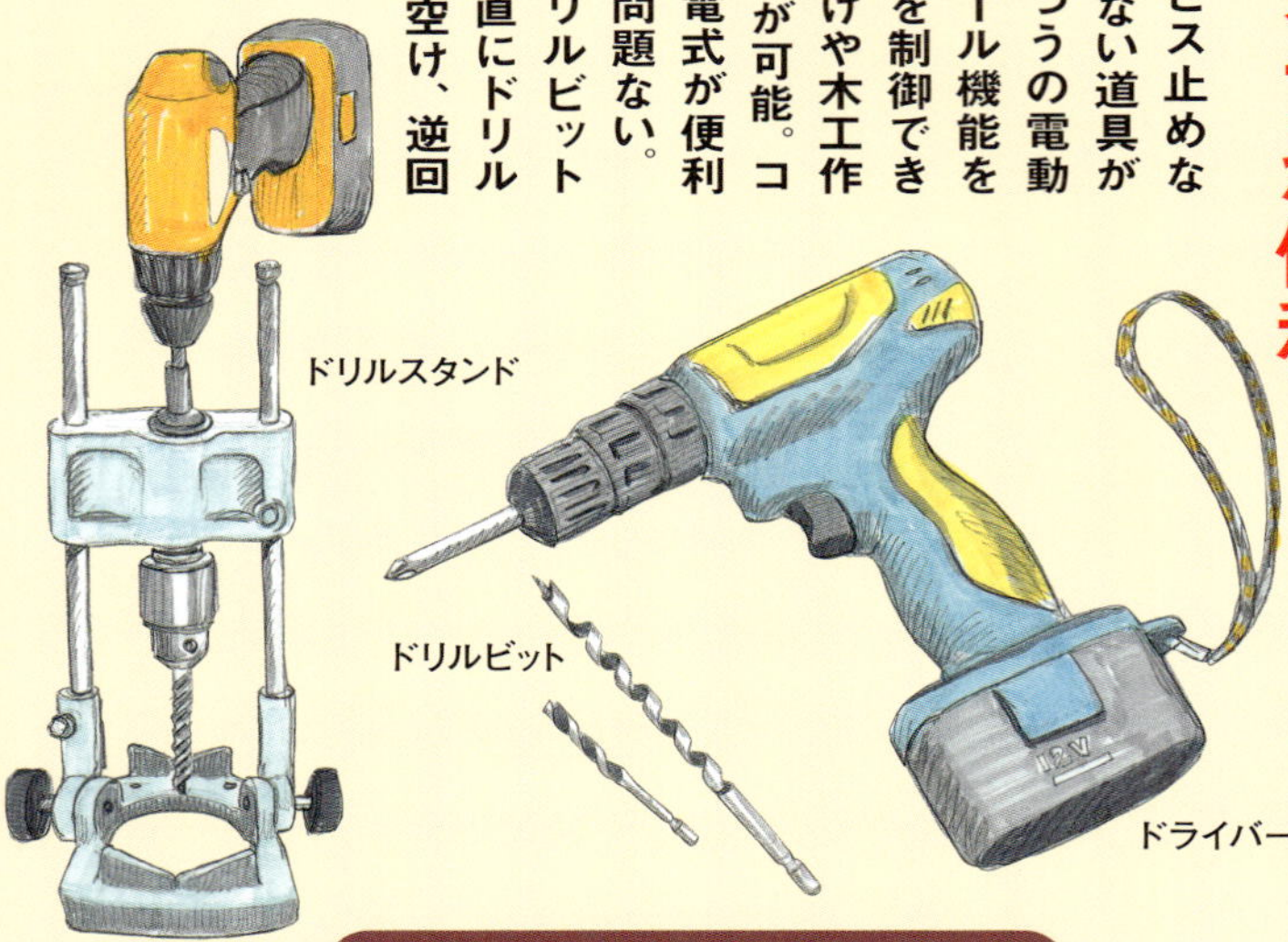

ドライバードリルの構造

クラッチ

トルクを調節できるクラッチダイヤルがついている

バッテリー

充電時間が短く、12V以上のパワーがあるものがほしい。バッテリーパックは最低2台あると作業がはかどる

チャック

チャックについているツメでビットをしめるしくみ。チャックカバーを回して固定する

ドリルビット

使用機会の多い先端がネジになっている穴空け（貫通）用ビットは、サイズを豊富にそろえたい

ビットの装着と穴空けの基本

用意する工具

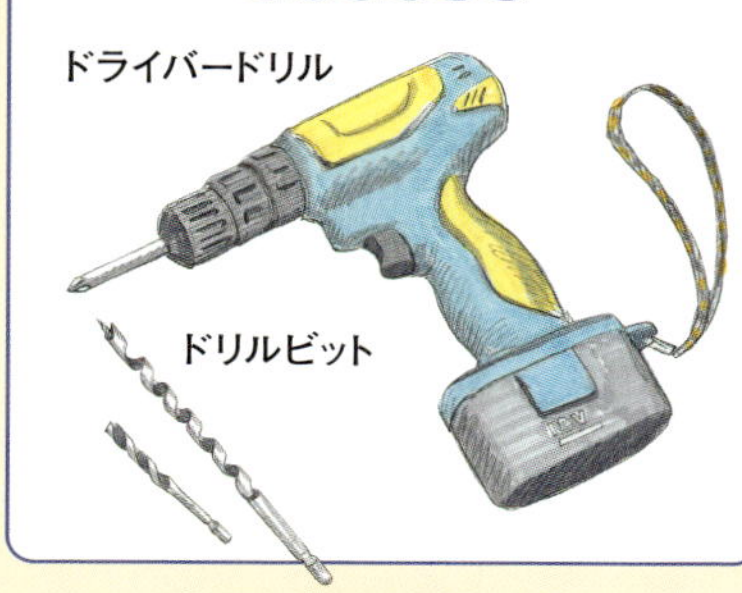

作業手順

ビットの装着
↓
部材の準備
↓
部材を固定
↓
穴空け

ドリルの構え方

ドリル本体に垂直に力がのるよう、かまえることが大切。バリを出さないためには、必ず貫通してよい下板をしくこと

穴空け時は片手で部材をしっかり固定し、軽く体重をのせられるような構えで

①チャックをゆるめる

ドライバードリル本体をもち、チャックカバーを握って逆転させ、チャックをゆるめる

②ビットを装着

ツメの中央に穴空け用ビットをはめ、均等にビットをかんだらチャックをしめる

③ビットを固定

チャックカバーを握ったまま、スイッチを入れて正転させ、チャックを固定

④装着の確認

ビットが中心に来ているか、ゆるみがないか確認したら、ビットの装着はとりあえず完了

⑤穴空け用のビット装着

部材に穴空けの位置を印し、径に合ったサイズのビットを装着して準備完了

⑥穴空け開始

部材を固定し、刃先を印に合わせて穴空け開始。ビットが部材に食い込むまで力をかける

⑦穴をほり進める

ビットの先端部が食い込んだら、低回転でゆっくりほり進める

⑧穴空け完了

右はビットが斜めに入った悪い例。ビットを垂直に保持することが大切だ

ドリルスタンドを使った穴空け

ドリルスタンドとは

ドリルを固定するスタンド。ボール盤同様、ビットが斜めになることもなく、垂直の穴空けが確実にできる。写真のものは設置場所を選ばず、斜めや丸棒にも垂直線を入れられる便利なタイプ。

ドリルはスタンド側のチャックから出ているシャンクに装着する

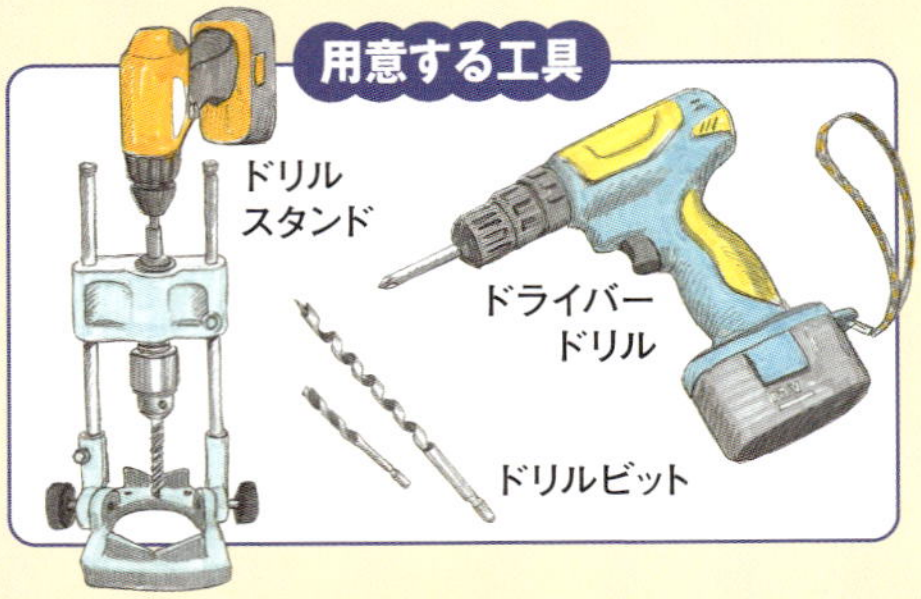

作業手順

ビットの装着
↓
部材の準備
↓
ドリルのセット
↓
部材を固定
↓
穴空け

①ビットを装着

ビットをスタンド側のチャックに装着したら、チャックをしめて固定する

②チャックの高さ調節

サシガネを使ってほる穴の深さに合わせ、高さ調節ネジをゆるめてチャックの高さを調節、固定する

③墨つけ

穴をほる位置が出たら、筆記具で目印をつけておく

④ドリルのセット

チャック上部にあるシャンクにドリルを装着し、ドリル側のチャックを固定して準備完了。後は部材の目印に合わせて、スタンド本体を固定し、穴をほりはじめる

⑤穴空け

ドリルのスイッチを押し、ドリルだけのときと同様に押し込めば穴が空けられる

⑥穴空け完了

ドリルスタンドで穴空け方向が保持されているので、きれいな垂直穴がほれる

斜めに穴を空ける

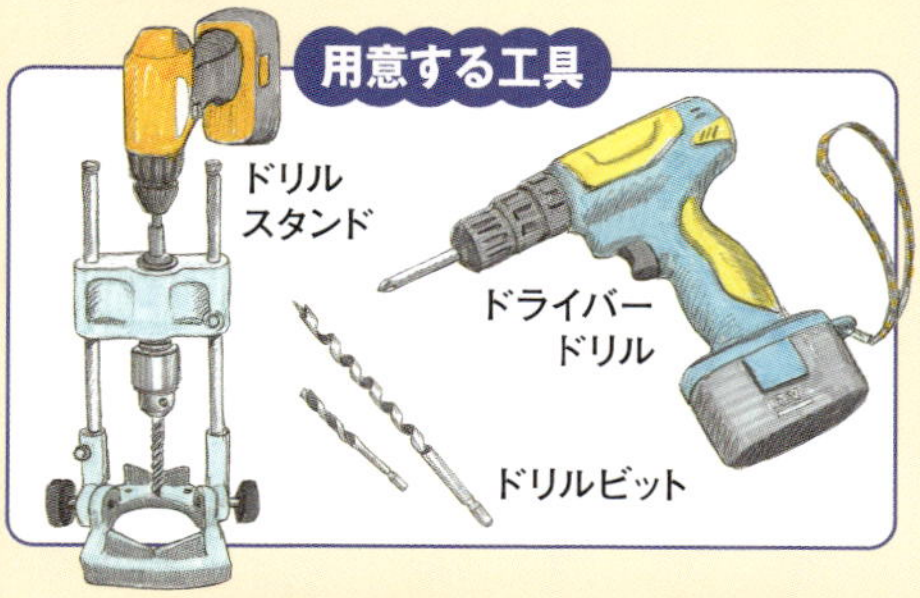

①角度の調節

支柱の根元についている角度調節ネジを、空けたい穴の角度に合わせる

②ドリルのセット

①を固定したらチャックにビットを装着し、ドリルをセットする

③穴空けの準備

片手でスタンドを固定しながら、ビットを部材に印しておいた目印に合わせる。ビットが目印に正確に合うかドリルを押して合わせてみる。準備できたらスイッチを入れて開始

④穴空け

はじめはビットが目印に正確に入るようゆっくり回転させ、次に強く押し込む

⑤穴空け完了

手持ちではできない正確な斜めの穴空けが完了。額縁などのコーナー加工に使える

穴空けとビットの種類

木工で使われる穴空けには、部材を貫通させる穴（貫通穴）、木栓でネジしめを隠すときなど途中で止めて突き抜けない穴（止まり穴）、ネジしめを誘導する下穴などがあり、これらに応じてドリルビットが用意されている。写真のスペードビットは、よく使われるホールソーや自在キリ（P81・82）と同じ、大きな穴空け用で、ざぐりカッターは止まり穴に利用され、サイズも豊富にそろっている。

（上）左は金属にも穴が空けられるもので、木工では下穴空けに使われる。右は先端がネジになっている貫通穴用のビット
（左上）大きなサイズの穴がほれるスペードビット
（左下）止まり穴が空けられるざぐりカッター

丸い棒に穴を空ける

用意する工具

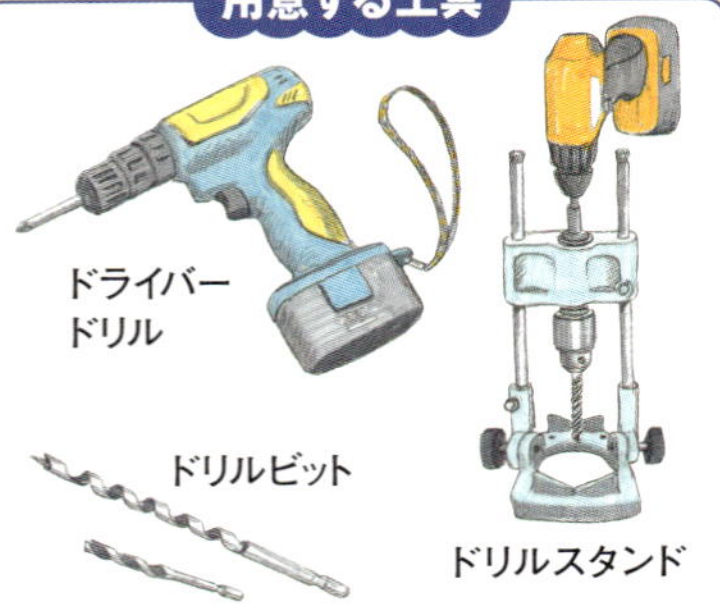

①ビットの固定

穴空けに使うビットをチャックに装着し、チャックをしめて固定する

②ドリルのセット

貫通してよい捨て板をしいて、ドリルをセットしたスタンドをのせる

③部材のセット

スタンドのVブロック（溝）に部材の丸棒をのせ、指で押さえて具合を見る。丸棒が動かず固定されるようだったら準備完了

④穴空け

スタンドと部材を固定しながらドリルのスイッチを押して、力を入れながらほり進める

⑤穴空け完了

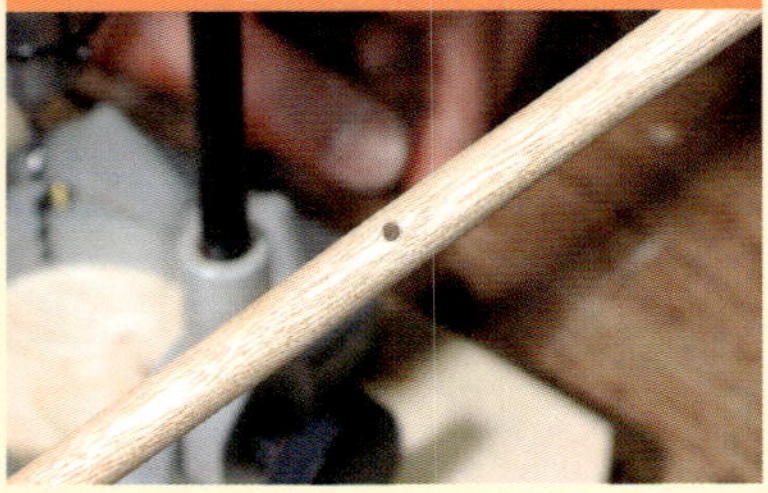

手持ちではズレて穴空けができない丸い棒も、ドリルスタンドを使えば簡単だ

穴を貫通させないストッパー

家具づくりなどで、ネジしめを隠すのに使われる木栓。この木栓用の穴空けは止まり穴（貫通させない穴）にするため、ビットに止める位置がわかる目印（ストッパー）をつけておけば失敗もない。ビニールテープなどで、穴の深さの位置に巻いておくだけだ。なお、専用のストッパーも市販されている。

ビットに目印となるテープを巻いておくだけで、穴の深さの位置を教えてくれるストッパーになる

ホールソーで大きな穴を空ける

【ホールソー】
キリを中心に置き、ノコギリ状の刃を外周に取りつけた、円を切り抜く工具。径の大きな円を抜くことができるが、真円の抜きには不向き。サイズの違う何枚もの刃がセットになったものが安価で、日曜大工程度の使用には便利。

用意する工具

①刃を選ぶ

ホールソーのセットを分解し、使う刃を取り出したらビットに装着する

②ビットを装着

ホールソーをドリルに装着し、チャックをしめて固定。写真はコードつきドリルを使用

③穴空け開始

ホールソーをゆっくり回転させ、刃が部材に入ったらキリを中心にもむように押し込む

④穴をほり進める

片手で部材がばたつかないようしっかり固定し、押し込みながらほり進める

⑤穴空け完了

部材を円形に切り抜いて穴空けが完了。円を切り抜くための工具なので、部材に浅く穴をほるような止まり穴の穴空けには使えない

垂直に楽に穴が空けられるドリルガイドを使う

家具づくりばかりでなく、木工では同じサイズの穴をいくつも空けることが多い。その穴空けを効率的に進められるのが、手づくりのドリルガイドの利用。まず厚みがあり、片手で固定しやすい手頃な大きさの端材を用意する。端材の中央に穴空けの目印をつけたら、後はドリルスタンドを使って正確な穴空けをすればドリルガイドの完成。このガイドを部材の目印にセットすれば、あとはドリルで穴空けをするだけだ。必要なサイズのガイドを、いくつかつくっておくと助かる。

片手で固定するだけで、垂直の穴空けが完了

同サイズの穴を、連続して空けられて便利

自在キリで大きな円を抜く

【自在キリ】
コンパスの構造と似ている工具で、中央のキリを中心に回転して、外周側の刃が円を切り抜くしくみ。㎜単位の目盛を合わせて半径を決めるので、1本の自在キリで、サイズの違う、しかも真円に近い円を切り抜くことができる。かなりの切削力を要求されるため、ドリルにパワーがないと使えない。

用意する工具

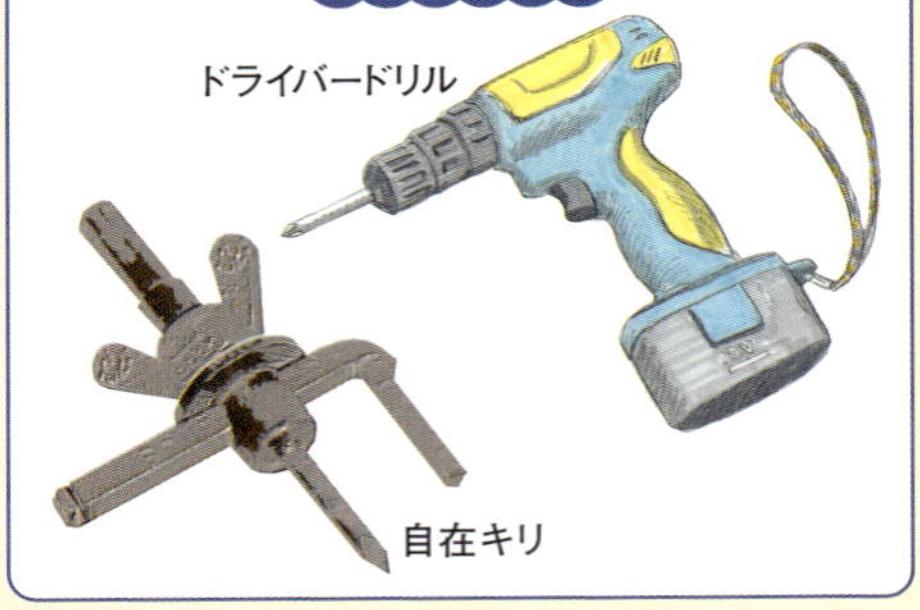

①半径を決める

キリの下側のネジをゆるめて、切り抜く円の半径を目盛で合わせておく

②キリの装着

ネジでサイズを固定したキリをドリルに装着し、チャックを固定する

③穴空け開始

部材の目印にキリを合わせ、ドリルのスイッチを入れる。回転範囲内に指を置かないよう注意

④穴をほり進める

部材がばたつかないよう、ドリルを押し込むようにしてほり進める。部材をうまく固定できないときは、クランプで部材と捨て板をしっかり固定するとやりやすい。ドリルのパワー、ドライバードリルではバッテリー不足に注意しよう

⑤穴空け完了

ホールソーで切り抜いた面よりもなめらかで、真円に近い円に抜けるのが特徴

順調にほり進むと刃の幅のきれいなラインが切り抜ける。刃の外側が抜く円のサイズ

ネジしめの下穴を空ける

【下穴を空ける】

ネジしめを行なうとき、ネジがまっすぐに入ってゆくよう、誘導となる細い穴を先に空けておくとよい。家具の組み立てなど、正確な接合には下穴は必要不可欠。頭にネジがついていない、ネジの半分以内の径をもつビットを使用する。

用意する工具

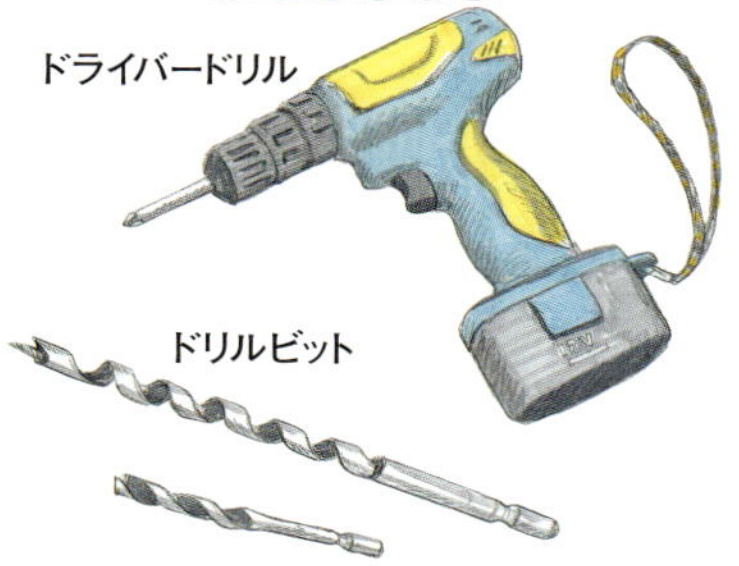

①木栓の穴空け

ネジ穴を隠す木栓を使う例。先に木栓を埋める穴を空けている

②下穴を空ける

木栓を埋め込む穴が空いたら木クズを取り除き、下穴用の細いビットに交換する。ビットは細いので、無理な力のかけすぎはビットを折る原因となる

③ネジしめ

ドライバービットに替えて、ネジしめ。ネジがまっすぐに楽に入ってくれる

ドリルの仲間

ドライバードリル同様、木工用のビットを装着して穴を空ける工具は、他に電気ドリル、インパクトドライバー、ボール盤などがあり、それぞれ特徴が異なる。

卓上ボール盤

据え置き型の穴空け専用工具。垂直の穴が正確に空けられるのが何よりだ

インパクトドライバー

回転運動に振動機能をプラスした、強力なネジしめ専用工具だが、穴空けもできるトルク調整機能つきも登場し、使い道が広まっている

電気ドリル

ドリル本来の穴空け機能を重視した、コードつきドリル。トルクがあり、金属加工に利用されるが、木工用はトルク調整機能がついたものがよい

6

穴を空ける

ノミを使う

- 叩きノミ1本は用意
- 使い方の基本を覚える
- 慣れてきたらサイズをそろえる

穴空けに便利な伝統工具

木工で穴ほりに使う手動工具といえばノミ。特に部材と部材をつなげる継ぎ手の加工では、ノミは欠かせない。ノミにはカナヅチで叩いて加工する叩きノミと、彫刻刀のように突いて削る突きノミの2種類がある。叩きノミにはカナヅチを使うために金属製のかつらがはめてあり、カナヅチの衝撃から柄を守るようになっている。

初心者にはすぐに扱える工具とはいいがたいが、加工した部材の修整に使うことも多く、1本はもっていたい。慣れてきてホゾ組みをすることになれば、刃の幅が違うノミを数種類用意しておくと便利だ。

ノミの扱いに慣れれば、加工の領域もぐっと広まってくる。

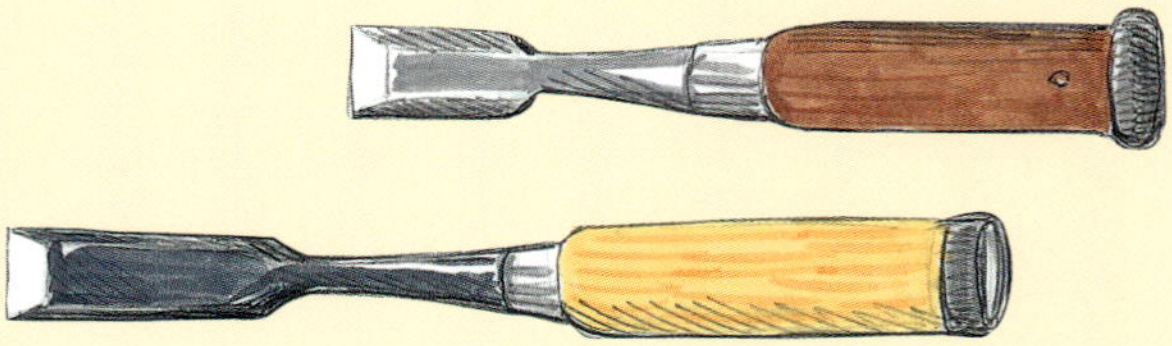

ノミの構造

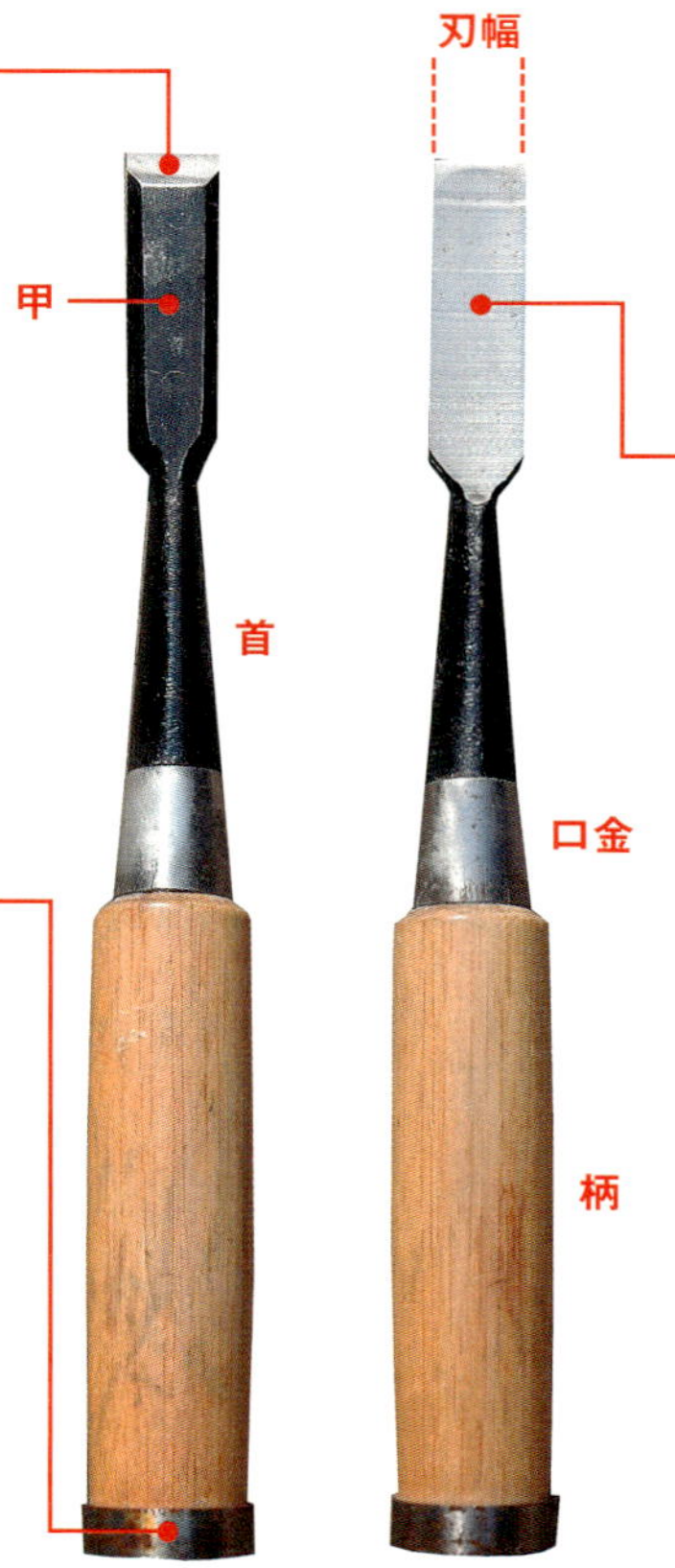

刃表

甲表ともいい、先端に切れ味のよい鋼（はがね）がつけられている

刃裏

刃の先端は平らになっていて、墨線に対して垂直に当てる

かつら

かつらが保護する柄頭を、カナヅチで叩いて加工する。突きノミにかつらはついていない

サイズや刃の形状など、ノミもさまざまなタイプがある。右は削り専用の突きノミ

ノミでホゾ穴をほる

【ホゾ穴】

部材同士をつなぐ継ぎ手のひとつで、部材をT字型に組む方法。接合部はホゾとホゾ穴の組み合わせとなり、ボンドづけだけすれば、クギやビスどめの必要がない。ノミが使えないと加工は難しいが、家具などの作品づくりに欠かせない継ぎ手なので、ぜひ覚えておきたい（P126）。

用意する工具

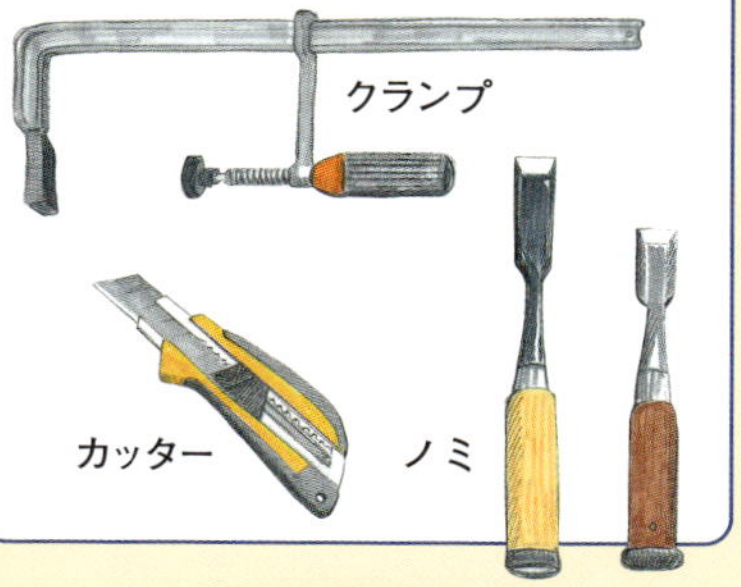

作業手順

部材の準備
↓
墨つけ
↓
切断線を引く
↓
穴ほり

①墨つけ

ホゾ穴の幅が部材の3分の1以下になる範囲で墨つけし、穴の部分は斜線を引いておく

②切断線を入れる

ほりはじめたときにバリが出ないよう、墨線に沿ってカッターで切断線を入れておく

③ほりはじめ

クランプ固定し、墨線に刃裏を当てる。最初は立てて1回打ち込み、次に斜めに打ち込む

④ほり進む

墨線側は1mmほど残しておいて、③の要領で内側全体をほり進める

⑤反対側をほる

部材の向きを変えて固定し直し、③〜④の要領で反対側もほり進める

⑥残した面をほる

大方ほれたらサイドの墨線の面を取り、最後に短辺の内側に残した部分をとって終了

⑦深さを確認

深さを確認して、足りなければほり直す

⑧完了

ホゾ穴ほり完了。いっぺんにほろうとせず、薄く削り取るようにほるのがコツだ

6 穴を空ける

トリマーを使う

- 基本的な使い方を覚える
- 継ぎ手加工にノミと併用
- ビットを使い分ける

溝ほり・面取りの力強い助っ人

毎分3万回という高速回転で木材を切断したり、溝をほったり、削ったり…と、器用な加工をやってのける電動工具。ノミと併用すれば、難しい継ぎ手加工も楽にこなすことができる。

特に面取りはトリマーの威力を最も発揮できる作業で、面取り用ビットを使えば、額縁のコーナーも美しく装飾したラインで仕上げてくれる。

扱い方の基本は、①スイッチを入れ回転させてから部材に当てる、②機械の送りは手前→奥、左右は左→右、③部材を固定し、ガイドを必ず使う…の3点。高速回転するだけに、安全で効率的な使い方をマスターしておきたい。

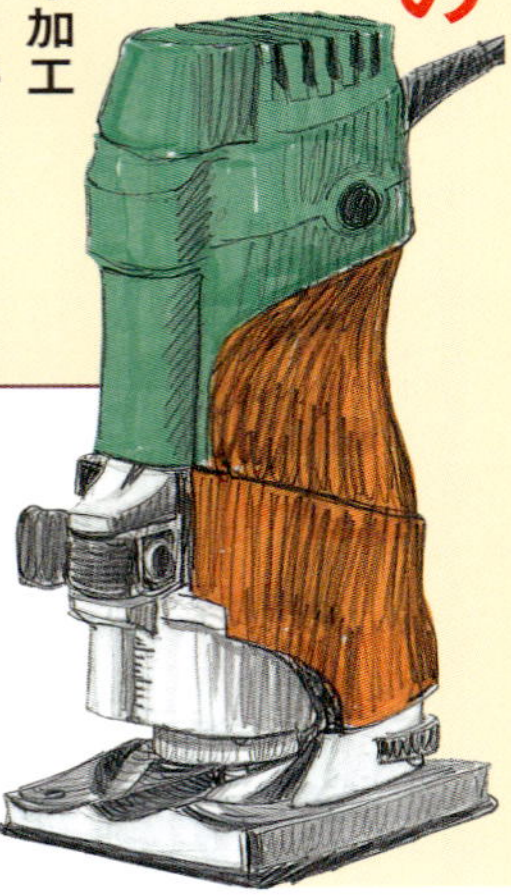

トリマーの構造

溝ほりビット

溝ほりに使われるのがこのストレートビット。径のサイズが豊富にそろっている

面取りビット

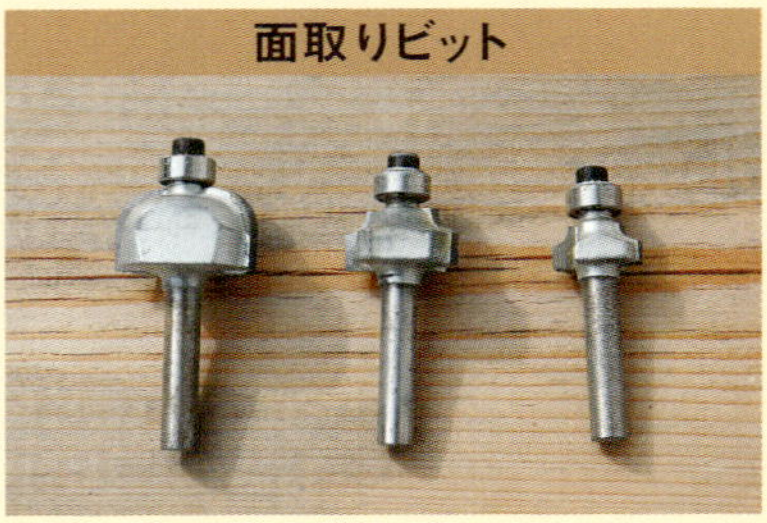

部材の角を美しく面取りして、仕上げるビット。さまざまな形が用意されている

トリマーのビットを交換する

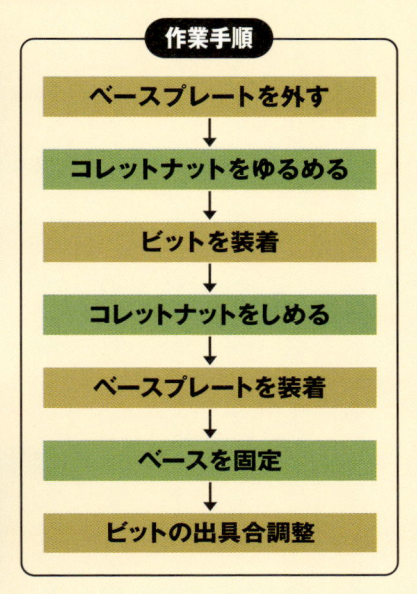

作業手順

ベースプレートを外す
↓
コレットナットをゆるめる
↓
ビットを装着
↓
コレットナットをしめる
↓
ベースプレートを装着
↓
ベースを固定
↓
ビットの出具合調整

①ベースプレートを外す

固定チャックをゆるめて、トリマー本体とベースプレートを外しておく

②コレットナットをゆるめる

スピンドル、コレットナット双方にスパナを合わせてゆるめる

③ビットを外す

それまで使っていたビットを取り外す

④新しいビットを装着

交換した新しいビットをコレットナットの穴に装着する

⑤コレットナットをしめる

外すときと同様にスピンドル、コレットナット双方にスパナをかけて、今度は逆にナットを回してビットを固定。左の写真はナットをしめて固定したビットがゆるんでいないか確認しているところ

⑥ベースプレートをつける

元のようにベースプレートをトリマー本体に組み込み、チャックをしめて固定

⑦ビットの調節

ビットの出具合をサシガネを当てて調節。この後、一度テスト運転して具合を見る

トリマーの使い方の基本

【トリマーを使う前に】

トリマーは電動工具の中では最も回転が速いだけに、トラブルも否定できない。安全に使うためには基本的な使い方をマスターし、効率よく作業を進めたい。そのためには部材を突き当てに当てたり、ビス止め、ガイドを使うなどして部材を固定。また美しく仕上げるためにも切断線を入れておくなど、準備を怠らないようにしよう。

斜め方向から当てる

トリマーはビットを回転させ、必ず斜め方向から部材の加工位置に当てるようにする

切断線を引く

墨線の上からカッターで切断線を入れておくと、バリを防いできれいに仕上がる

部材の固定

慣れていても油断は禁物。部材はビス止めするなど必ず固定する

トリマー専用ガイドをつくる

【トリマーのガイド】

トリマーの動きをまっすぐに誘導してくれるのがガイド。幅の狭い部材は付属のストレートガイドでこなせるが、幅が広い部材の場合、その都度オリジナルガイドをつくればよい。要領は丸ノコ専用ガイド（→P64）と同様。ここでは6㎜ビット用のストレートガイドをつくった。ベースの切断（溝ほり）は深さを浅くして、2回に分けるときれいに仕上がる。

①部材の準備

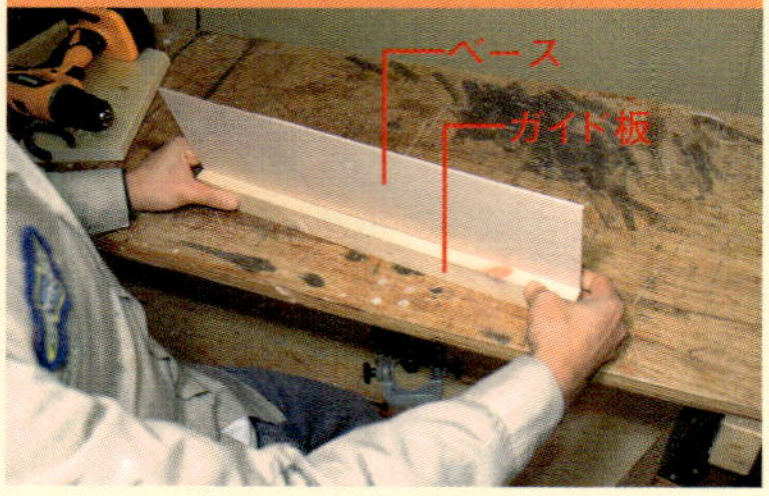

2.3mmの合板と5cm幅の板を用意。長さは45cmの小型のガイド用だ

②ビス止め

ドライバードリルでベースとなる合板とガイド板となる板をビス止めする

③切断

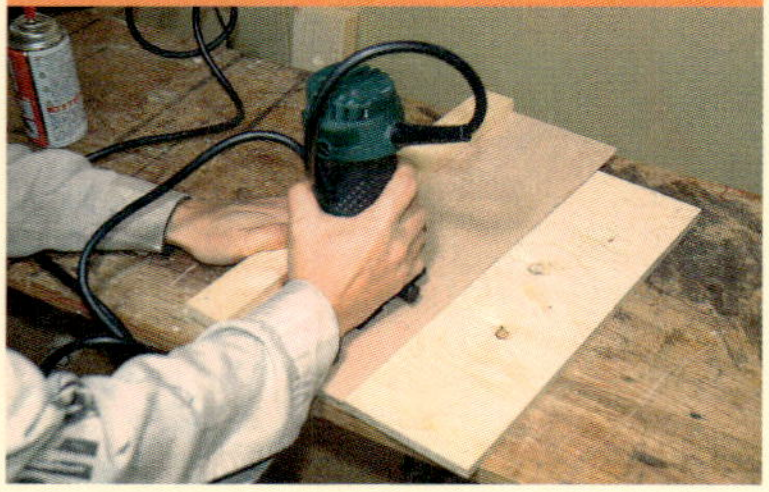

ガイドを固定し、6mm径ストレートビットを1.5mm刃を出し、2回に分けて溝をほる

④ガイドの完成

6mmビットを装着したトリマーは、このガイドを使えばまっすぐに溝がほれる

用意する工具

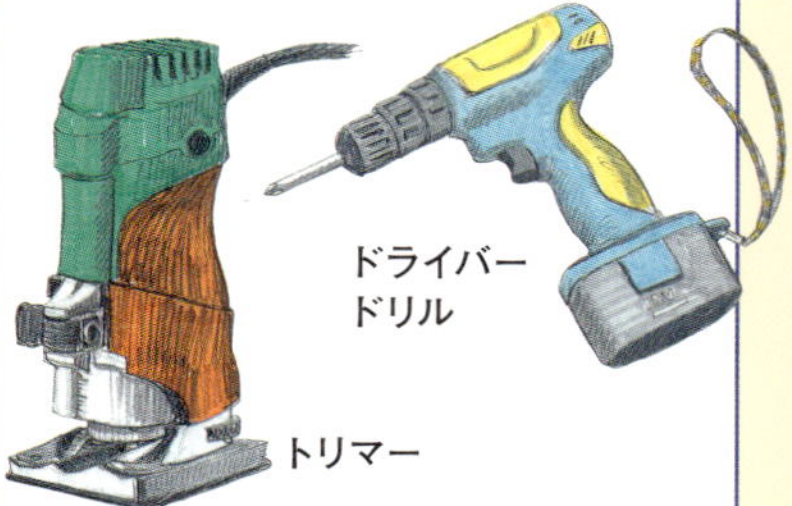

付属のストレートガイドを使って溝をほる

用意する工具

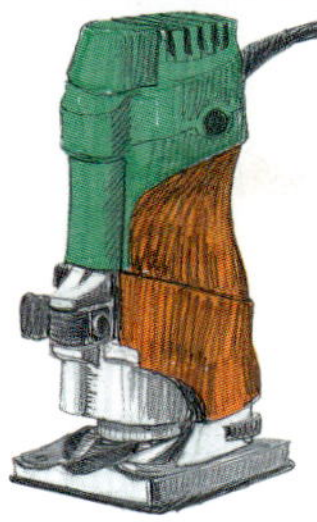

トリマー

作業手順

墨つけ
↓
トリマーの準備
↓
穴空け
↓
穴の移動
↓
ほり進める
↓
反対側をほる
↓
完了

トリマー付属のストレートガイドを準備する

①墨つけ

溝の幅を決めたらサシガネで正確に墨線を引く。筋ケビキを使うと正確に幅が取れる

②ストレートガイドの装着

付属のストレートガイドをトリマー本体に装着。わからないときは説明書を参考に

③ビットの出具合を調整

ビットを装着し、深さを調整して準備完了。ストレートガイドはフリーにしておく

④トリマーをセット

部材を突き当てに押し当てて固定し、スイッチを入れたら斜めにトリマーを構える

⑤穴空け

ビットを部材に当てて垂直に下ろし、穴を空ける。ストレートガイドはまだ固定しない

⑥穴の移動

最初の穴の位置から墨線の端までほり進め、ビットを移動させる。ビットの刃を墨線に合わせ、ストレートガイドを固定する

⑦ほり進める

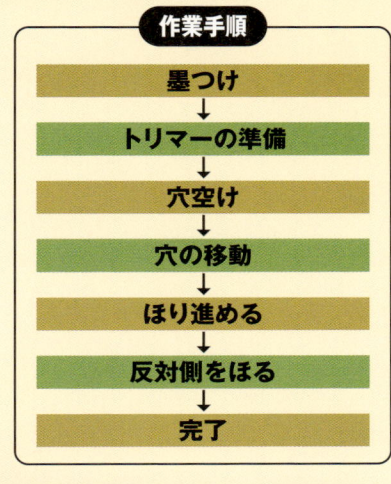

ガイドから部材が離れないようほり進める。墨線に合うよう削ったらガイドを再固定

⑧反対側をほる

ガイドを墨線の範囲でずらしながら⑤～⑦を繰り返す。部材を返して反対側もほる

⑨溝ほり完了

溝ほりが完了。少しづつほり進めることできれいな仕上がりとなり、失敗も少ない

幅のある溝をほる

作業手順

墨つけ
↓
材の固定
↓
1回目の溝ほり
↓
修整
↓
材の固定
↓
2回目の溝ほり
↓
修整
↓
完了

ガイドはビット径に合わせて用意しておくと便利

用意する工具

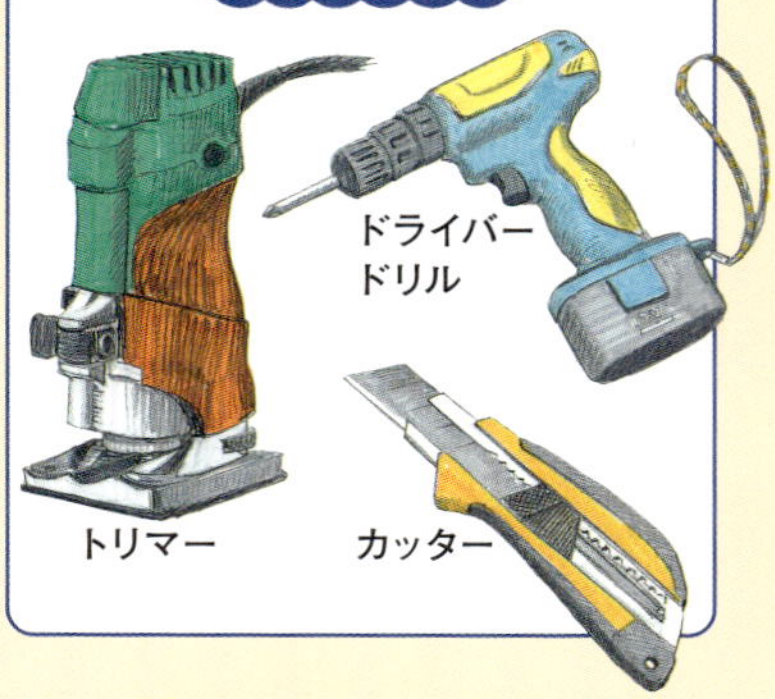

【幅のある溝をほる】

家具の棚板を側板の溝にはめ込むときなど、幅のある溝を利用する機会は多く、溝ほりは覚えておくと便利な加工法だ。ただ、トリマーのビットは一度に幅のある溝をほれないため、何回かに分けてほることになる。ビットにかかる部材の負荷が大きく、この負荷を減らすためだ。

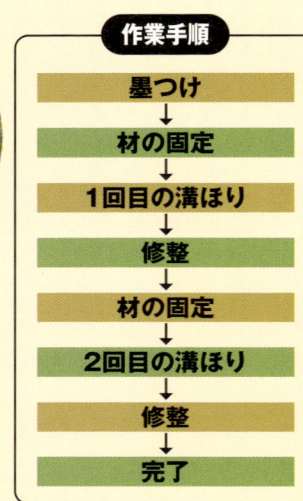

①墨つけ

部材には溝の幅の墨線を引き、捨て板となる突き当てをビス止めで固定しておく

②部材とガイドの固定

ガイドを部材の墨線に合わせてクランプで固定し、突き当て側もビス止めで固定する

③切断線を入れる

カッターで墨線に切断線を入れ、溝をほるときに出やすいバリを防ぐ

④1回目のビット調整

ビットをベースとなる3mm厚の合板に合わせて、＋（プラス）3mm出しておく

⑤ほり進める

P89のストレートガイドを使った溝ほりの要領で、1回目の溝ほりを進める

⑥最初の溝ほり完了

片側の溝ほりが完了。トリマー運びをゆっくり行なって失敗のないようにしたい

⑦逆向きにセット

部材とガイドを一度外し、向きを逆に返して再固定する

⑧反対側をほる

同じように反対側の溝をほる

⑨修整する

ガイドのベースと同じ厚みのスペーサーを右にかませ、溝の凹凸を修整（→⑭に詳細）

⑩1回目の溝ほり完了

1回目の3mmの深さの溝がほれた。ビス止めはゆるめ、一度固定を外しておく

⑪2回目のビット調整

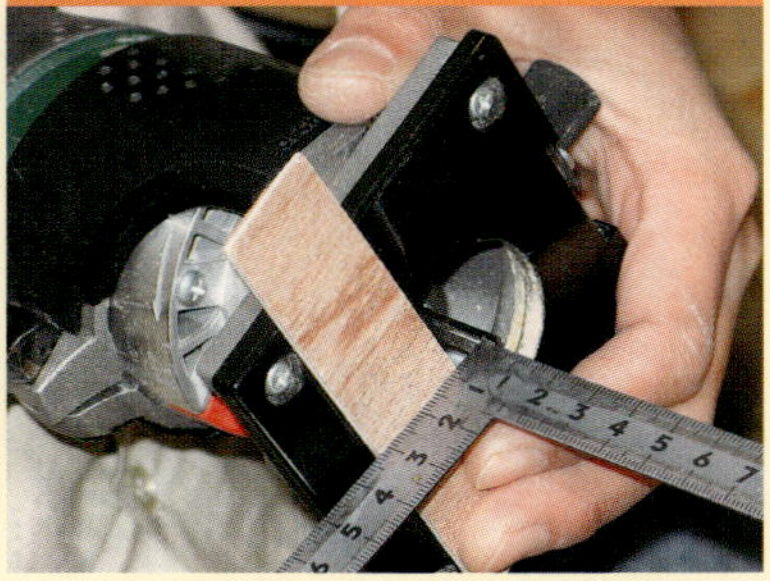

ビットをベースとなる3mm厚の合板に合わせ、5mm出して調整する

⑫ほり進める

1回目と同様に深さ5mmの溝をほり進める。ゆっくり慎重に行なおう

⑬2回目の溝ほり完了

反対側も同じように5mmビットでほり、おおよその深さの溝がほれた

⑭修整する

2回に分けてほるため、深さの微妙な違いが溝の面に凹凸となって現われることがある。ここでも⑨同様にガイドに頼らず、右側にガイドと同じ厚みのスペーサー（合板）をセット。左右が水平になったところでトリマーのビットを凹凸面に当てて、削ってゆく。凹凸は少しづつなめるように削り取るのがコツ。ある程度平らになったらサンドペーパーで仕上げれば完成だ

⑮溝ほり完了

深さ5mmの幅のある溝が完成。写真のように同じ厚みの部材を組み込み、家具の棚や箱づくりに応用できる。継ぎ手の基礎の一つといえる

●溝ほりのしくみ

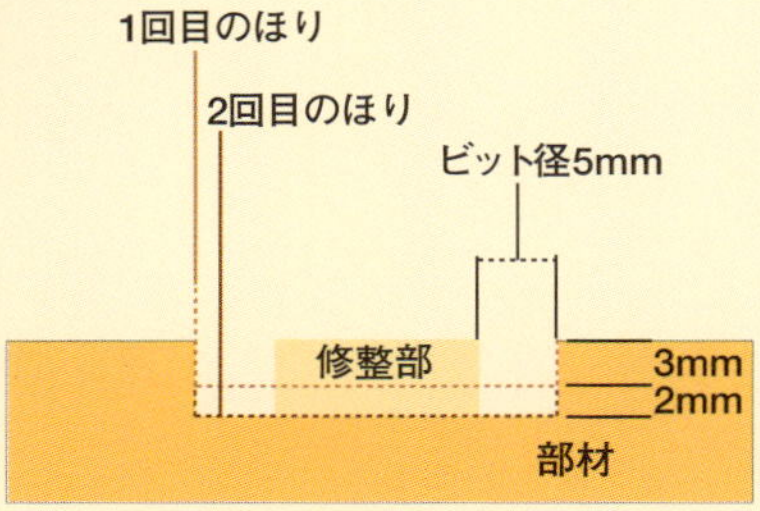

ガイドを使わずに幅のある溝をほる

【ガイドを使わない溝ほり】

トリマーの扱いに慣れてきたら、試してほしいテクニック。最初から墨線に合わせてまっすぐにほろうとせず、ある程度ほってビットに対する部材の負荷を軽くしてから、墨線に合わせて仕上げる。ガイド固定の作業がない分、慣れている人は作業効率を高められる。

①ほりはじめ

切断線を引くなど部材の準備ができたら、ビットを墨線の内側に当て、ほりはじめる

②片側の溝ほり終了

墨線の内側にギザギザをつくるようにほり、端はバリが出るので止めておく

③反対側をほる

部材を逆向きして、今度は反対側を同じ要領でほり進め、部材をあらかた切り取ってゆく

④仕上げ

最後は墨線に沿って直線的になるよう仕上げる。部材の負荷がない分、楽に削れる

用意する工具

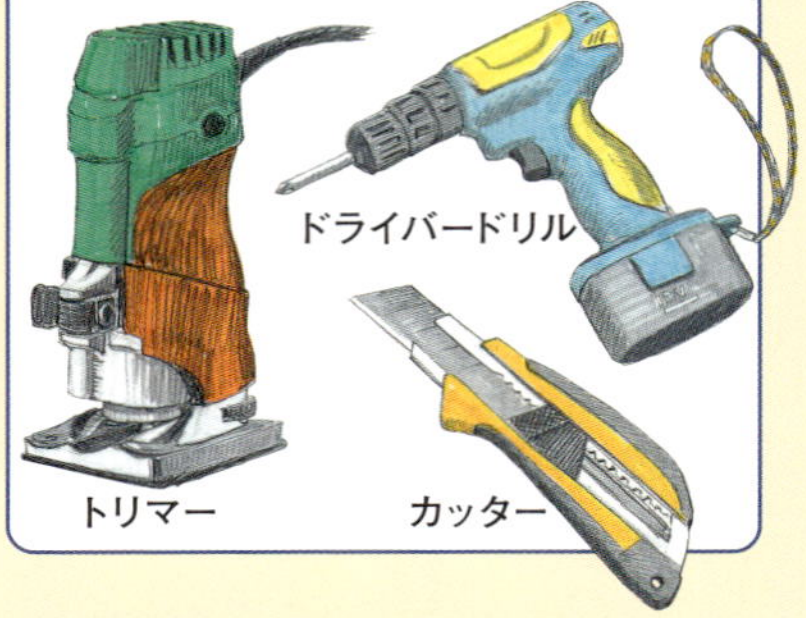

角形の溝をほる

【角形の溝ほり】

角形や円形の窓を抜いたり、溝をほったりする加工も木工ではよく使われる。紹介する角形の溝ほりは2回に分け、2等分した三角形を一つずつほることで仕上げる方法だ。バリが出やすいので、必ずカッターで切断線を引いておき、ばたつきを防ぐために部材を固定をしよう。

用意する工具

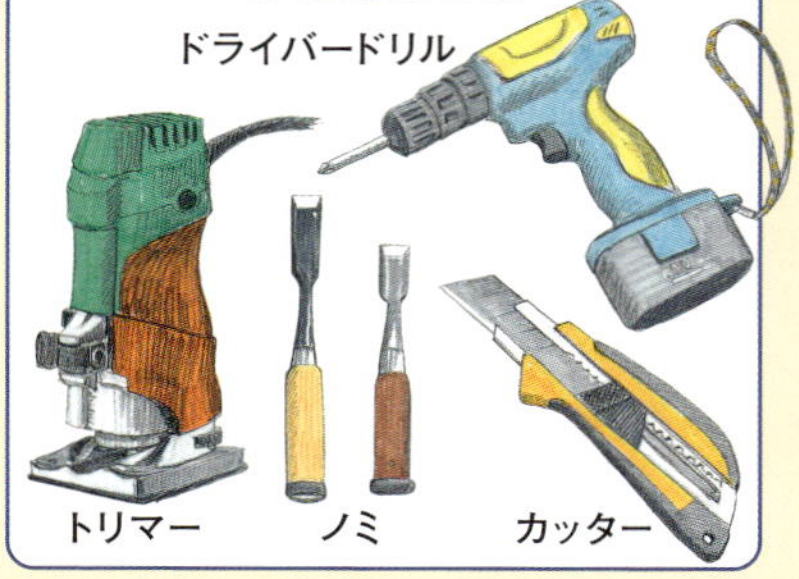

①部材の準備

墨線に合わせてカッターで切断線を引き、部材をビス止めなどで固定しておく

②溝をほる

トリマーで墨線の内側に穴を空けて、ほり進める

③1回目の溝ほり終了

三角形1つ分の溝ほり完了。ほる面は墨線にはまだ合わせない

④2回目の溝ほり

部材を逆向きにして固定。今度は反対側を同じようにほる

⑤溝ほり完了

溝ほりが完了したら、最後はノミで墨線に合わせて仕上げる

円板を抜く

【円の溝をほる】

正円の溝をほるためには、トリマーに平行ガイドを取りつけ、ガイドの中心をネジで固定してから、ほり進める。ほる回数を増やすことで、厚い部材の円板抜きが可能。ガイドの中心さえしっかり固定しておけば、思ったほど難しくはない。

用意する工具

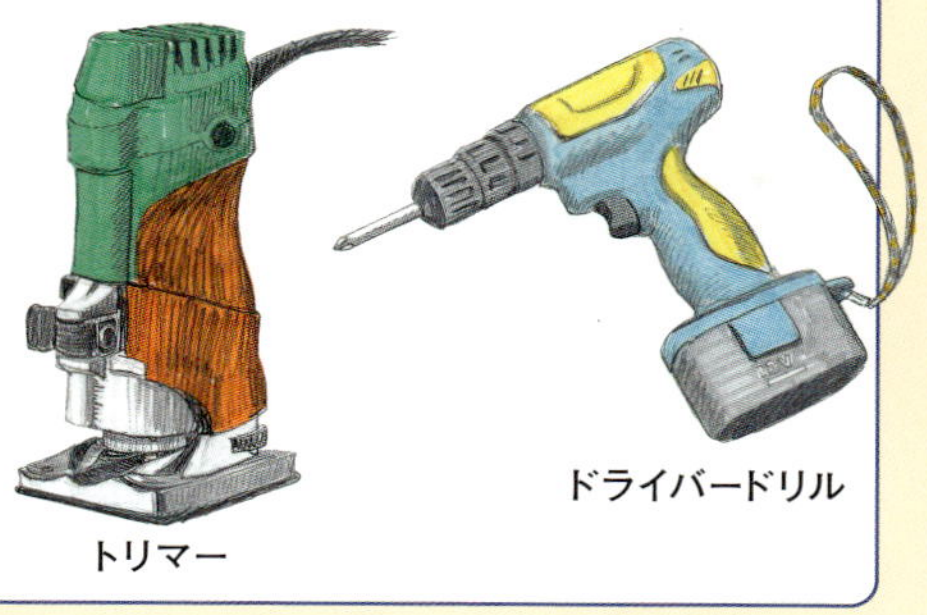

作業手順

墨つけ
↓
トリマーの準備
↓
穴空け
↓
穴の移動
↓
ほり進める

①板を固定する

円板を抜く部材を必ず固定したら、円の中心に目印をつけておく

②ガイドの装着

トリマーを準備。平行ガイドを装着し、円の半径の幅を開いてガイドを固定する

③トリマーを固定

捨て板をしき、ガイドの中心をビスで固定して回転を確かめる。まだビットは出ていない

④ほりはじめ

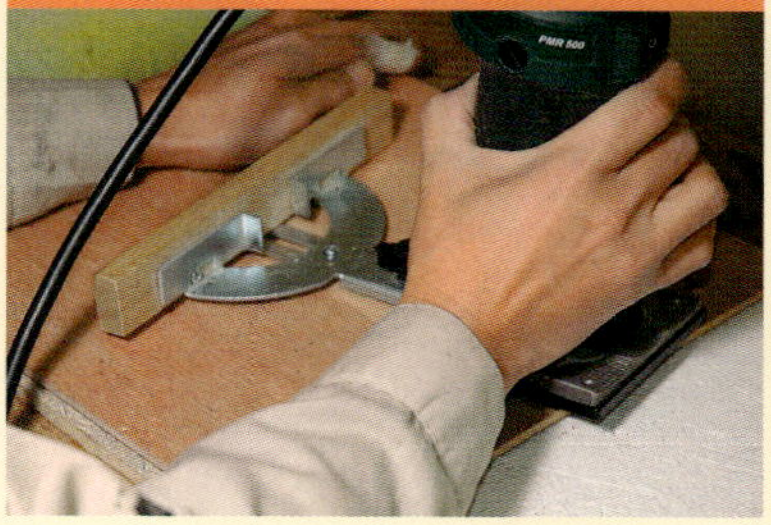

チャックをゆるめてボディを下げ、部材の深さに合わせ穴を空け、チャックを固定する

⑤ほり進める

トリマーをゆっくり回しながら溝をほり進める。何度（写真は2回）か回して円板を抜く

⑥円板抜きの完了

円板を抜いたら、ビスを外して完了。部材が厚い場合は一気にほらず、数回に分けるのがコツ。抜いた円板は端をサンドペーパーをかけ、なめらかに仕上げる

6

穴を空ける

丸ノコを使う

- 貫通させる溝ほりに使用
- トリマーのないときに便利
- 丸ノコの使い方に慣れる

ノコ刃で刻んでほる幅のある溝

丸ノコを使った溝ほりは、トリマーなど他の工具を使うよりも速く仕事ができ、意外にきれいな仕上がり面を得られるので覚えておくと役立つ。ただ、トリマーのように部材の一部だけに溝をほることはできないため、貫通した溝ほりだけが対象となる。

ほり方の手順は、穴の深さの分だけ刃を出したブレードで何回も刻み、刻んだ端材を取り除けば、後は溝をノミやサンドペーパーで修整し、仕上げるというもの。

基本的には丸ノコ1台で済む作業ながら、丸ノコの使い方に慣れていないと難しいテクニックともいえる。トリマーをもっていない人には便利な方法だ。

幅のある溝をほる

【丸ノコを使う注意点】

丸ノコを使う作業だけに、加工する部材をしっかり固定することが何よりも安全な作業につながる。突き当て、ガイドともにしっかり固定することが大切だ。また、ガイドは丸ノコ付属の平行ガイドもよいが、やはりその都度つくる手づくりの丸ノコ専用ガイドの方が、安定していて使いやすい。

用意する工具

①墨つけ

必要な溝の墨線を引く。次に部材の左側、奥側に突き当てを当て、ビス止めで固定する

②ガイドを固定

丸ノコ専用ガイド（→P64）を部材の墨線に当てて、ガイドもビス止めで固定する

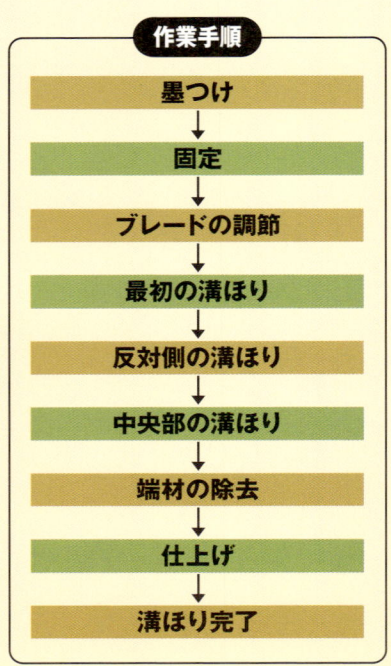

③ブレードを調節

ほる溝の深さ＋ガイドのベースの厚み分のブレードを出して、出具合を調節し固定

④丸ノコをセット

準備が完了したら、ガイドのベースにブレードを合わせて丸ノコをセットする

作業手順

墨つけ
↓
固定
↓
ブレードの調節
↓
最初の溝ほり
↓
反対側の溝ほり
↓
中央部の溝ほり
↓
端材の除去
↓
仕上げ
↓
溝ほり完了

⑤溝をほる

最初の墨線の溝ほり（切り）。奥側の突き当てまで手前から一気にブレードを進めるのがコツ。下はほった溝。墨線に沿って、ブレードの厚さ分の1本の溝をほることになる

⑥向きを変える

次に一度ガイドを外して材を逆向きにして再固定し、もう一方の墨線の溝をほる準備

⑦反対側の溝ほり

反対側の墨線に合わせて2回目の溝ほり。一度目の要領でブレードを運ぶ

⑧溝間中央に等間隔に溝をほる

左右両側の溝がほれたら、ベースと同じ厚さのスペーサーを丸ノコ右側のベースプレートにはかせる。丸ノコを移動し、溝間の中央に等間隔に溝をほってゆく。右が等間隔にほった溝

⑨端材を取り去る

中央の溝ほりでできた端材を手で取り去る。端材をもち、割るように外せば簡単に取れる

⑩仕上げ

溝の底の凹凸をノミを使って削り、さらにサンドペーパーを使ってなめらかに仕上げる

⑪溝ほり完了

丸ノコを使った幅のある溝ほりが完了。トリマーを使った幅のある溝ほり（→P90）同様、棚板を組み込む継ぎ手加工などに使える

穴を空ける…加工目的に合った工具を選ぶ

家具のフレームの組み立てなど、穴空けが多い加工作業では、その加工にあった工具の選択がカギとなる。一つの工具で済む場合もあるが、二つ以上の工具を併用することで、作業効率がアップし、ビギナーにも、加工が容易になることも多い。ここでは加工目的に合った工具の一覧をまとめた。

キリ1本で済む下穴空け

ドライバードリルを使ったスピーディーな穴空け

加工目的	内容	1つあれば加工できる基本工具	併用すると楽に加工できる工具
下穴	クギの下穴	ドライバードリル キリ P75 P83	
	木ネジの下穴		
穴	木ダボの埋め込み穴	キリ P75	ドライバードリル
	大きな穴	ドライバードリル P81	
	斜めの穴		ドライバードリル＋ドリルスタンド P79
溝	溝	ノミ トリマー P89 丸ノコ	
	角形の溝	ノミ	トリマー＋ノミ P92
	幅のある溝	トリマー P90	丸ノコ＋ノミ P94
窓	角窓	ノミ	トリマー＋ノミ
	円窓	ドライバードリル P82	
	円板	トリマー P93	
ホゾ穴	ホゾ組みのホゾ穴	ノミ P85	ドライバードリル＋ノミ トリマー＋ノミ

トリマーによるホゾ穴空け

●掲載工具は作業のメイン工具で、ビットなどの替刃類は割愛。ページは本書の該当ページ

7

磨く 面取りをする

部材を磨く、面取りをするという作業は、塗装前の最終工程。それだけに入念に行ないたいが、加工の途中でも仕上げにサンドペーパーを使って素地調整しておけば、組み立てやすく、また組んだ後でもきれいな仕上がり面になる。材料は常に磨き上げておく…という心がけが大切だ。ここでは、作品の凹凸をカンナでならしたり、角を取るなどの面取り、サンディング法を紹介する。

7 磨く・面取りをする

カンナを使う

用途による使い分け
主に面取りや仕上げに使用
初心者は替刃式が便利

切断面の仕上げや面取りに利用

ノコギリとともに、大工道具の主役ともいえる手動工具がカンナ。木材の表面を削ってなめらかにするもので、用途に合わせてさまざまな形のカンナがある。

製材所でカンナがけされた木材を使うことが多いため、もっぱら製作物の表面のがたつきを直す面取りや、ノコギリの切断面の仕上げに使われることが多い。

最も基本的スタイルをもつ二枚刃カンナは、木材を削るカンナ身とそれをカンナ台に固定しておく裏金からできていて、刃先の出方を調整して木材を削る。刃の研ぎ方が難しいので、初心者は刃の出方が調節できる替刃式を使うのもよいだろう。

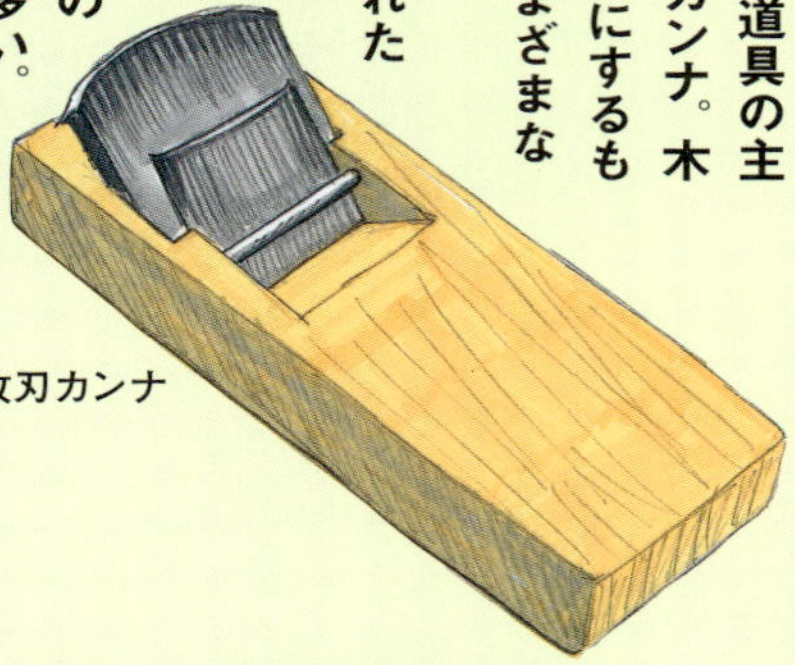
二枚刃カンナ

二枚刃カンナの構造

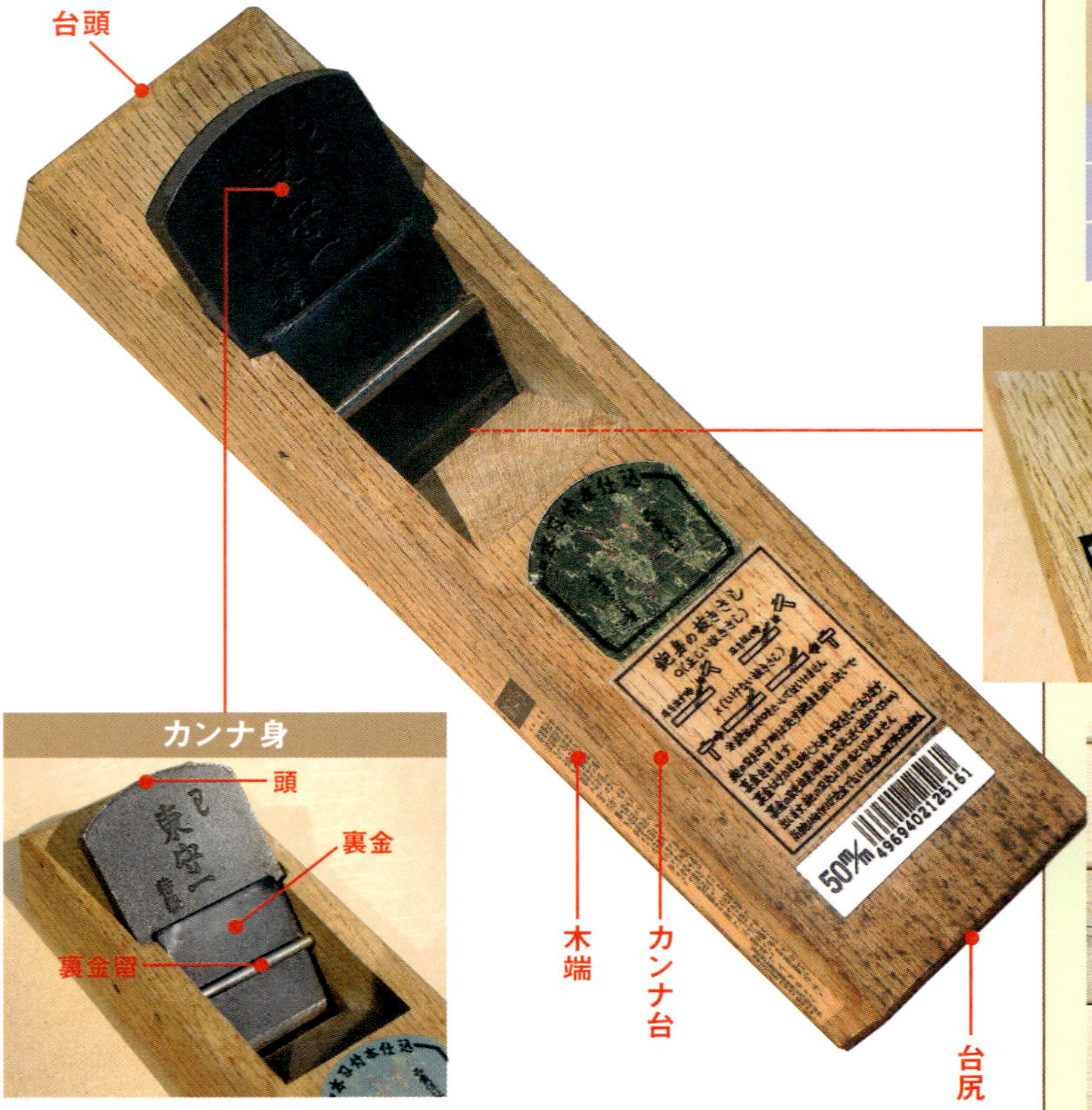

刃がついているカンナ身を、裏金が固定している

刃裏

カンナの裏側。木材を削ると、木クズはくず返しを通して表に出てくるしくみだ

刃先の幅の違いや、使用目的によってさまざまなカンナがある

刃の出具合を調整する

作業手順

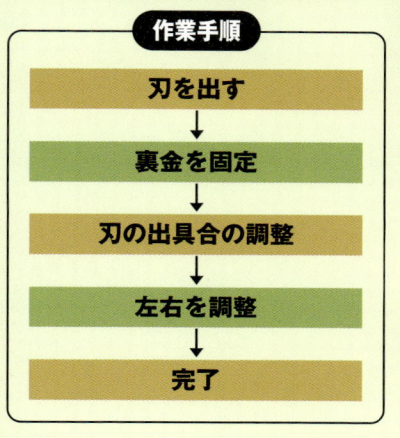

刃を出す
↓
裏金を固定
↓
刃の出具合の調整
↓
左右を調整
↓
完了

①刃を出す

カンナ身の頭をカナヅチで軽く叩きながら刃を出す。刃先はカンナ台の裏からほんの少し（0.1mm程度）出るぐらいでよい

注意！

台頭を叩くときは、台頭の角の面取りした部分にツチを当てるようにする

④左右の調整

刃先の左右のバランスは、直接カンナ身の横を叩いて調整する

②裏金を固定

カンナ身を固定するため、裏金を軽く叩いて入れる。刃先の0.2mmほど手前に合わせる

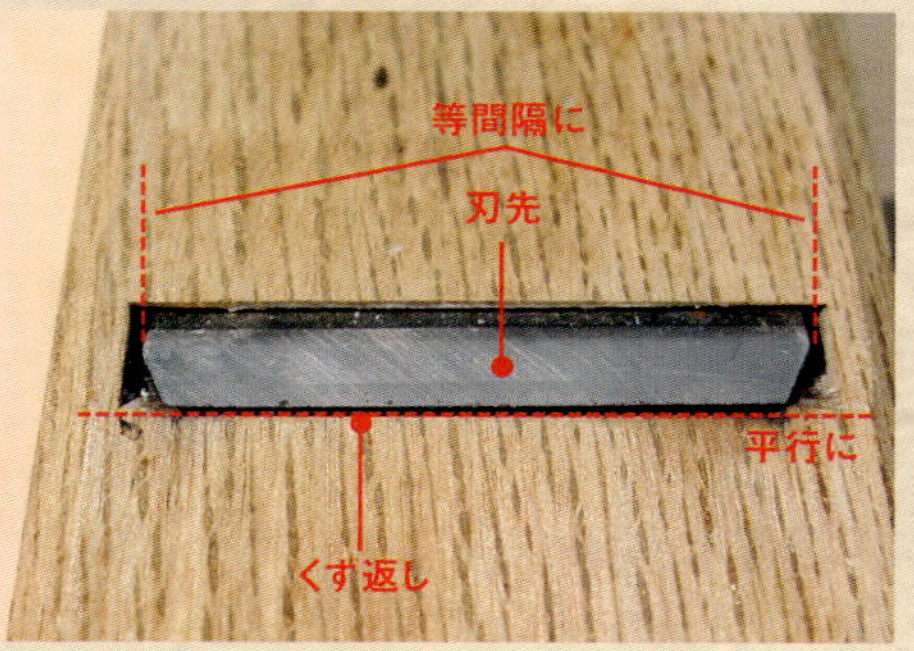

刃先の調節

刃先の調節はカンナ台をひっくり返して、刃先とくず返しが平行になるように刃先を出すこと。また、刃先の左右の位置も、くず返しを中心に等間隔に来るよう調節する。

③刃の出具合を調整する

刃先が出過ぎたときは、台頭をツチで叩くと刃先が引っ込む

カンナの使い方

カンナがけの方向

カンナがけでは木端（板の側面）を見て、木目が広い部分から狭い部分に流れる方向を見つける。これがならい目で、この流れに合わせてカンナがけしないと、繊維がささくれだち、汚くなる。

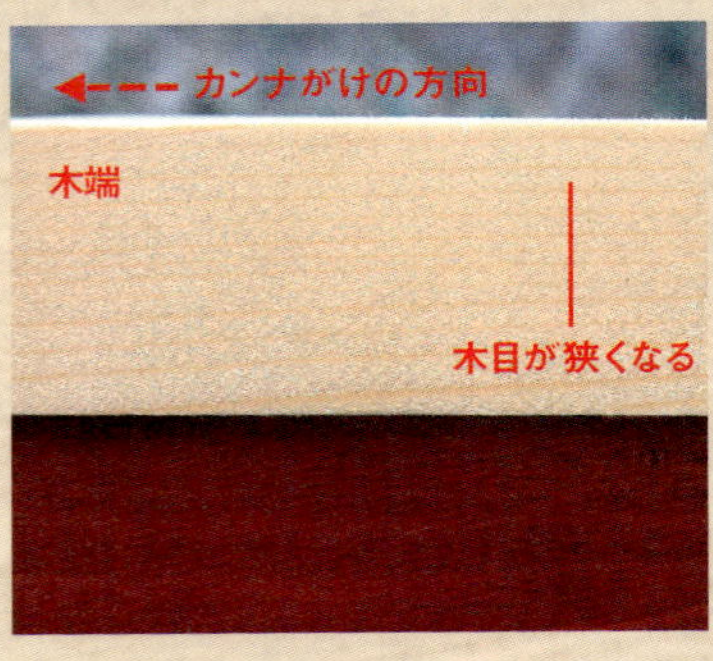

カンナがけの姿勢

長尺の部材にカンナがけするときは、腕だけで削ろうとしないで腰にも力を入れて体全体でカンナを扱う。力が面に均等に入り、きれいなカンナがけができる

角の当て方

角の面取りをするときは、カンナを斜めに当てるようにする

カンナの持ち方②

長めにカンナをかけるときは、少し台尻寄りをつかむようにする

カンナの持ち方①

基本的な持ち方例。片手でカンナ身の下をつかみ、もう一方の手は台頭にそえる

同じ材はまとめて

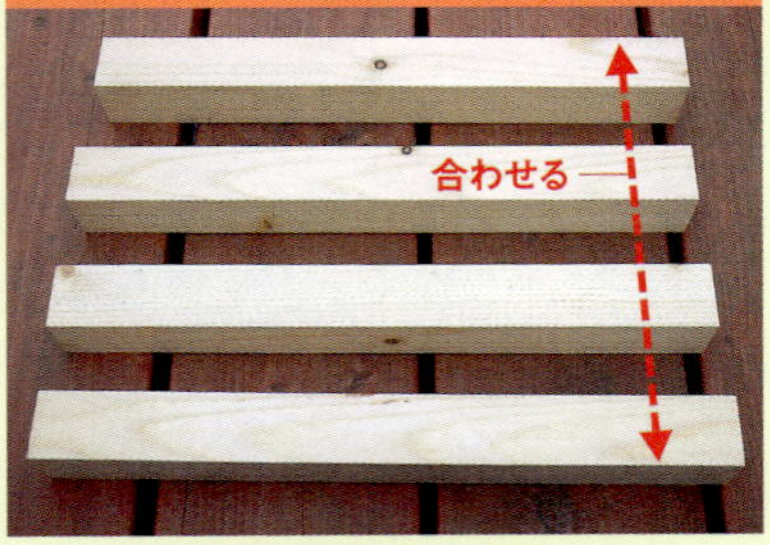

同じ部材を準備するときは、木口に合わせてまとめ、一度にカンナがけする

木口のカンナがけ

木口に水平になるように当てて、カンナがけをする

カンナがけする前に、木口にブラシを使って水を含ませておく

7
磨く・面取りをする

面取りをする

角取りと面を平滑にする面取り
カンナとトリマーが主役
基本的使い方をマスターする

カンナとトリマーを使う面取り作業

面取りとは、家具などの部材の面が一定に平らになるよう加工したり、部材の角を取ったり、装飾的に削り取ったりすることを指す。

木口などの面をそろえるには、カンナを使った加工が簡単だが、額縁などの角を装飾的に削り取るような作業では、専用のビットが用意されているトリマーを使うときれいに仕上がる。

家具づくりなどでは、加工面の凹凸を削って面をなめらかにする作業が結構出てくるので、カンナの使い方をマスターしておきたい。100ページで紹介した「カンナの使い方」を基本として、面取りに応用してほしい。

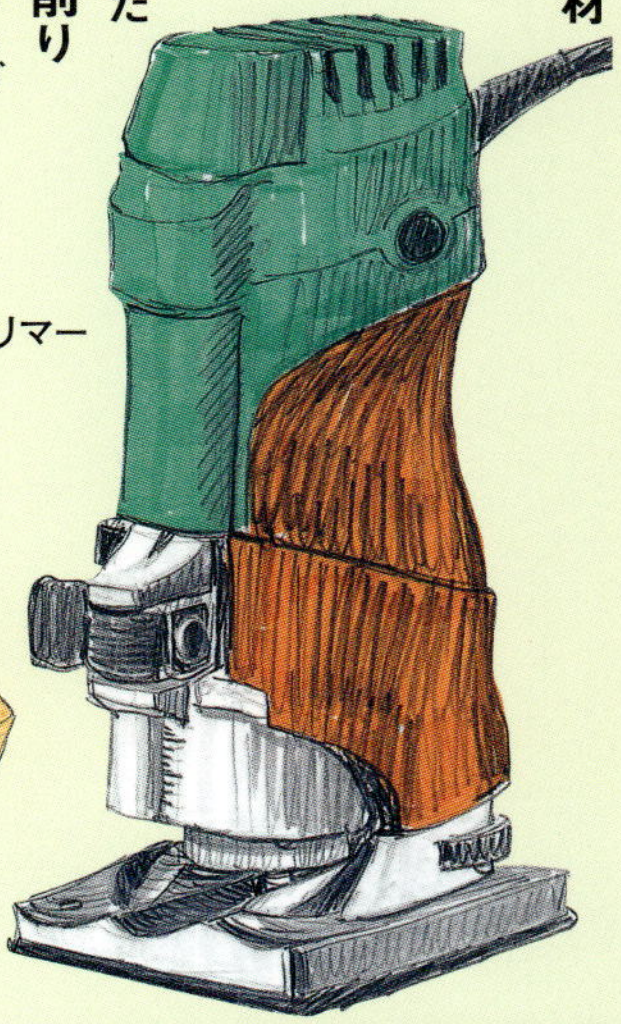
トリマー

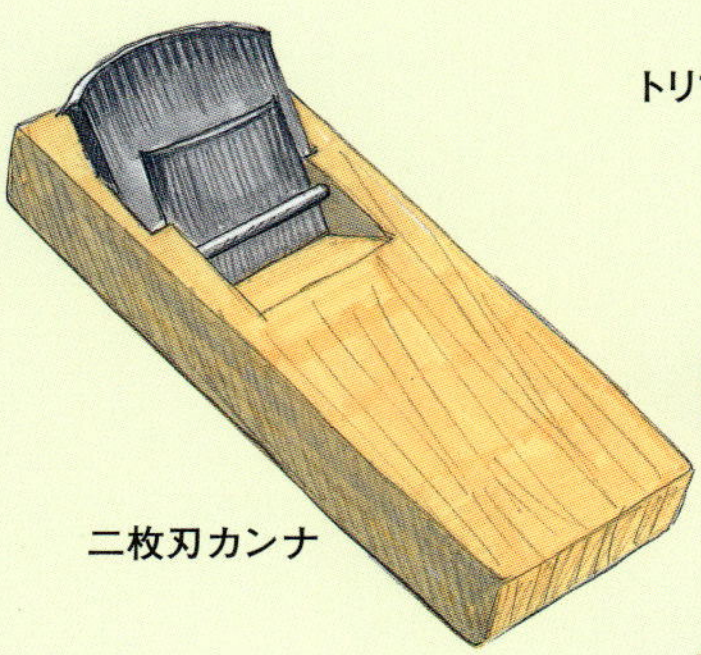
二枚刃カンナ

カンナ・トリマーで面取り

カンナで面取りをする①

家具の天板につけた枠木と天板のズレを修整しているところ。小型のカンナでズレた面を削りながら、なめらかな一枚の面にしていく作業だ

用意する工具

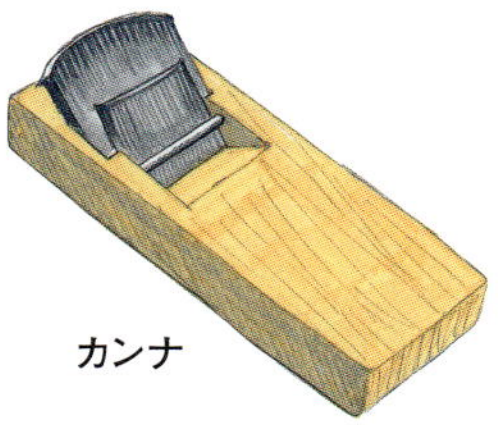
カンナ

【カンナの面取り】
部材と部材の接合面はどうしてもズレやすい。こうしたズレをカンナで修整する方法に加え、角をとってなめらかにする面取りがある。仕上がりを美しく削り取るための面取りカンナも売られているが、角取り程度ならふつうの二枚刃カンナでも十分だ。

カンナで面取りをする②

5枚の板をはいで（つないで）、一枚の家具の底板をつくっている例。木口側をカンナで面取りして、平滑な面に仕上げているところ

カンナで面取りをする③

家具の組み立てが終わり、粗い面をカンナで面取りし、仕上げている

カンナで面取りをする④

板の角を面取りして、なめらかにしている作業。家具の角も同じ要領で行なう

ミニカンナ

ホームセンターなどでも売られている小型のカンナ。板の平面の削り取りには使えないが、手軽なため、角取りなどの専用に1本もっていると重宝する。使い方はふつうの二枚刃カンナと同じだ。

2台とも一枚刃ながら、削り取る性能は変わらない。手になじむものを1本ほしい

トリマーで面取りする

トリマーでフォトフレームの飾り面取りをしているところ。ビットを替えながら、装飾的なコーナーを削り出している。

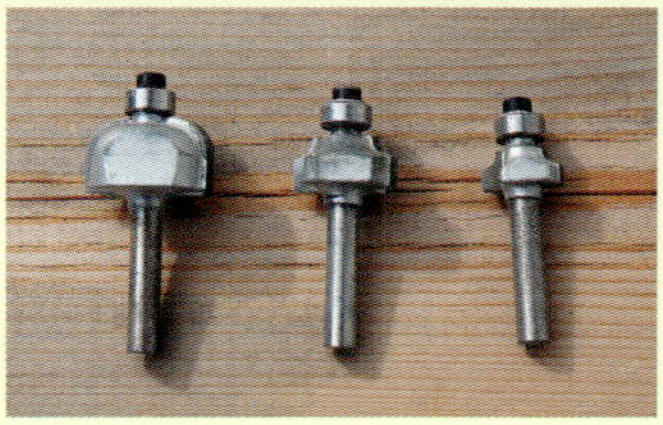

トリマーの面取り用ビット。さまざまな形がある

7 磨く・面取りをする
サンダーを使う

効率よい仕上げの必需品
普及版はオービタルサンダー
サンディングの基本を学ぶ

普及しているオービタルサンダー

家具製作などで、塗装前の最終工程となるのがサンディングと呼ばれる素地調整。サンドペーパーを使って作品の表面を磨き、なめらかに仕上げる工程だ。サンドペーパーだけでも十分仕事はこなせるが、電動のサンダーの力を借りれば、効率はぐっとアップする。

　サンダーには振動で磨くオービタルサンダー、回転する研磨布で磨くベルトサンダー、プレート部の回転＋振動で磨くランダムサンダーがある。それぞれ長所短所をもつものの、仕上げ用に使えるオービタルサンダーが普及版。まずはサンディングの基本を身につけよう。

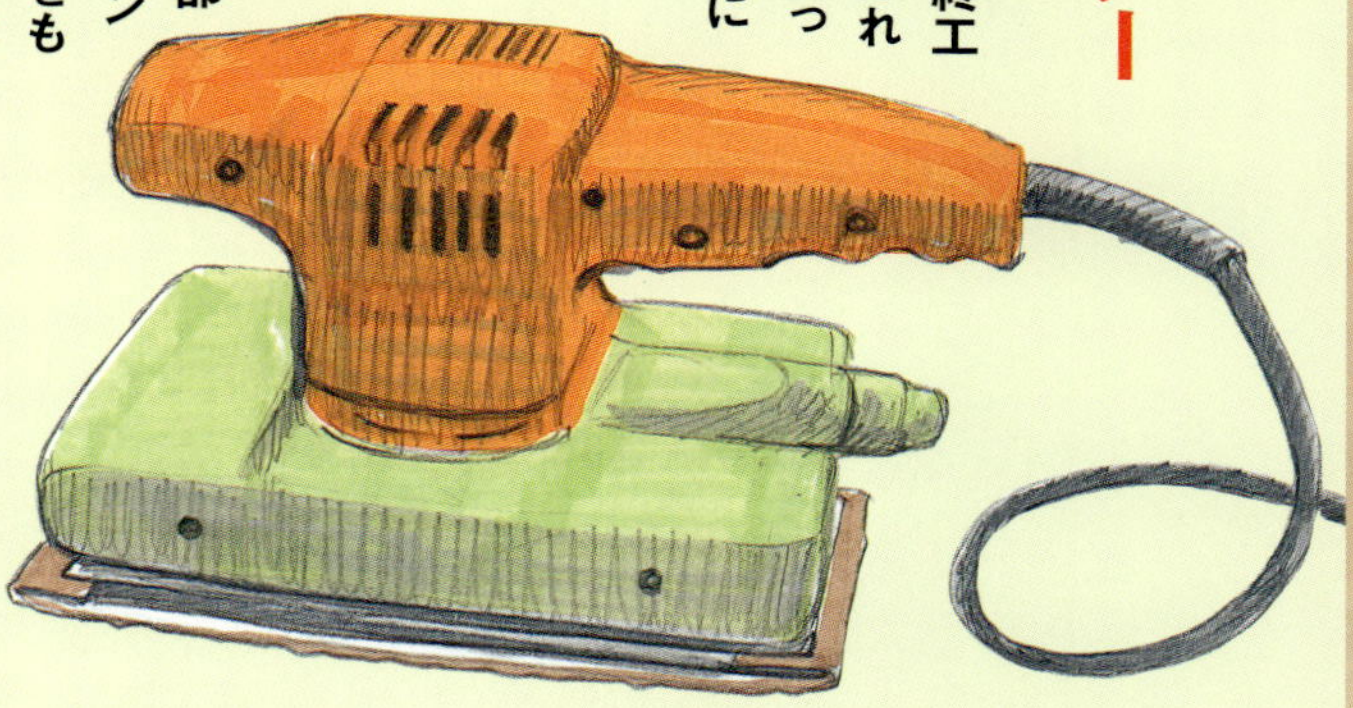

オービタルサンダーの構造

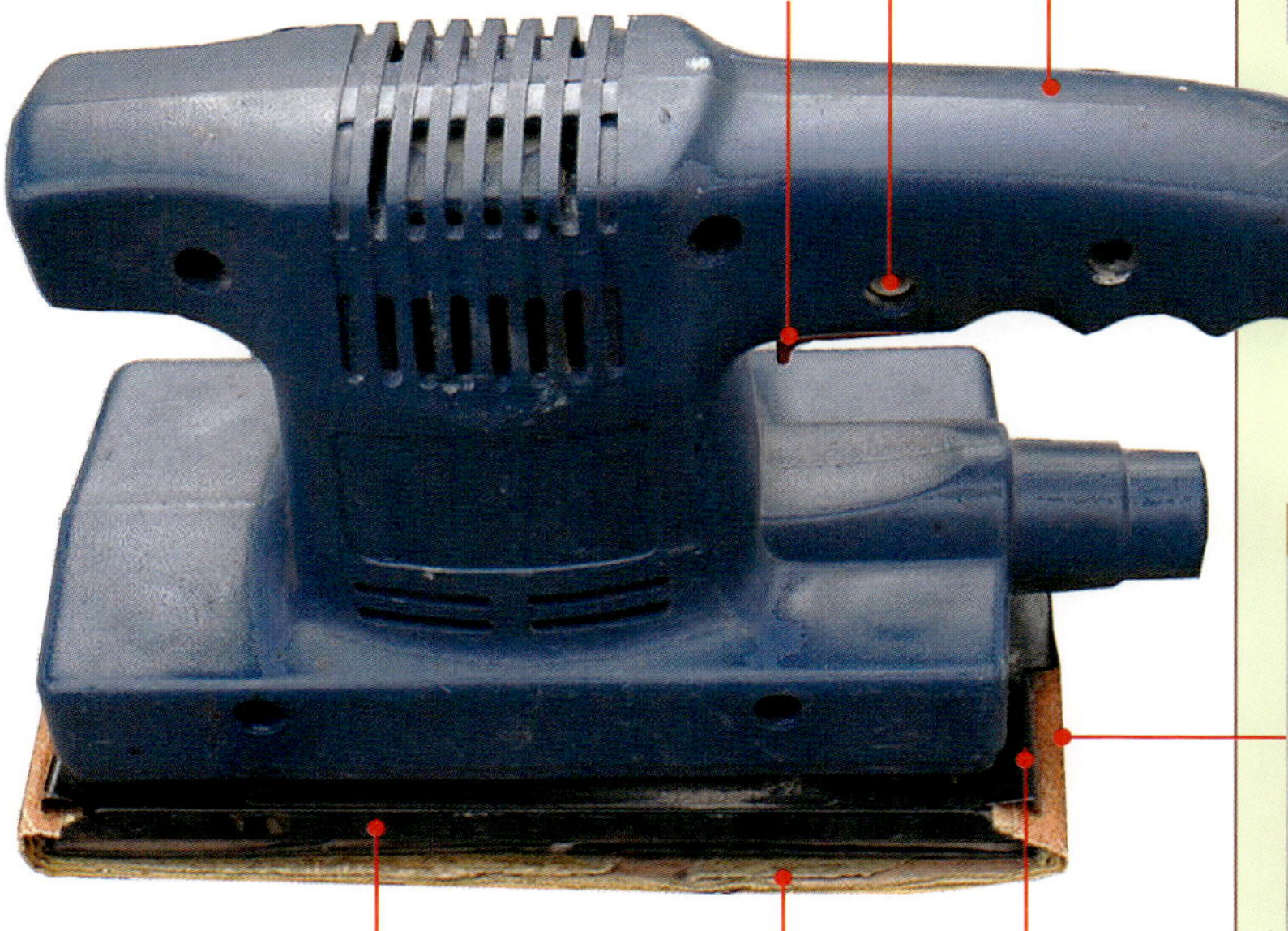

サンダーの裏側

サンダーの裏側。専用のサンドペーパーを使う機種もあるが、たいてい市販のサンドペーパーが使える。ペーパーをプレートのサイズに切り、両側のクリップにはさんで使うしくみ

サンダーの使い方

磨き方のコツ

サンダーの準備ができたらスイッチを入れ、サンダーが完全に回り出したら、ロックボタンを押す。サンダーを構え、ペーパー面を部材の面に水平に当てる。無理な力はのせず、水平になるように保ちながら、研摩跡が残らないよう木目方向にサンダーを進めるのがコツ。サンドペーパーが減ってくると研磨むらができるので、こまめに交換しよう

サンドペーパーの使い方

粒状の研磨剤を紙や布に塗布したヤスリがサンドペーパー。番号が小さいほど目が粗くなり、標準サイズが２２８×２８０㎜、サンダー用にカットされたものもある。工程で異なるが、素地調整が２２０～３２０番、塗装の下地剤研磨には４００番を使う。

手で磨くときは、木っ端にペーパーを巻いたペーパーブロックを使う。角の面取りやホゾ穴の仕上げなど細かな作業向き

標準サイズのサンドペーパーは切って利用する

塗装の下地剤磨きには400番のペーパーを利用する

サンダー用にカットされた市販品。右端は240番のペーパー

研磨台を使う

部材の研磨は、押し当てて固定できるように当て止めのついた研磨台をつくると楽だ

サンドペーパーを装着

サンドペーパーの片側をサンダーの一方のクリップにはさんで固定し、ペーパーを固く張ってもう一方にはさんだら準備完了

基本は両手扱い

サンダーは両手で扱うのが基本。部材が動かないよう固定し、グリップをしっかり握って移動させる

片手で磨く場合

木端など細かな部分をサンディングするときは、片手で部材をしっかり固定して行なう

8 木材をつなぐ

加工した部材をつなぐには、ネジしめや接着剤の使用などさまざまな方法があり、加工する場所、部材の材質、見栄えなどを考え、最良な方法を選ぶ。中でも木製ジョイントや日本建築でも使われる伝統的な継ぎ手は、加工が難しいながら、うまくできたときの喜びはひとしお。接合もこうした見栄えのよい技術と、接着剤などの併用で、さらに強固な接合が期待できる。

8

木材をつなぐ

カナヅチを使う

部材のクギ打ち、組み立ての必需品

部材をクギでつなぐとき、なくてはならないのがカナヅチ。電動工具の普及で、クギを打つ機会は少なくなっているが、クギ1本とカナヅチさえあれば…という手軽さは今も変わらない。

伝統工具としてのカナヅチはゲンノウとも呼ばれ、プロはクギの太さや長さに合わせ、さまざまなカナヅチを使い分けている。

日曜大工とはいえ、購入するときは自分の手の握りに合った柄の太さと重さ、ツチを握ったときに肘に柄尻が来る程度の長さのものを選ぶ。形状、大きさでさまざまなタイプがあるが、クギ打ちだけを考えれば、ツチの部分が頑丈な鋼でできたものを選びたい。

- クギ打ち専用の1本は必携
- 手の握りに合ったサイズと重さ
- 頑丈な鋼製のツチを選ぶ

カナヅチの構造

木殺し
丸みがあり、この中央部をクギの頭に当てて打ち込むため、部材を傷つけないしくみで、クギ打ち専用の面
柄尻

カナヅチの仲間

カナヅチの仲間。右は家具の組み立てなどに使うプラスティックハンマー。中央がクギ抜きができるラバーグリップのネイルハンマー、左がゲンノウとも呼ばれるふつうのカナヅチ

特殊なハンマー

右はツチが硬質ゴムでできていて、部材に傷がつきにくいゴムハンマー。木組みなどに使う。左は土木作業でおなじみの両口ハンマー

カナヅチの使い方

①下穴を空ける

キリを使って下穴を空ける。部材が割れるのを防ぎ、クギをまっすぐに誘導してくれる

②カナヅチのもち方

柄尻側を握る。柄尻側を握れば、テコの原理で無理なくクギにカナヅチが打てる

③クギを立てる

最初はクギを立てて軽く打ち、クギがまっすぐに立つよう調節する

④クギを打つ

クギを打つときは肘を支点にし、ヘッドの重さを利用して、振り幅を等間隔にしてリズミカルに打つよう心がける。スナップは使わない

⑤最後の打ち込み

最後はクギ頭が部材に沈むまで打ち込めば終了。何回も練習してコツをつかもう

注目! 頭の出方

クギ頭は部材の面から少し沈む程度が理想。左は出過ぎ。さらに打ち込む必要がある

カナヅチの使い方いろいろ

カナヅチは、クギを打つ以外にもさまざまな使い方がある。特に家具のフレームの組み込みや、カンナの刃の調整、ノミ打ち…など、叩く作業でカナヅチの活躍の場は実に多い。加工の要所要所で、カナヅチを使い込もう。

木殺し。ホゾがホゾ穴にうまく入るよう、角をカナヅチで叩き、つぶしている

家具のフレームを組んでいる例。必ず当て木を当てて、部材を傷つけないよう心がける

クギの種類と使い方

【クギの種類】

部材の接合に手軽に使われるのがクギ。ふつうクギといえば、さびやすい鉄製の丸クギ(頭が丸い形状)を指すが、材質でもステンレスや銅、真ちゅう、色がつけられたもの…などさまざま。さらに、床や壁などクギを使う場所によっても種類が分けられている。ここでは特殊なクギも含め、参考となる程度にクギを集めてみた。

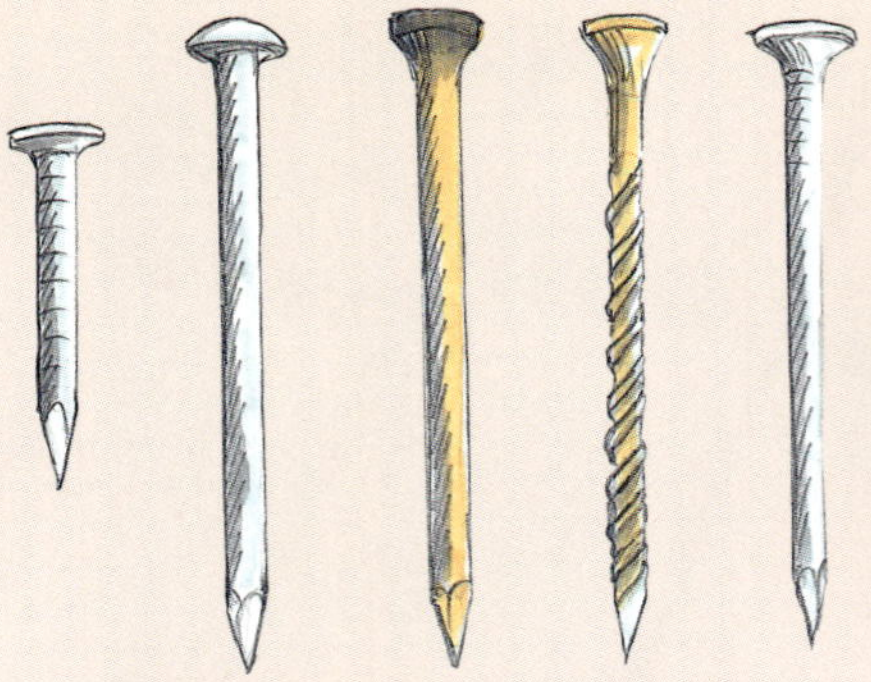

強い接合力のクギ

右のスクリュークギはネジ式になっていて抜けにくく、合板の接合などに使う。左はサカメクギといい、逆ネジがついているために抜けにくく、戸車の固定などに使用する

色感のあるクギ

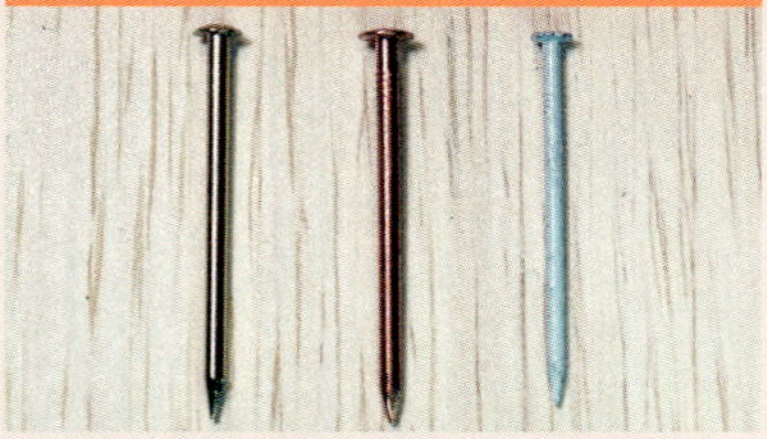

右のケーシングクギは頭が小さいプリント合板用。中央の銅クギは曲げに弱いが色感がよく、寺社の建築用に使用される。左は耐腐食性がある真ちゅうクギで、色感もよい

丸クギ

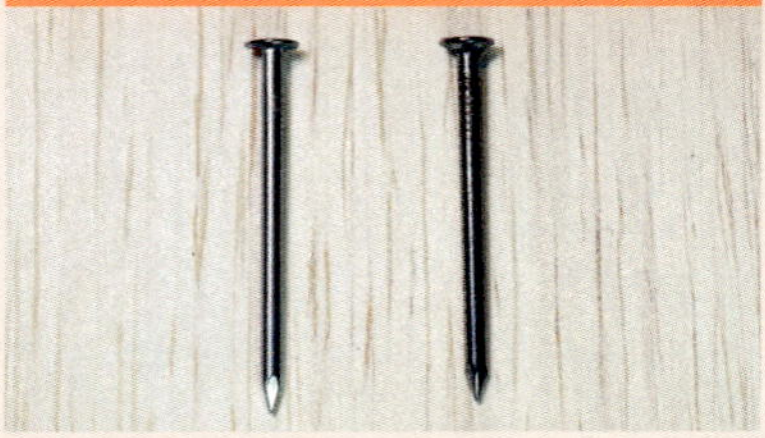

右が鉄丸クギ。部材の中でサビることで接合力が増す。左のステンクギは耐腐食性が高く、水場回りや湿気の多い場所に使用する

ジョイント用のクギ

(右)波形をしている特殊な、なみクギ。部材と部材の接合に使われ、何枚か打つことでかなりの強度を得られる。額縁などのコーナーの留め継ぎにも利用できる
(上)額縁のコーナーの留め継ぎに利用している例。接合面積が広く、接合力は強い

クギの頭が目立たないクギ1

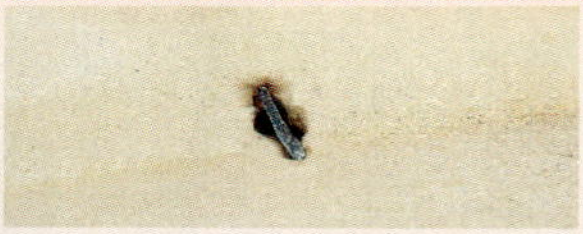

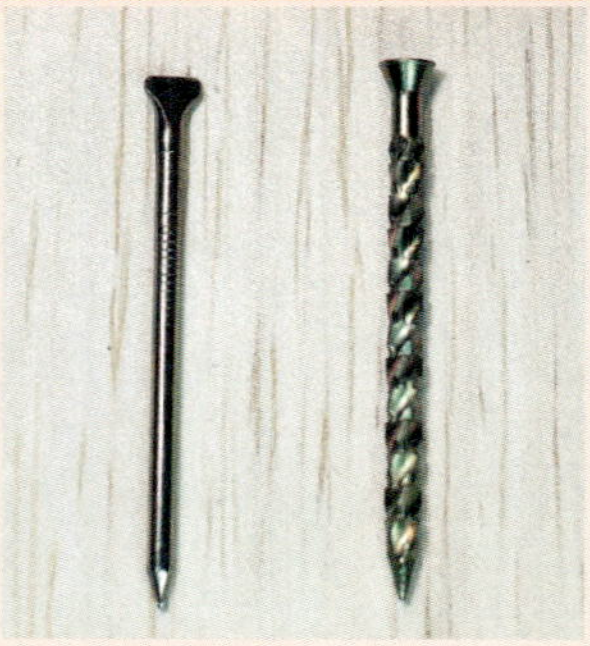

(右)右がフローリングの床などに使われるフロアクギ。スクリュー状で抜けにくく、板の鳴りを吸収する役目もし、跡が目立たない。左は初めから頭をつぶしてある、つぶしクギ
(上)つぶしクギの頭。これにとの粉をのせれば、きれいにクギ跡が隠せる便利なクギだ

針金を固定する又クギ

(右)有刺鉄線や針金などの固定、部材同士の結合に使う又クギ。柔らかいので、カナヅチを使うときは強く叩かない注意が必要
(上)又クギで針金を固定した例。先が斜めに入るので、一度打ち込むとかなりの強度がある

クギの頭が目立たないクギ2

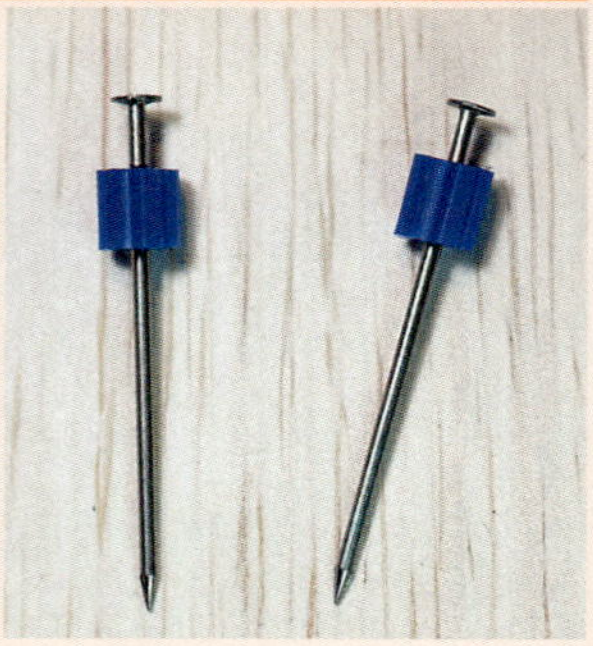

(右)クギ跡を最小限にとどめられるかくしクギ。部材にこのまま打ち込み、頭の樹脂部分ごとカナヅチで落として使用する
(上)頭を落としたかくしクギのクギ跡。つぶしクギ同様にとの粉を使えば完璧だ

8 木材をつなぐ ドライバーを使う

- ネジしめにはプラスドライバー
- 修理には欠かせない工具
- 異なるサイズを何本か準備

ちょっとしたネジしめに欠かせない工具

ネジ回しといわれるように、ネジをしめたりゆるめたりする、しめつけ工具。先端がプラス(＋)型、マイナス(－)型の2種類あり、ネジ山はほとんどプラス型なので、ドライバーといえばプラスドライバーを指すのがふつうだ。

木工のネジしめではドライバードリルを使うことがほとんどのため、ドライバーの使い道は減っている。しかし、ちょっとしたネジしめや金物の固定、また工具の修理などに欠かせない工具といえるだろう。

種類は多いものの、ネジ穴に合わせるためには、サイズが異なるドライバーを何本かはもっていよう。

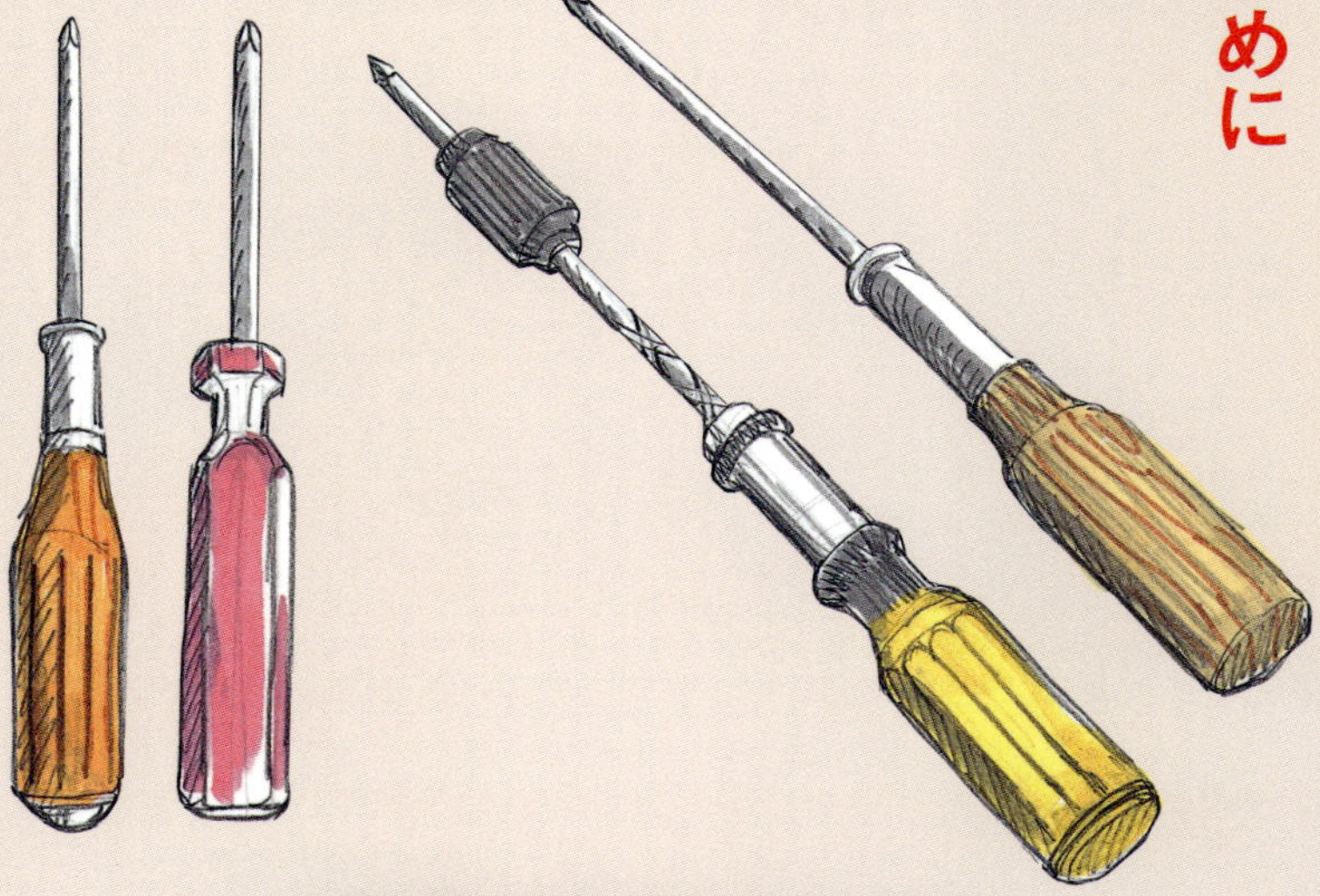

ドライバーの構造

ドライバーの種類

左は何度も握り返さないでネジしめができるラチェットドライバー。中央2本は軸がグリップ下端まで通じている貫通ドライバーで、カナヅチで叩いて使えるもの

先端

プラスかマイナスの形になっていて、たいていネジが落ちないようマグネットつきだ

グリップ

ネジしめに力が入るよう握りやすくなっている

木ネジをしめる

①墨つけ

ネジを空ける位置を決めたら、目印をつけておく

②下穴を空ける

目印にキリを立てて、ネジ穴を立てる下穴を空ける。ネジが差し込める深さでよい

③固定する

ネジしめで張り合わせる部材同士をクランプで固定する

④木ネジをしめる

初めは軽めに回し、固くなってきたら力を入れてしめ回せば完了。しめが甘いときがあるので、確認のためにクランプ固定を外してから半回転しめ上げておくと安心だ。左はネジの長さ。おおよそ部材の厚みの2〜2.5倍の長さが使用ネジの長さの目安となる

⑤完了

板のT字型結合例。ネジ頭のしめ具合は左のように面よりも少し沈む程度が目安だ

木ネジ

ドライバーでしめる木ネジは、軸全体にネジ山が切られている金属用のネジと違い、先端から途中までネジ山が切られている。ネジ山の間隔はドライバードリル用のものより狭く、頭の形が皿形、鍋形などがある。

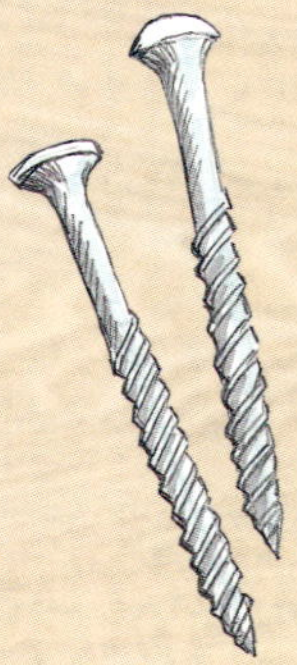

鍋形をした木ネジ。頭が部材の面に出て、アクセントとなる

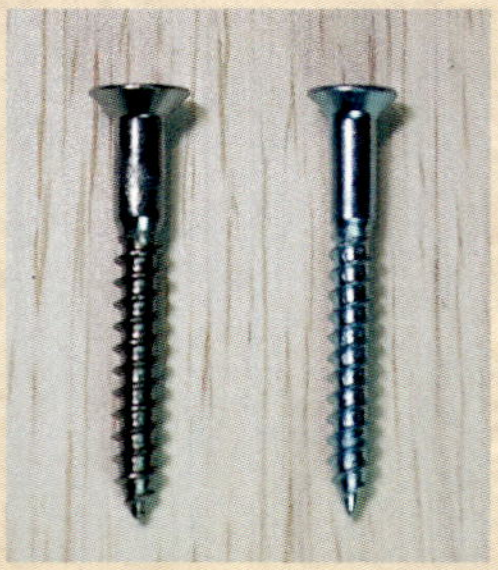

部材の面にぴったり合い、目立たないネジしめができる皿形

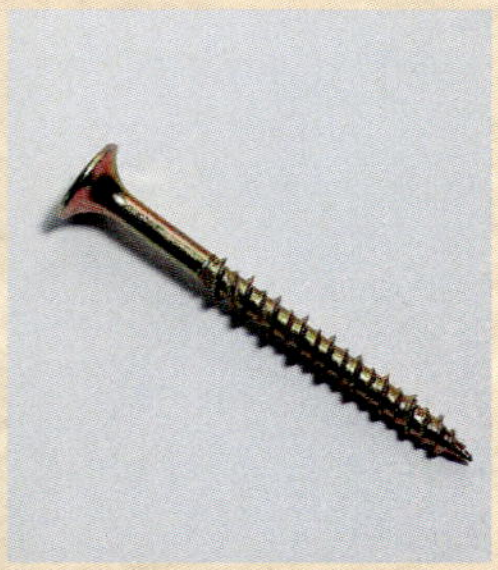

軸の途中までネジ山が切られているのが木ネジの特徴

8 木材をつなぐ ドライバードリルを使う

- ドライバービットでネジしめ
- まっすぐにネジしめする練習を
- サイズの違うビットをそろえる

ネジしめにはドライバービットを使用

ドライバーの電動版が、ネジしめに使うドライバードリル。穴空け用（→P76）と同じ径のシャンク（ビットの軸）で、先端がドライバーになっているビットを使用する。

手動のドライバーと違い、大きな回転力が得られるため、使用するネジもドライバードリル専用の木ネジを使うと効率的だ。

ビットの交換だけで2つの工程がこなせるだけに、3枚の板をはいで（つないで）1枚板をつくる加工などが簡単にできる。慣れていないと、ネジが斜めに入って部材から飛び出たりする失敗もあるので、まっすぐにネジしめする練習を重ねよう。

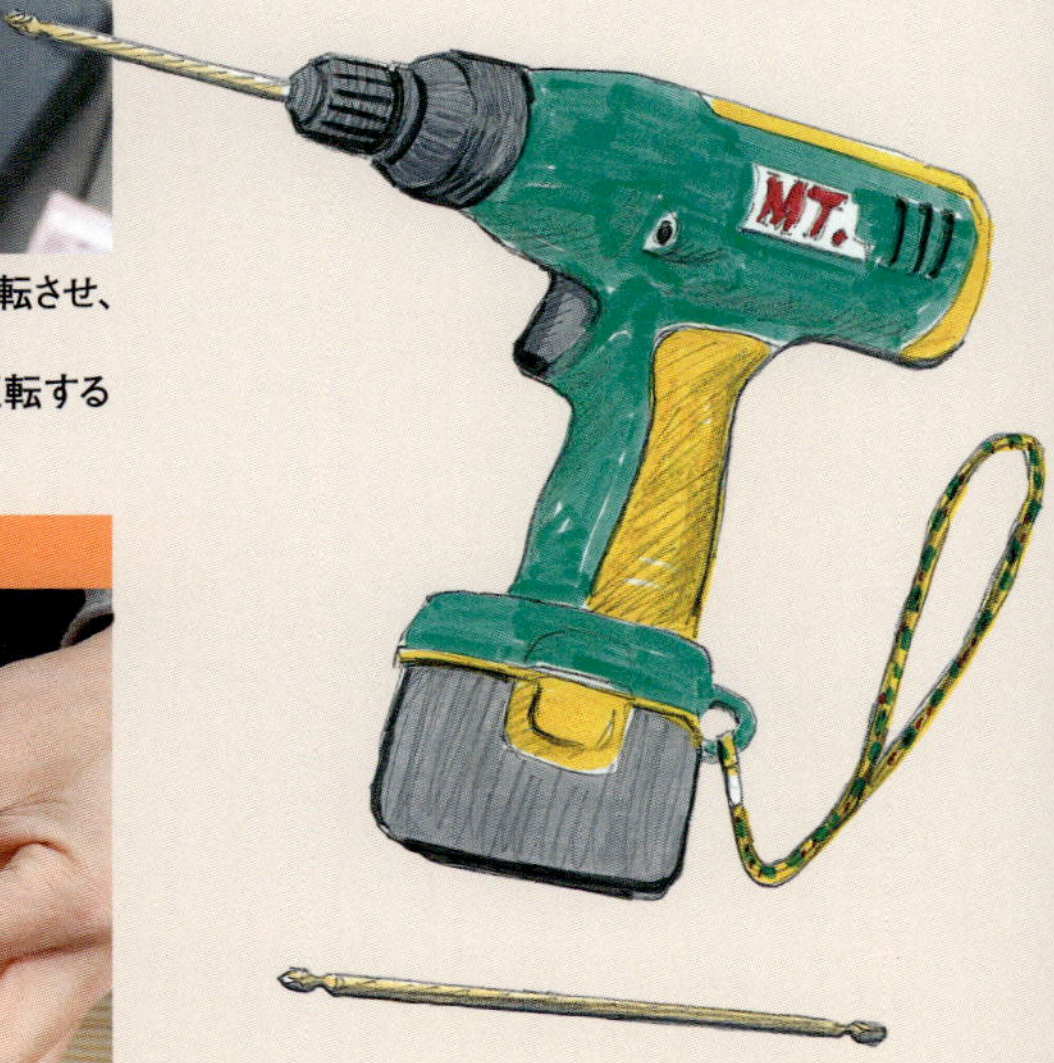

ビットの交換

①チャックをゆるめる

（上）チャックを握り、スイッチを入れて逆転させ、ツメを開く
（下）チャックを握り、スイッチを入れて正転するとツメがしまる

②ビットを装着

使用するドライバービットをまっすぐに装着する

③ビットを固定

チャックを握り、スイッチを入れたら今度は正転させ、ビットを固定

④固定の再確認

再度スイッチを入れて、ビットの装着具合、しめが甘くないか再確認する

ビットの種類

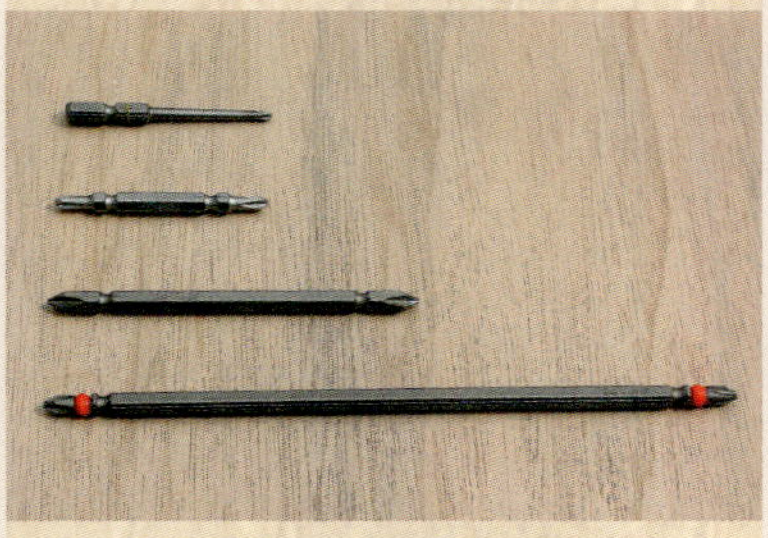

ビット先端の溝はNo2を使うことが多い。木工では長い軸のビットも必需品

木ネジをしめる

①下穴用ビットを装着

下穴用専用ビットも市販されているが、長くて折れやすいので、金属穴空け用の径2～2.3mmぐらいの細いビットを装着する

②下穴を空ける

目印をつけたら、ビットを目印に合わせて立てる。軽くのせる程度でビットは入るので、力を入れずネジが立つ程度穴を空ける

③ネジしめ開始

下穴用ビットをドライバービットに交換。次に使う木ネジを立て、ネジ頭の溝にしっかりビットを合わせ、しめはじめる

④ネジをしめる

ドライバードリルを垂直に構え、最初は心持ち押す程度でしめはじめる。左右のブレに注意することが垂直方向にしめる基本

⑤完了

ネジしめの完了。頭が面から出ていると、引っかける原因となるので注意

注目! 適度なネジしめ

左の頭が出ている例はしめ増しが必要。見えない部分は、中央のように沈んでいても問題ない

板をはぐ(つなぐ)

作業手順

墨つけ
↓
ネジ穴空け
↓
接着剤塗布
↓
固定
↓
ネジしめ
↓
圧着

【板をはぐ】

適当なサイズの板がないなど、1枚板を使用しないで家具の天板や底板をつくるとき、板をはいで(つないで)利用する。ここでは木ネジをジョイントに使っているが、接着剤を併用すればより強固な接合が可能だ。また、まっすぐに板をはぐことが大切で、はぐたびに固定を確認しながら作業を進める。初心者は、板の厚さが厚いもの(例:2×4材)が作業は楽で、失敗が少なくて済む。

用意する工具

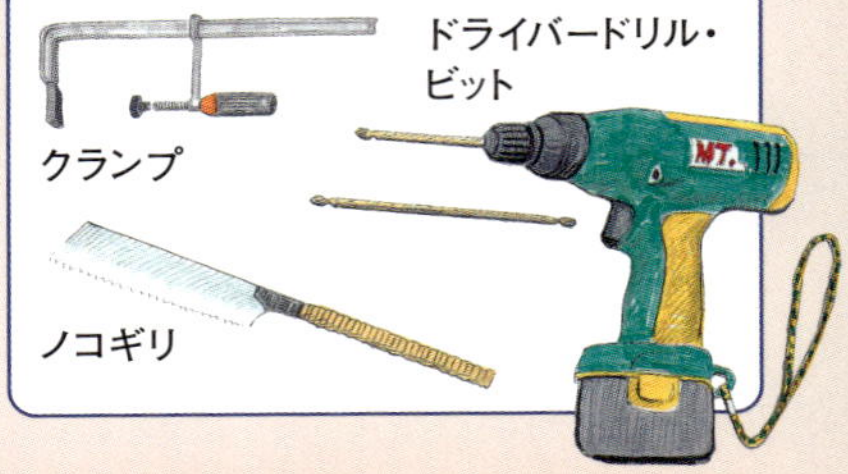

①墨つけ

この板の長さだったら、穴の位置をずらして4ヶ所穴を空ける。このとき穴間は最低20mmは離し、正確にセンターを出しておく

②ネジ穴空けの準備

板の幅に合わせ、75mm以上の長さの木ネジを使用。併せてドリルビットにもネジ止めの深さとなる目印のテープを張っておく

注目!

先端がネジになっているビットが穴空け用に適し、ネジの先端も合って垂直に立ってくれる

③ネジ穴を空ける

ドリルビット(ここでは8mm径)を装着して、目印に正確に当てて、ビットにつけたテープの位置までほり進める

④ネジ穴空けの完了

計4ヶ所空けたら、穴の中の木クズをきれいに取り去る。これを怠ると詰まってネジが曲がる原因となる

⑤接着剤を塗布する

接合する木端に接着剤の専用木工ボンドを塗布する。ジョイントとなるネジしめだけでなく、ボンドの接着力で強固な接合が可能

⑥固定

最初の2枚の木端を合わせて重ね、当て木を当てて、木口、厚みの左右をきちんとそろえておく。この作業は毎回必ず行なう

⑦ネジしめ

空けておいたネジ穴にネジを差し込み、しめる。ネジ穴の底までネジ頭が入ったら終了。厚みの左右にブレると、ネジが脇から飛び出す原因となるので注意。左の写真はネジ穴にネジが適合しているか再確認している

⑧3枚目をはぐ

最初の2枚の板をはいだら、3枚目も同じようにはぐ。ネジ穴は当然最初の2枚のときとは、ずれた位置になっている

⑨完成

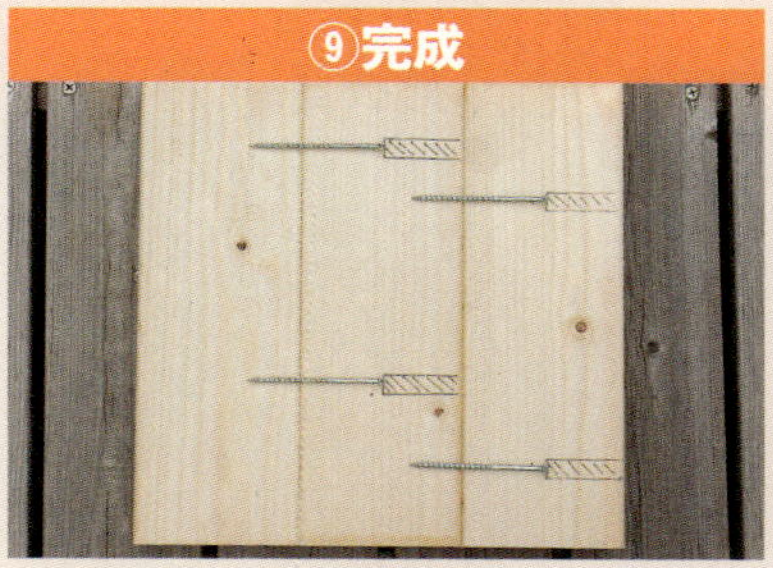

はいだ板のネジ穴に木栓を埋め込み、ノコギリでカットして仕上げ、完成。ネジ穴とずらしたネジ間(約20mm)に注目してほしい

きれいに板をはぐ

板をはぐとき、最も注意したいのがまっすぐに板を合わせること。このためには板をはぐたびに木口側、厚み(面)側の両面を合わせて固定する。接着剤を塗るときも、常にずれていないかチェック。ネジしめの際も、前後左右にずれていないか注意する。

厚み側に当て木を当てて、調整している工程。確実にクランプで固定をしよう

8 木材をつなぐ

インパクトドライバーを使う

力強い回転力で、楽なネジしめ

- 打撃力を加えた回転
- 楽にしめられる長ネジ
- デッキづくり向き

ドライバードリルと似た電動のネジしめ工具。ドライバードリルとの違いは、ネジしめの回転方向にハンマーの打撃力を加えたことで、より強いネジしめ効果が期待できる。ただ、ほとんどのインパクトドライバーはトルク調整機能がついていないため、穴空けなどの微妙な加工には向いていない。

インパクトドライバーの魅力は何といっても力強い回転力。長いネジも楽にしめられ、デッキ製作には威力を発揮する。

打撃力を加えたことで、ドライバードリルにはない振動が生じ、騒音はかなりのもの。騒音を気にする作業環境では、ドライバードリルを使いたい。

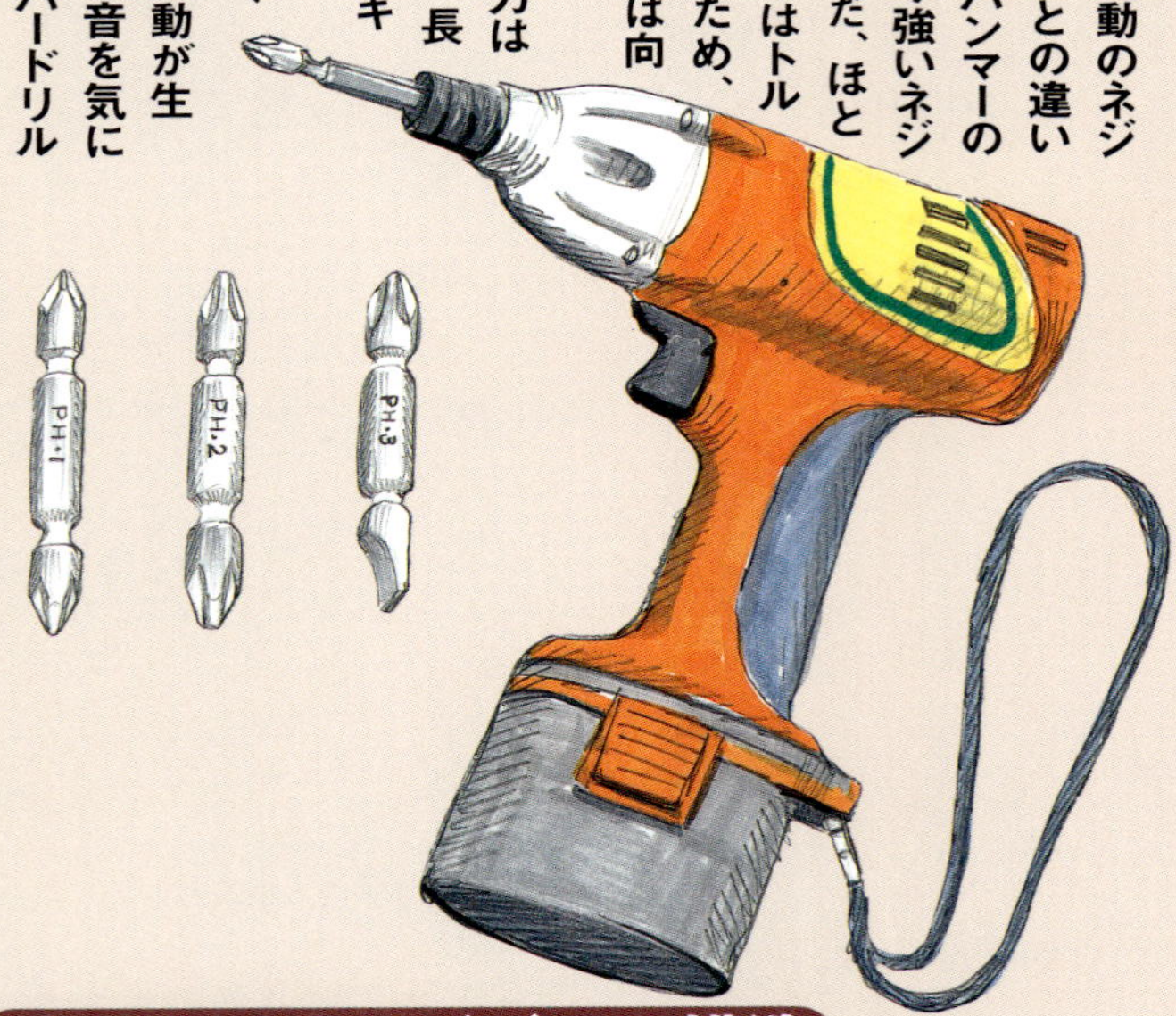

インパクトドライバーの構造

グリップ

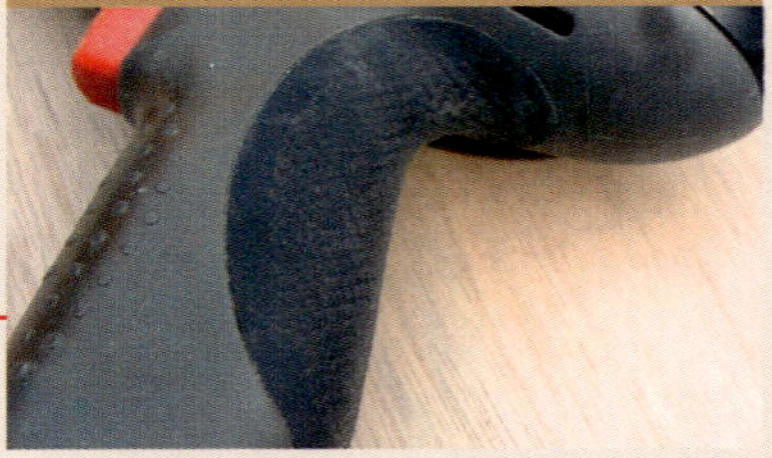

トルクが強いので、しっかり握れるラバーグリップになっている

チャック

ワンタッチでビットが装着できる六角ホルダーになっている

ビット

ビットはドライバードリルと同じものを使用する

バッテリー

バッテリーパックは最低2台必要。充電時間は短いものがよい

ビットを装着する

①チャックをゆるめる

ワンタッチチャックを握って上に引き、六角のホルダーを出す

②ビットを装着

チャックを押さえたまま、使用するドライバービットを装填する

③ビットの固定

ビットの先端をもってチャックを離せばビットが固定され、装着が完了

④正常な回転の確認

ビットが正常に回転するか、スイッチを押して確認する

木ネジをしめる

①ネジしめ開始

ネジを目印の位置に立て、ビットをネジ頭に合わせてインパクトドライバーを構える

②ネジをしめる

スイッチを入れ、インパクトドライバーを押し気味に当て、ドライバーの力でネジをしめる

③完了

初心者だとほとんどネジ山が埋まってしまうが、慣れればきれいにしめられるようになる

注目！ 一気にしめる場合

デッキなどのネジしめは、両手で押し当て一気にしめることが多い

電動ドライバー用木ネジ

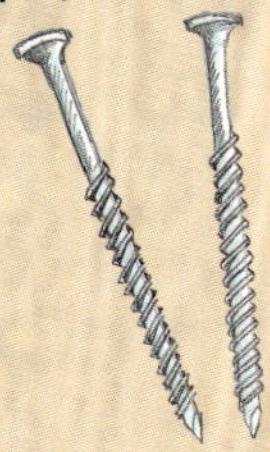

電動ドライバー（インパクトドライバー、ドライバードリル）用のネジは、建築用に開発された下穴不要の木ネジ（コーススレッド）を使うのが一般的だ。ネジ山が高く、間隔も開いていてクギの5倍の保持力がある。この他にもさまざまな電動ドライバー用木ネジが開発されている。

ふつうの木ネジとの違い

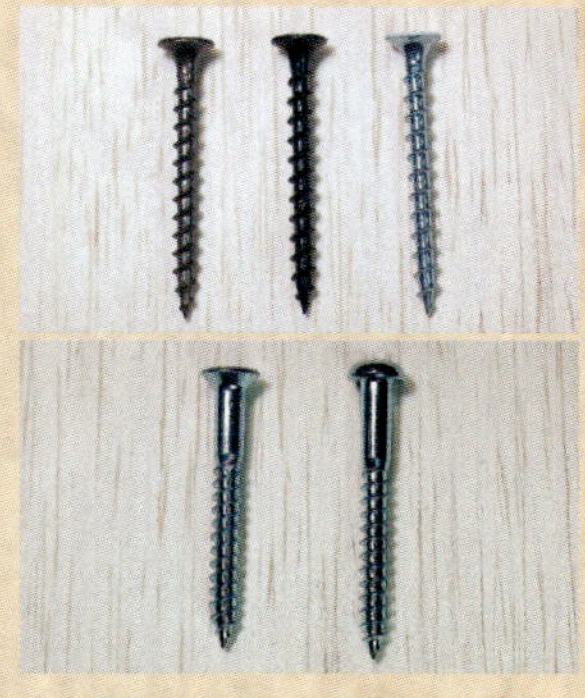

上が電動ドライバー用の木ネジ。下のふつうの木ネジはネジ山が浅く、間隔も空いている

コーススレッドとスリムスレッド

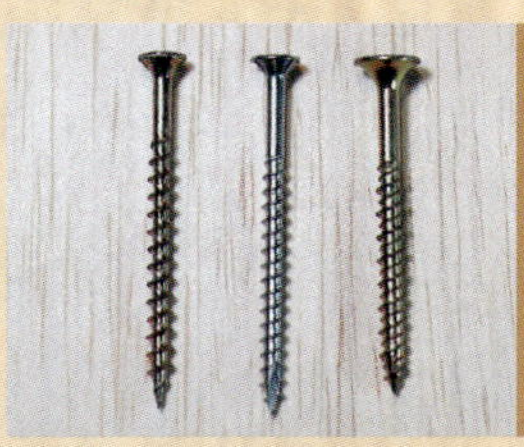

両端がコーススレッド。中央はネジ先端に切れ込みが入り、木割れが起きにくいスリムスレッドだ

特殊ネジ

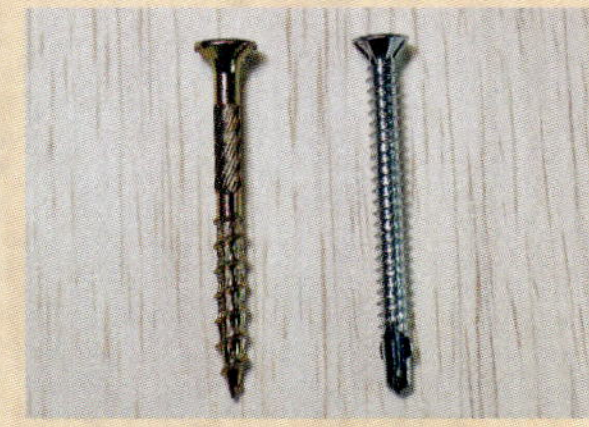

左は堅い木にも使える強行突破ネジ。右は金属用のドリルネジ

8

木材をつなぐ

木製ジョイントを使う

- 接合強度と見栄えを追求
- 正確な加工が必要
- 3種類の木製ジョイント

木の特質を生かした強固な接合法

木材を接合するには、クギや木ネジを使う他に木や金属でできたジョイントを使う方法がある。特に木製ジョイントは、湿気でふくらむため強固で、部材の間に隠れて、外見への影響もない。

しかし、木製ジョイントは部材にジョイントをはめる穴や溝をほるため、正確な加工ができないと接合時にゆがんだり、見てくれも悪い作品になってしまう。その意味では、工具の扱いや木工作業に慣れている上級者向けの技術の一つといえるだろう。

ここでは留め継ぎ（45度に切った部材の接合）に使用したビスケットジョイント接合のしくみと、木ダボ、雇いざねを使った板はぎ（つなぎ）例を取り上げた。

ビスケットジョイントを使う

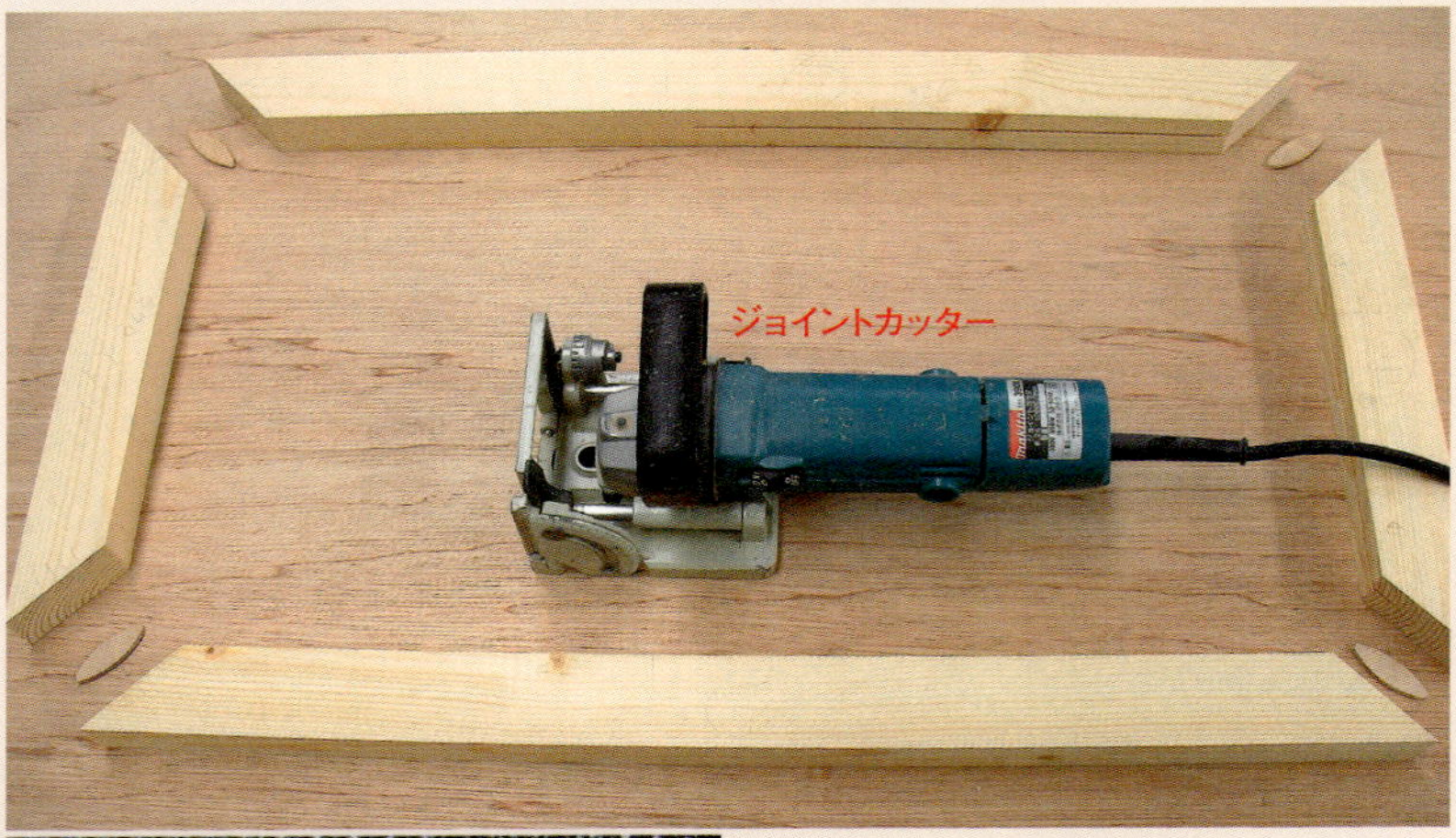

ビスケットジョイントを使うフレームづくりの工程

まさにビスケットのようなビスケットジョイント。木製なのでジョイントに使われた後に湿気を吸って膨張し、部材同士の強固な接合が望める

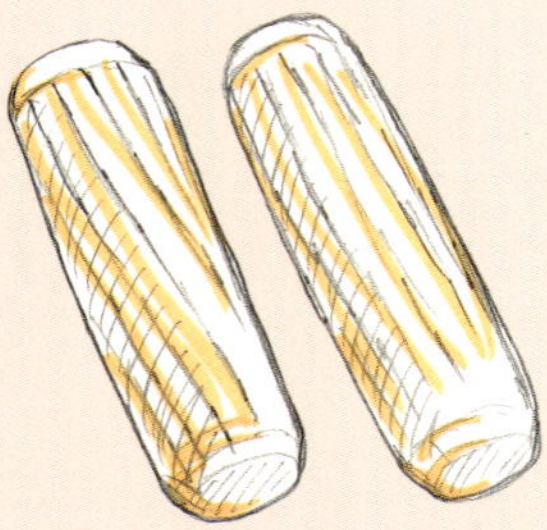

【ビスケットジョイント】
アメリカで考案されたつなぎ法で、ビスケットに似た木片をジョイント材としてつなぐ。木ダボ同様にジョイント後、ビスケットがふくらんでかなりの強固な固定が期待できる。加工は専用のジョイントカッターかトリマーを使って溝をほり、そこにビスケットをはめて、接着剤で固定する。

ビスケットジョイントをはめこんだ部材。接着剤を併用する

ジョイントカッターでビスケットジョイントをはめる溝をそれぞれにほる

木ダボ《もくだぼ》を使って板をはぐ

【木ダボ】

ダボとは、木材や石材を接合するために両方の穴に差し込む部材のこと。木工では板をはいだり、部材同士の接合、棚受けなどにも利用する便利なパーツだ。木製ジョイントとしては接着剤を併用し、強固な接合にする。正確な墨つけと固定さえできれば、初心者でも加工できるジョイント法だ。

ジョイントとしての木ダボは堅い材質で、表面に伸縮できるよう浅い溝がほってある

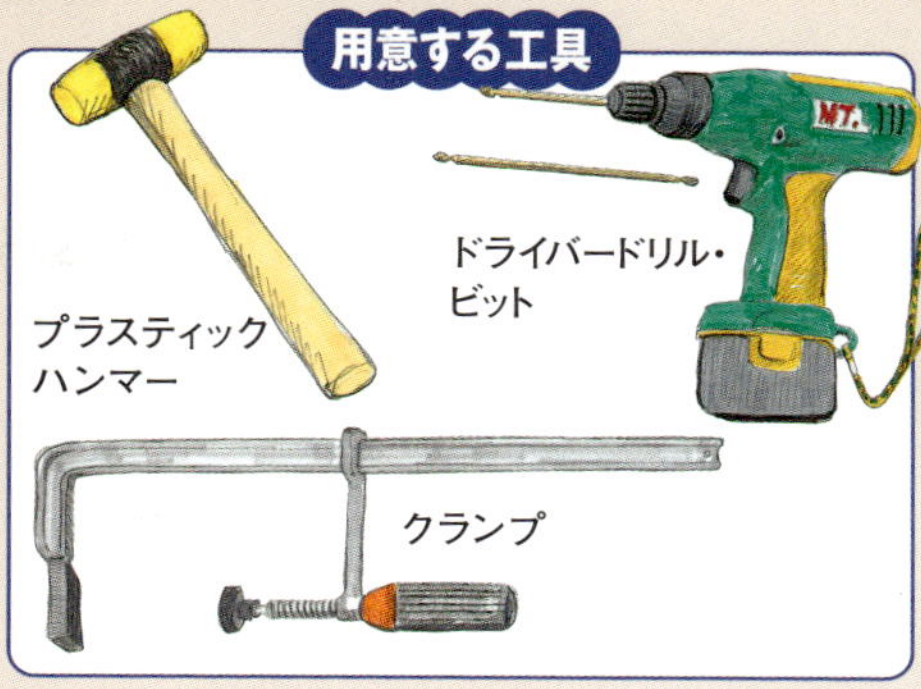

①墨つけ

はぐ板を合わせ、サシガネを使ってダボ穴を空ける目印を正確に記しておく

②ネジ穴を空ける

使う木ダボの半分のサイズに合わせて、ドリルビットに目印のテープを巻く。この位置がダボ穴の深さとなる

③接着剤を塗布する

ダボ穴と、はぐ(つなげる)板の木端に接着剤を塗る。木ダボだけでもよいが、接着剤を併用すればさらに強度が増す

④木ダボをはめ込む

片方の板のダボ穴に木ダボをはめ込み、上から軽く叩いて入れる。それをもう一方の板のダボ穴に差し込む。立てたら木端に当て木をし、プラスティックハンマーで叩いて予定通りの半分の深さに沈むよう調節する

⑤固定

2枚の板をはいだら、面がずれないよう固定し、上から当て木をしてダボが正確につながるよう調節し、固定する

⑥完成

木ダボを使った板はぎが完了。木ネジを使った板はぎと違って、ネジ穴などがないためきれいな仕上がりとなる

雇いざねを使って板をはぐ

やといざね

【雇いざね】

雇いざねの「さね」とは、板をはぎ合わすときに片側につくる凸起のことで、この凸起を雇う（かかえる）ことから雇いざねという。板のはぎ方の一方法で、実際の加工では、はぐ板の木端両面に溝をほり、そこにジョイントとなる細い板をかませるしくみ。上級者のテクニックの一つだ。

用意する工具

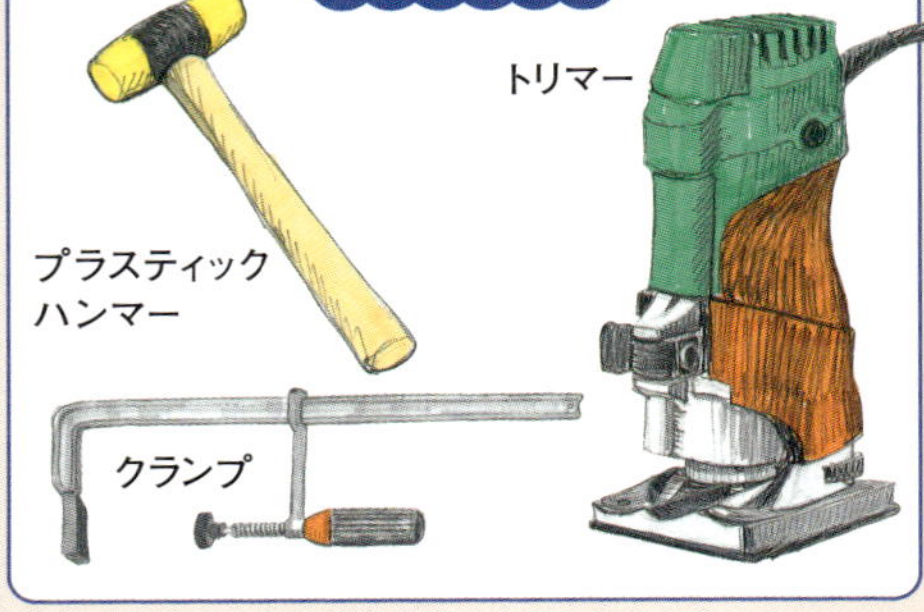

雇いざねの板のはぎ合わせに使うさね。ここでは5.5mm厚、20mm幅のラワン合板を用意した

①墨つけ

木端に、ほる溝の墨線を正確に引いておく。ここでは木口まで貫通させない溝をほり、つなぎが外から見えない加工とした

②溝をほる

トリマーにストレートガイドをつけ、墨線通りに溝をほる。溝は最初5mmの深さからはじめ、何回かに深さを分けてほる

③溝ほりの完了

木口まで貫通しない溝ほりが完了。深さはさねの幅20mmの半分、10mmとなる。溝に残った木クズはきれいに取り去っておこう

④さねをはめ込む

溝に接着剤を入れ、さねをはめ込んでプラスティックハンマーで上から叩く。さねが入ったらもう一方の板の溝に合わせて差し込む。木端に当て木をし、しっかりつながるようさらに叩いて調整

⑤3枚の板をはぐ

同じようにして3枚目の板もはいで、ハンマーを使って叩きながら、さねの入り具合を見る。面が平らになるよう調節するのがコツ

⑥固定＆完成

木端、面両方に当て木をして固定し、圧着させれば、雇いざねを使った板のはぎ合わせが完了。そりや木口のズレはカンナで修整する

8 木材をつなぐ 接合金具を使う

接合強度と見栄えを追求

正確な加工が必要

3種類の木製ジョイント

アクセントにもなる木工用小型接合金具

接合金具は本来、建設用構造材の接合を補強するパーツのこと。家具づくりなど趣味の木工では、部材と部材を接合する小型の補強金具（建具金物）を利用することになる。

種類は多く、板と板をつなぐ平折、立体の箱組みに使える三方面などさまざま。ふつうのクロムメッキの他に、黒い色がアクセントとなる焼付塗装した種類もある。

また丁番《ちょうばん》（蝶番《ちょうつがい》）も接合金具のひとつといえ、角（平）丁番の他に、丁番が隠れるスライド丁番も市販されている。シンプソン金具は2×4材専用の接合金具で、フレイミングアンカーなどさまざまなタイプが用意されている。

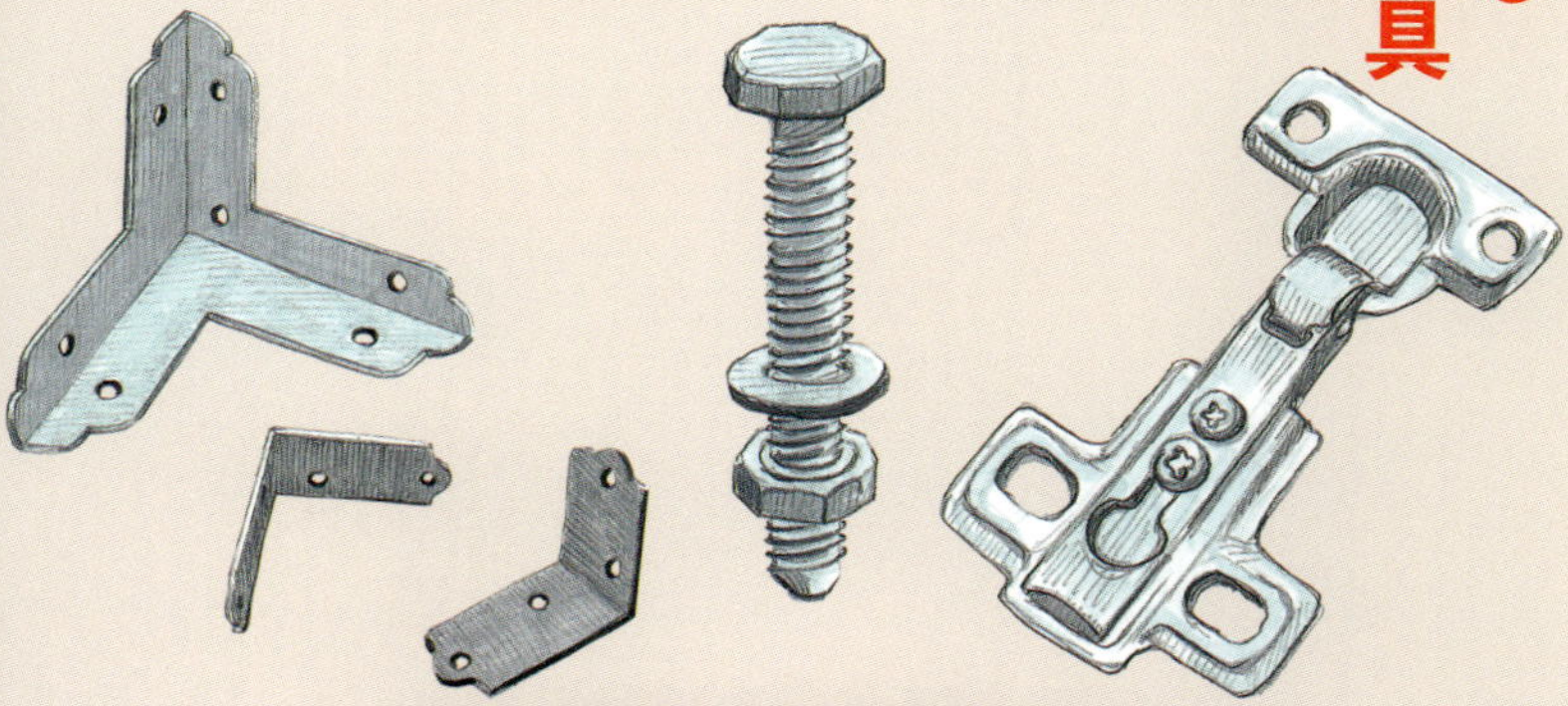

接合（補強）金具の種類

一般木工用接合金具

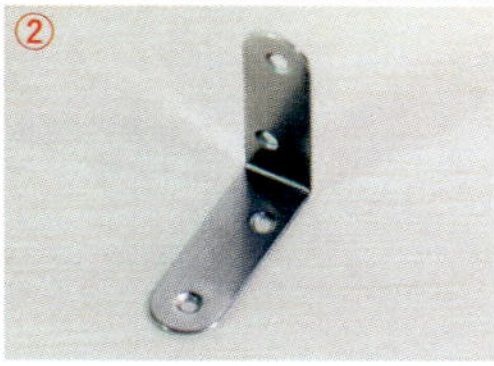

①平折（L字型）
②金折
③金折（焼付塗装）
④T字型
⑤三方面

ボルトとナット

デッキの柱など荷重がかかる部材の接合にはボルトじめが有効だ

シンプソン金具

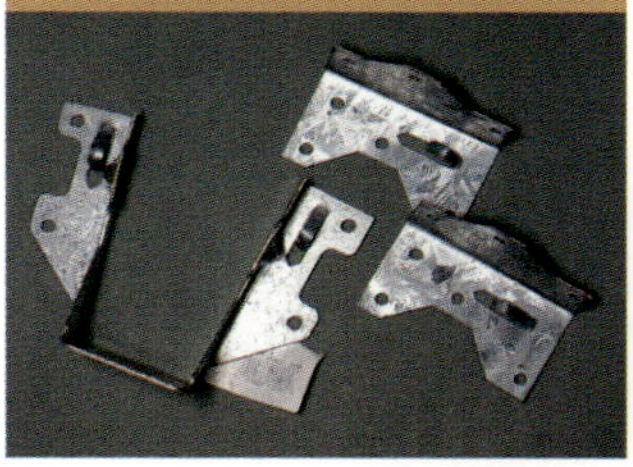

2×4材の接合は専用のシンプソン金具でたいていカバーできる

丁番

上＝最も一般的に使われている角丁番。使用目的や部材の大きさで使い分ける
下＝家具の扉によく使われているスライド丁番。扉を閉めると丁番は隠れて見えないしくみ

平折《ひらおり》(L字型)でつなぐ

③接合金具を固定する

部材の厚み、接合金具の穴のサイズに合うネジを準備し、ドライバードリルでネジしめ

部材の平面結合に使う平折。右の例では部材の両側に接合すると、より強度が増す

④完成

4ヶ所のネジしめで、かなりの強度を得られる。接合金具は見た目も大切だ

②接合金具を当てる

接合金具をつなぐ部分に当てて、サイズ、イメージに合うかどうか確認する

①部材を組み合わせる

接合する部材を組み合わせ、木部の接合の状態を確認する

三方面《さんほうめん》でつなぐ

③接合金具を固定する

ネジは両方の部材のネジ穴1ヶ所ずつ、交互にしめるのが失敗しないコツ。他も同様だ

箱組みや厚みのある部材の留め継ぎなどに利用できる三方面。部材の組み方を間違えないように

④完成

三方面の仕上がり。箱組でコーナーに黒色の三方面を使えば、民芸調の風合いが出せる

②接合金具を当てる

三方面をつなぐ部分に当てて、サイズ、イメージに合うかどうか確認する

①部材を組み合わせる

45度にカットした部材を組む。見えない所でも正確につなぐと、仕上がりがきれいだ

シンプソン金具でつなぐ

デッキの根太（骨組み）の接合にシンプソン金具のフレイミングアンカーを使用した例。専用のネジもある（下）

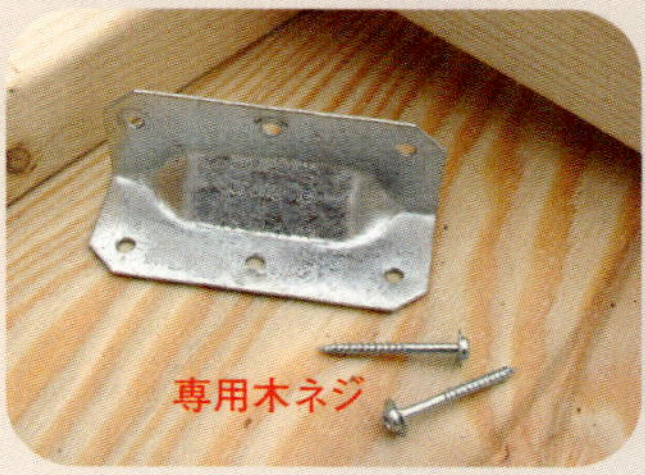

①部材を組み合わせる

接合する部材を組む。長尺サイズの部材を使う場合が多いので、固定を確実に行なおう

②接合金具を当てる

シンプソン金具は規格が決まっているので、位置を確認するだけでよい

③接合金具を固定する

専用のネジを利用すると、確実な固定が楽に行なえる

④完成

金具の広い面と6本の木ネジで確実に固定。ガゼットアングルと呼ばれる金具の一つ

ボルトとナットでつなぐ

デッキに柱を固定するためにボルトを利用した例。ボルトは必ずナットとワッシャを併用して固定する

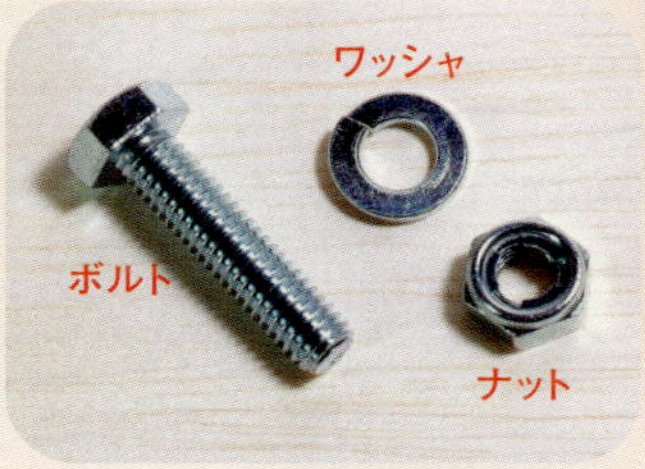

①部材を組み合わせる

部材を組み合わせて固定したら、厚みや長さなどを考え、適切なサイズのボルトを選ぶ

②ボルト穴を空ける

ボルトの径に合わせてドライバードリルでボルト穴をほる。写真は径が8mmのもの

③ボルトをしめる

ボルト＋ワッシャ、反対側にワッシャ＋ナットの順で、スパナを使ってボルトをしめる

④完成

クギやネジよりも太く、両側からしめられるので、かなりの強度で固定できる

丁番でつなぐ

ちょうばん

最も一般的な角丁番（下）で、キャビネットの扉をつなげる。扉が正確に閉まるよう、ネジ穴の位置に神経を使う

①墨つけ

扉の長さに合わせ、上下2ヶ所に丁番をつける墨線を引いておく

②丁番の切れ込みの深さを決める

丁番を設置する切れ込みの深さは、丁番を開いてできたすき間の半分が目安

③切れ込みをほる

トリマーに溝ほり用のストレートビットをつけ、切れ込みの溝をほる

④丁番の取りつけ具合を確認

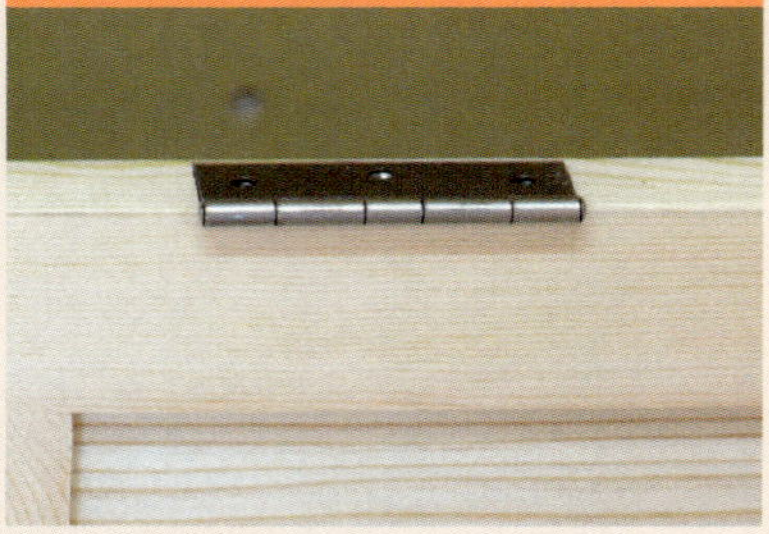

切れ込みをサンドペーパーできれいに修整し、丁番が正確にはまるかどうか置いて確認

⑤ネジをしめる

丁番の穴の中心に千枚通しで下穴を空け、専用のネジを立てて、ドライバーでしめる

⑥扉を本体に取りつける

扉を設置して丁番を本体に押し当て、ネジ穴に目印ともなる下穴を空けたらネジしめする

⑦完成

扉の開き具合を見て、四方のすき間がずれていないか確認。丁番を取りつけるときに下穴を必ず空けると失敗がない

スライド丁番でつなぐ

③本体側に座金をつける

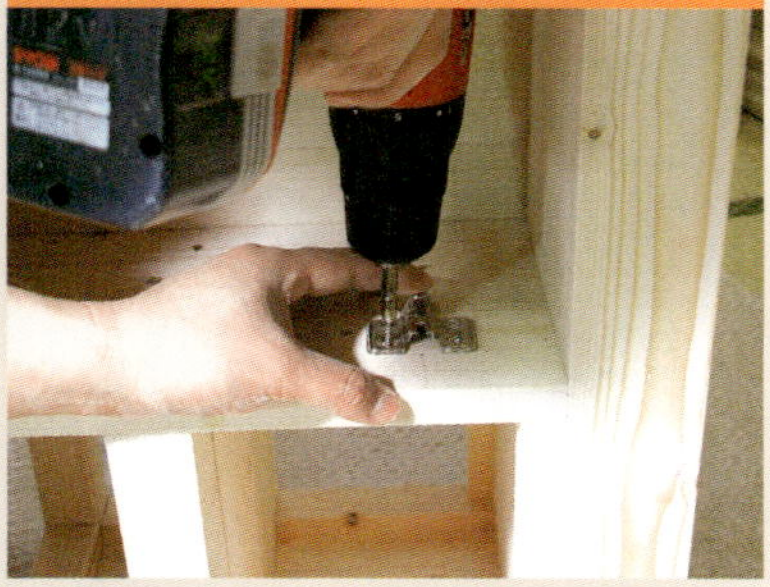

本体側の座金をネジしめして、取りつける

丁番が隠れるスライド丁番は、家具づくりなどにさかんに利用されている。特殊な形状だ

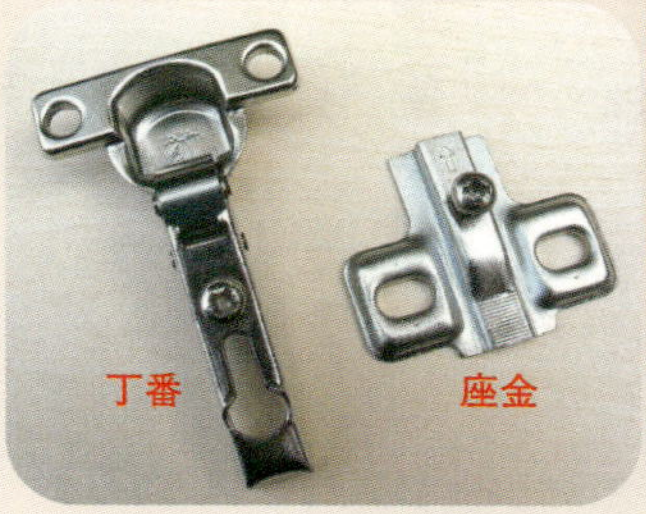

④扉を本体につけて完成

本体の座金に扉の丁番を組み合わせ、固定ネジをしめる。扉の閉まり具合を見ながら調節ネジで位置を調整して完了。スライド丁番は調節ネジで上下・前後左右（一部は前後左右のみ）の位置を微調整できる

①ざぐり穴を空ける

買ってきた丁番の解説書をよく読み、最初に扉と本体につける丁番用に、目印となる墨つけをする。次に扉側の丁番のカップ部が入る穴を、止まり穴が空けられるざぐりカッターを使って空ける

丁番取りつけは説明書を参考に

丁番の取りつけがくるうと、扉が閉まらなかったり、すき間が空いたり…といったトラブルが起きる。丁番の取りつけ時は付属の使用説明書をよく読み、寸法図などを利用しよう。

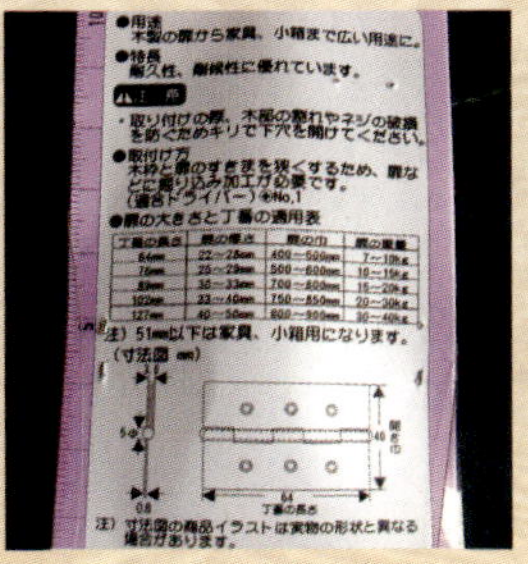

扉重量、厚みに合った丁番の規格、取りつけ方、寸法図などが書かれている

②扉側の丁番をつける

扉側の丁番のカップ部を下にして、穴にはめ込み、ネジしめする

8 木材をつなぐ

継ぎ手を使う

接合の強度、見栄えを追求
電動工具も使う加工の工夫
基本的な継ぎ手を覚える

覚えると木工が楽しくなる接合法

部材同士を加工してつなぐ接合法で、組み手、接《つ》ぎ手、仕口《しぐち》ともいう。主に家具や建具の組み立てに使うが、在来工法の日本建築では柱などの構造材を組むときにも使われる伝統的な技術だ。

強度を追求したもの、見栄えを重視したもの、両方を兼ね備えたものなど種類は多く、かなりの技術を要求される継ぎ手もある。

加工の正確さが必要なため、初心者には難しいと思われがちだが、便利な電動工具を併用したり、接着剤やクギなどを使って補強するなど工夫次第。覚えると木工が一段と楽しくなることは間違いない。ここでは、基本的な継ぎ手5種類を取り上げた。

継ぎ手の種類

二枚組み継ぎ

板材同士を2等分に欠いて組み合わせる基本的な継ぎ手。ネジや接着剤で固定する

相欠き継ぎ《あいがきつぎ》

板材同士や角材同士をお互い欠いて、十字に交差させる接合法

留め継ぎ《とめつぎ》

板同士の90度の接合に、両方を45度に切断して合わせる方法。つなぎ方が数多くある

平ホゾ継ぎ《ひらほぞつぎ》

角材同士をつなぐ最も基本的な継ぎ手で、突起のホゾと受けるホゾ穴から成り立つ

ホゾにクサビを打ち込んで、より強度を増す方法もある

通しホゾ継ぎ

平ホゾのホゾをホゾ穴に貫通させる継ぎ手。接合面積が広く、より強固になる

相欠き継ぎで角材をつなぐ

用意する工具

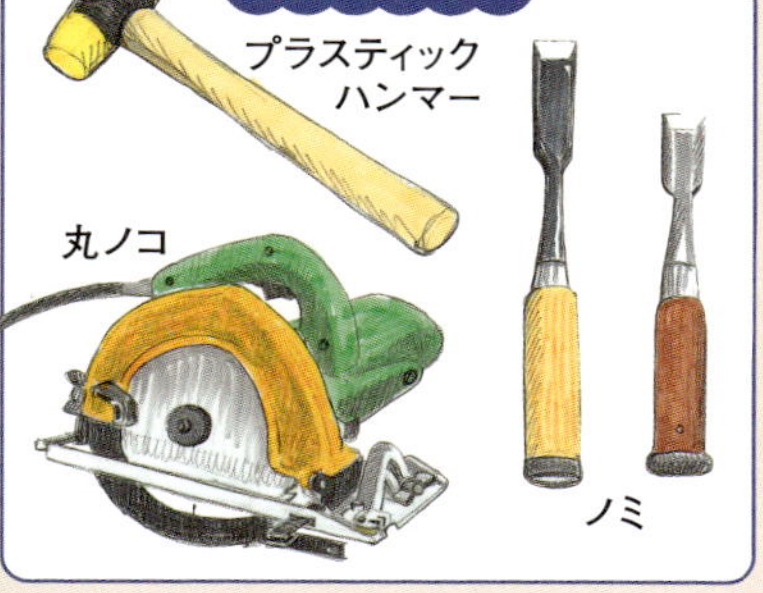

【相欠き継ぎ】
角材同士を90度に接合する継ぎ手の一つで、主に建具の格子戸などに利用されている。接合面が平面になるように、お互いを半分ずつ欠いてつなぐ。簡単そうだが、角材同士サイズが合わないとつなげない。規格材もやせることを考え、実際に角材同士を合わせ、実寸を測って墨つけしたい。

①墨つけ

角材同士を実際に格子状に交差させ、相手の厚みをそのまま写して墨線を引く

②角材を欠く

角材を欠く(溝をほる)加工は丸ノコを使う。丸ノコのブレードを欠く深さの分だけ出したら、角材を固定して最初に両側の墨線の内側を切り込む。次に内側を等間隔に刻むように切る。同じ加工を2本とも行なう

③修整

刻んでできた溝の端材を、ノミで割るように取り去る。次に溝の面をノミで削り取り、修整しておく

④相欠きの完了

きれいに溝の面が修整できたら。相欠きの完了。うまく合わないことがあるので、何度かはめ合わせてノミを使った修整を繰り返し、きっちり合うようにする

⑤つなぐ

角材同士をはめ合わせ、当て木をしてハンマーで叩いて固定。合わないときは③〜④に戻って深さ、厚さを調整する

⑥完成

相欠き継ぎの完了。きっちりおさまればよほどの力がかからない限り、外れない。さらに強固にしたいなら、接着剤を利用する

平ホゾ継ぎで角材をつなぐ

用意する工具

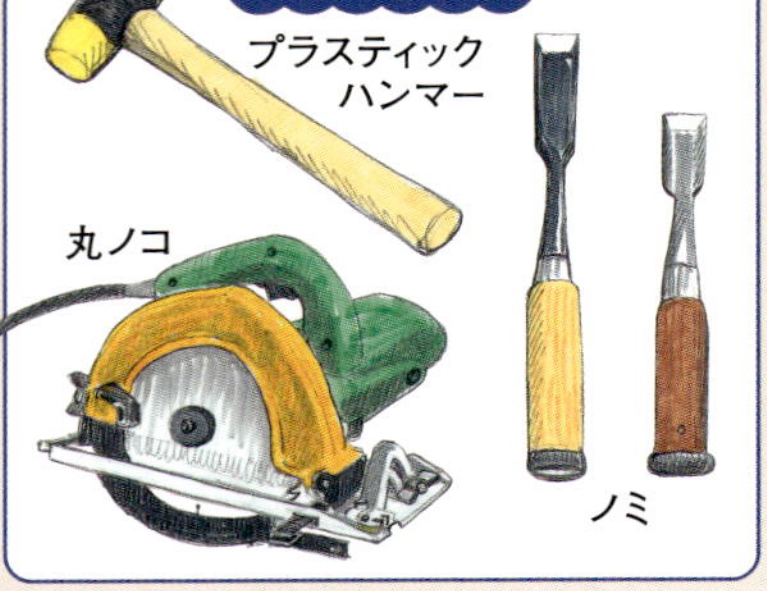

【平ホゾ継ぎ】
角材の一方に突起（ホゾ）をつくり、もう一方に突起を受ける穴（ホゾ穴）をほって、はめ込む継ぎ方の一つ。ホゾがホゾ穴の途中で止まるため継ぎ手が見えず、外見も見栄えがする。家具づくりでは最もよく使われる継ぎ手なので、ぜひマスターしたい。詳しいホゾ穴のほり方は85ページを参照。

①ホゾ穴をほる

ホゾとホゾ穴双方に墨つけをしたら、まずはホゾ穴をほる。合わせはホゾ側で行なった方が楽だ

②ホゾの墨つけ

ホゾ穴と同じサイズの墨線を、ホゾ側の角材に引いておく。ホゾ穴同様に、筋ケビキを使えば引きやすい

③ホゾを加工する1

相欠き継ぎ同様に丸ノコを使い、刻む要領で加工する。横と縦は深さが違うので、丸ノコのブレードの深さ合わせに注意

④ホゾを加工する2

うまく刻めたら、端材を割るように外してゆく。ノミを端材の根元に当てれば、簡単に取り除くことができる

⑤修整

端材を除去したら、ノミを使って面を修整する。正確に面取りしないと、ホゾ穴と合わないことも多い。できあがったら右写真のように、角をとってホゾ穴に入りやすいよう調整しておこう

⑥つなぐ

ホゾの角材に当て木を当てて、ハンマーで叩いて入れる。無理な場合は⑤の修整を繰り返してホゾの大きさを調整する

⑦完成

平ホゾ継ぎの完了。継ぎが隠れて見えない美しい継ぎ方だ。ホゾがゆる過ぎた場合は、クサビや接着剤を利用すれば強固になる

通しホゾ継ぎで角材をつなぐ

用意する工具

【通しホゾ継ぎ】

平ホゾではホゾは部材の中にあって見えないが、ホゾを貫通させ、見えるようにしたのが通しホゾ。接合面積が広い分接合力も高く、さらにホゾを長く出して穴を空けて栓で止めたり、刻んでクサビを埋め込んで補強することも可能。ホゾがアクセントにもなり、強度と見栄えを兼ね備えている。

①ホゾ穴をほる

ホゾとホゾ穴双方に墨つけをしたら、ホゾ穴をほる。合わせはホゾ側で行なう
(ホゾ穴のほり方→P85)

②ホゾをつくる

ホゾ穴と同じ墨線を引いたら、丸ノコとノミを使ってホゾをつくる
(ホゾの加工法→P126)

③ホゾを通す

ホゾ穴にホゾを通し、貫通させる。ホゾ穴側の部材に当て木を当ててカナヅチで叩けば入りやすい

④ホゾの貫通

ホゾがうまく入らないときはノミを使ってホゾの面取りをし、厚みや幅を修整して貫通させる

⑤出っ張りを切る

ホゾの出っ張りをノコギリでカット。このときホゾ穴側の木端をガイドにして、ゆっくり切断するとよい

⑥ホゾの素地調整・完成

ノコギリで出っ張りをカットしたら、ホゾの頭の部分とホゾ穴側の面が一体になるよう、サンドペーパーで素地調整すれば完了

クサビ

ホゾ継ぎがゆるんだときや、さらに強固に接合したいなら、クサビを使おう。すき間に合わせたクサビをつくり、カナヅチで打ち込むだけで強力な接合が可能。クサビどめホゾ継ぎという最初からクサビを使った継ぎ手もある。

ホゾ穴にすき間ができたり、強固な接合を望むならクサビを利用する

二枚組み継ぎで板材をつなぐ

用意する工具

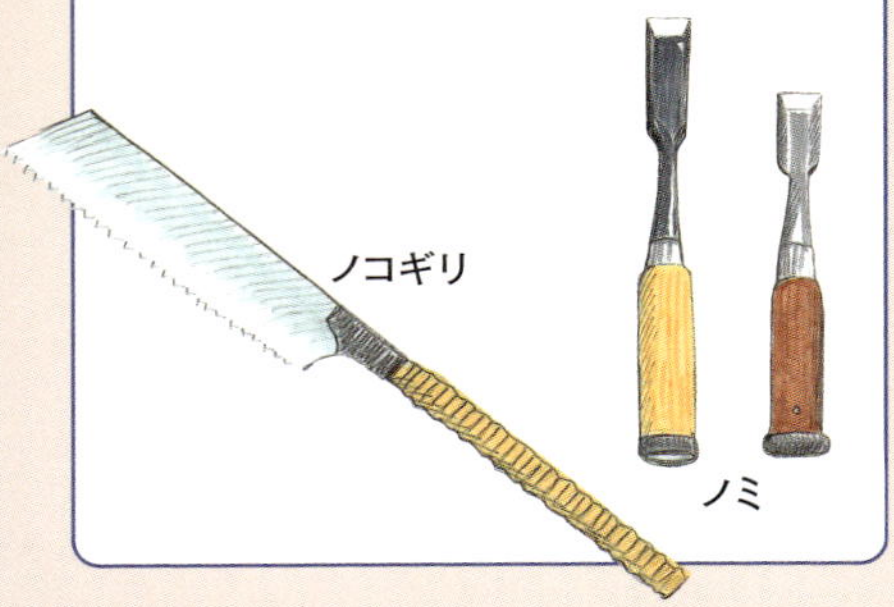

【二枚組み継ぎ】
板と板、角材と角材を90度角で接合するための、最も基本的な組み合わせ方。つなぐ部材をそれぞれ半分に切断して接合する方法だ。ホゾ組みと違って直接固定できないので、ネジしめや接着剤を使って固定する。

①材料

基本的には一つの箱を組み立てるのと同じなので、材料はまったく同サイズの板材または角材を用意する

②墨つけ

2等分のサイズを出して墨つけをする。カットする部分に斜線を引いておこう

③部材を切断する

斜線部分をノコギリでカットする。長い部材なら丸ノコを併用してもよい

④接合面の調整

ノコギリの切断では微妙な接合面の角。ノミを使って切れ込み、直角にしておく

⑤修整

さらに墨線に合わせ、ノミを使ってノコギリの切断面をきれいに修整。組み合わせがきれいになるよう面取りをする

⑥つなぐ

部材が準備できたら、組み合わせる。ずれがあるときは④に戻ってさらに修整を加えよう

⑦完成

接合面は接着剤かネジしめで固定すれば、強固な接合となる

留め継ぎで板材をつなぐ

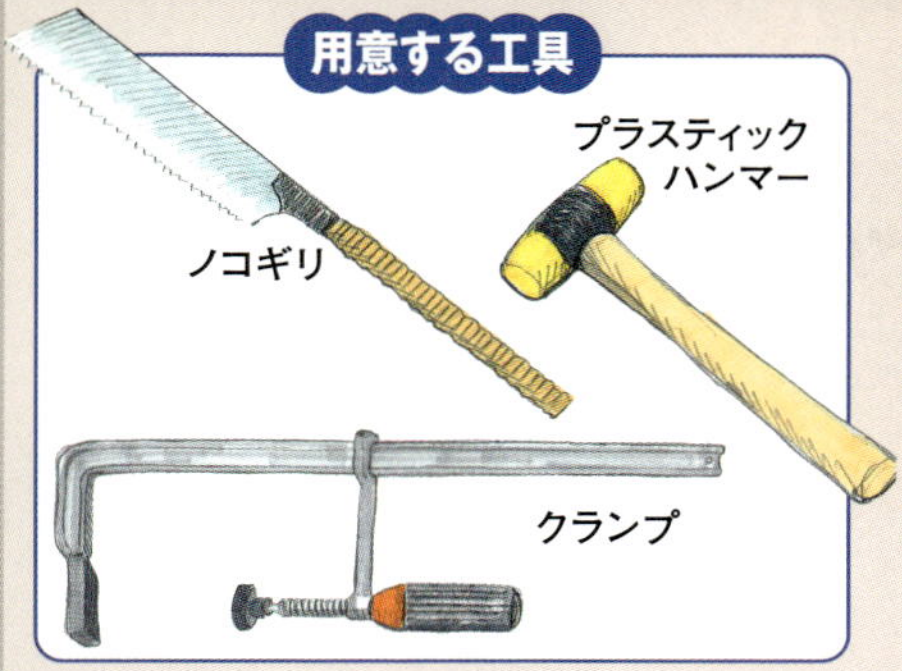

【留め継ぎ】

留め継ぎとは、板材や角材を90度の位置で組むため、それぞれを45度に切断してから合わせる方法。額縁などのコーナーや枠材などの接合に、よく使われる基本的な継ぎ手だ。失敗しないためには、確実な45度の切断と、薄板を正確に固定すること。薄板の固定には接着剤を使うとよい。

①材料の準備

45度に切断した部材を用意し、正確に合うか確認する

②固定

材料を組み合わせたら、当て木を当ててクランプで固定する

③墨つけ

コーナーの薄板を差し込む部分のセンターに、薄板の厚さ分の溝幅で墨線を引いておく

④溝をほる

墨線に注意しながら、ノコギリで溝をひく。何度かひいて溝幅を調節する

⑤薄板を差し込んで切断する

溝がある程度ほれたら、薄板を差し込む。入らなかったらさらに溝をひいて調整。薄板が差し込めたら、ハンマーで軽く叩きながら固定(右)し、ノコギリで出っ張った余分な部分をカットする

⑥素地調整

薄板と木口が平滑になるよう、サンドペーパーで磨き、素地調整する

⑦完成

完成。薄板がアクセントとなり、見た目にもよい継ぎ方だ

8

木材をつなぐ

接着剤を使う

- 木工専用のボンドは必需品
- 用途で接着剤を使い分ける
- 使う接着剤の性質を知る

接着剤の性質と用途を知って使用

紙を張ったり、割れた茶碗をくっつけるなど、接着剤を使う機会は多く、日常生活に接着剤は必要不可欠な存在だ。木工でも同様で、部材と部材を接合したり、プラスティックと木を接着するなど、使用頻度は高い。

木工で最も頻繁に使われるのは、酢酸ビニル樹脂を使った木工専用のボンドで、白色で乾けば透明になるため、接着面も目立たない。ただ、プラスティックと木を接着するとなると、有機溶剤を使ったボンドを使用しないと接着しない。このように、接着剤は用途を正しく理解して使うことが大切だ。

ここでは、木工に使える接着剤を、用途別に取り上げた。

接着剤の種類

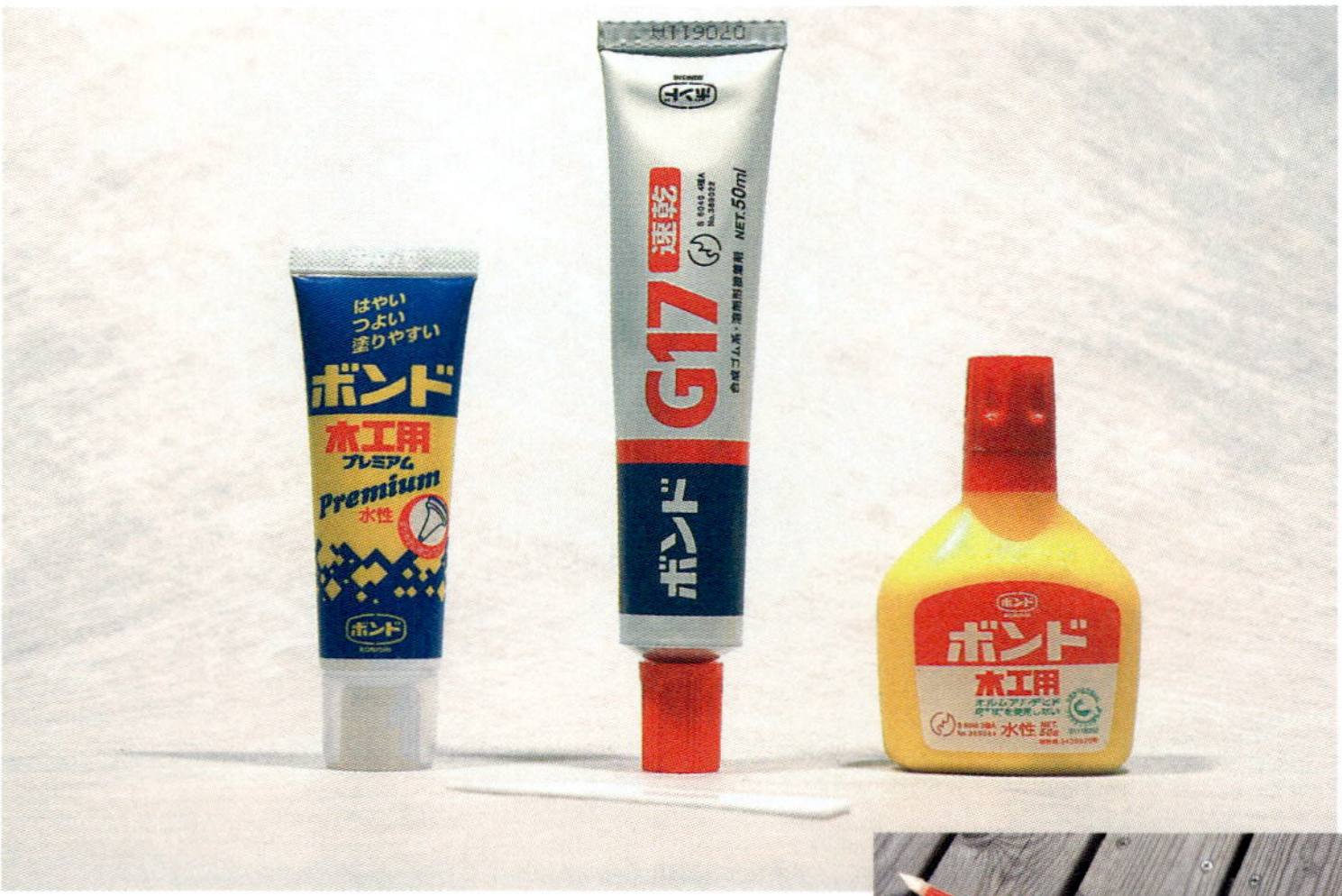

右と左は最も良く使われる酢酸ビニル樹脂が主成分の木工専用のボンド。木や紙、布を接着し、はじめは白色で乾くと透明になるのが特徴。乾燥時間に1日は要する。中央が有機溶剤を主成分としたプラスティックも接着できるボンドで、木も接着できる。

木工専用のボンドは使う量が多いので、写真のような大容量のものを用意すると割安だ

弾性接着剤

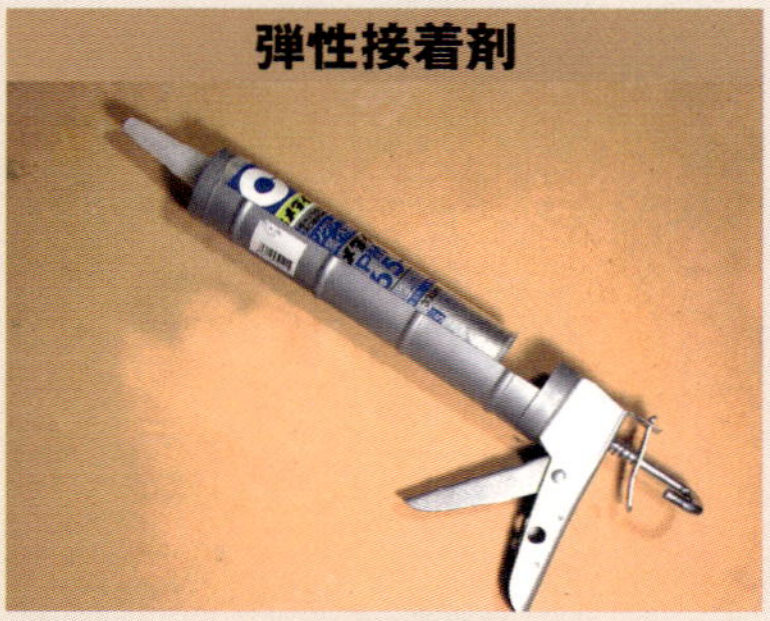

収縮したり、振動が加わる部分などを固定するときに使う接着剤。弾力性があり、衝撃を吸収する性質をもっている。写真は変成シリコーン樹脂系接着剤で、乾くとゴム状になる

瞬間接着剤

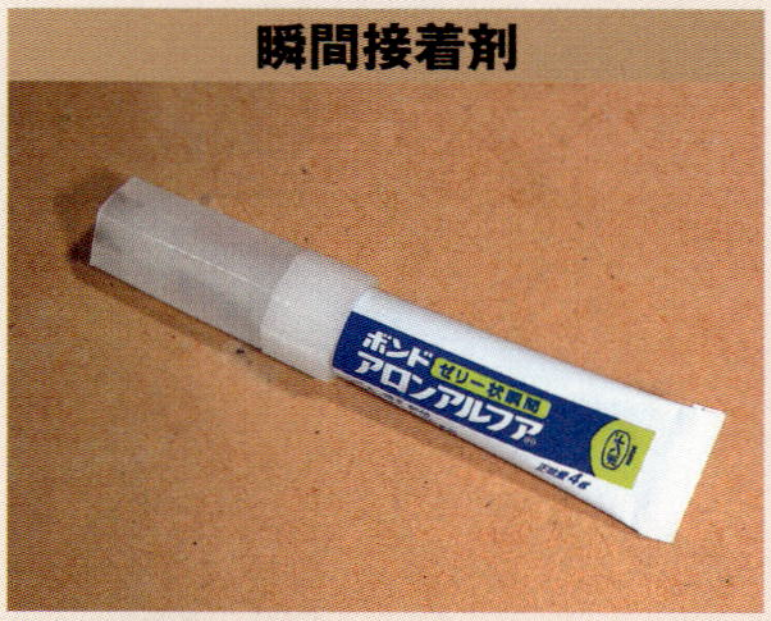

瞬間接着剤も木工には便利な接着剤。場所によって固定が難しいときなど、すぐに接着してくれるので便利。写真のものは、木工にも使えるゼリータイプ

エポキシ系ボンド

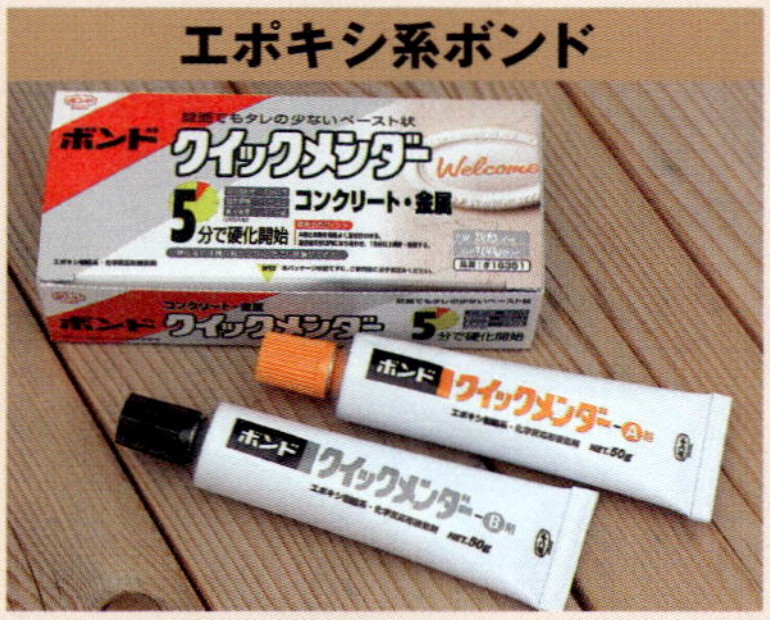

エポキシ樹脂を主成分としたボンドで、接着用のA剤と硬化用のB剤を混ぜ合わせて使用。使用目的によってさまざまなタイプがある

木工専用ボンドの使い方例

【木工専用ボンドを使う】

木工の接合作業にボンドは必需品。クギ打ちやネジしめだけでは不十分で、ボンドを使えば接着面積が広まり、強固な接合が可能だ。ここでは、家具製作の例から、木ダボを使って部材を接合し、木工専用ボンドで接着を強固にする手順を取り上げた。

①ダボ穴を空ける

ドライバードリルを使って、接合する部材に木ダボの穴を空ける

②ダボ穴にボンドを注入

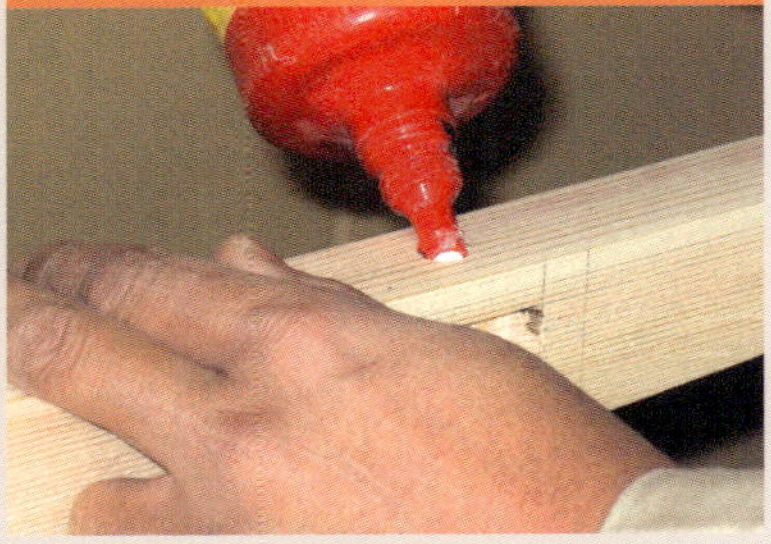

空いたダボ穴に木工専用ボンドを入れる。入れ過ぎないよう注意

③木ダボを差し込む

接合の柱となる木ダボを差す。木ヅチで軽く叩いて差し込む

④接合面に木工専用ボンドを塗る

写真例は家具の天板をつける工程。すべてのダボ穴に木ダボを入れ終えたら、接合面全体に適量はみ出ないようボンドをつけ、ヘラでのばして平らにしておく

⑤部材を張り合わせる

接合部材の天板をのせ、木ダボが天板のダボ穴に合うことを確認したら押し込んで固定

⑥固定

クランプでしっかり固定して24時間（気温20度が目安）は置き、接着剤を硬化させる

ボンドを塗るときの注意

接着剤を塗るときは、塗りすぎないように注意。接着剤が部材の面についたまま放っておくと硬化し、塗装時に塗料がのらず失敗となる。はみ出した接着剤はていねいに取っておこう。木工ボンドは水拭きで取れる。

はみ出した接着剤は、ウエス（布）を使ってきれいに取り除いておく

木口を化粧する

【木口を化粧する】

突板（単板・→P18）を数枚はいで、張り合わせたのが天然木化粧合板。ムク材の風合いを残し、家具などに使われることが多いものの、木口を見ればすぐに合板とわかる。この気になる木口も、突板の木口テープを使えば簡単に隠す（化粧）ことができる。そこでランバーコア合板を使った、木口の化粧に挑戦してみよう。

①接着剤を準備

接着剤をチューブから出し、よくブラシになじませて適量含ませる

②合板に接着剤を塗る

合板の木端側（長い側面）に均等の厚さで塗る。塗り残し、はみ出しがないよう注意

③突板に接着剤を塗る

下敷きをしき、テープ状の突板の両端をテープなどで押さえ、②と同じように接着剤を塗る

④乾き具合を見る

5〜10分（気温20度が目安）ほど置いて、指にベタつかなくなるほど乾かす

⑤突板を接着する

接着面が乾いたら、張り合わせる。片面の角を基準に曲がらないよう張り合わせるのがコツ

⑥端をカットする

木口側（短い側面）に出っ張った突板を木口をガイドにカッターで切り取る

⑦ローラーで圧着する

ローラーを強く当てて突板を圧着。ローラーは重いので、端で落とさないよう注意

⑧余分をカットする1

サンドペーパー（ペーパーブロック）を角に当て、突板の厚みを薄くしていく

用意する材料と工具

●材料

シナ合板（ランバーコア合板を使用）とシナの突板（テープ状の市販品）

●工具

加工に必要な工具。サンドペーパーはペーパーブロックにして準備する

●接着剤

接着剤には乾燥が速い有機溶剤のボンドを用意

⑪完成

木口化粧の完了。合板の木口が見えなくなるため、ムク材のような風合いとなる。面と木端、木口にわたって自然に見えるように、突板の木口テープは同種の木材のものを選んで化粧する

⑨余分をカットする2

ペーパーがけでカットできたら、静かに余分な突板を外していく

⑩木口側の処理と仕上げ

同じように木口側にも突板を張り、ペーパーで仕上げる。削り過ぎに注意

グルーガンで流木を接着する

【グルーガンで接着する】

変則的な凹凸の多い部材を接着するにはグルーガンが便利。グルーガンは棒状の樹脂を熱で溶かし、樹脂の接着力で部材を接合する工具。部材が不安定な形をしていても、団子状にした樹脂が弾力で部材をとらえ、冷えて固着するため、流木などを銘板に張りつけるような加工に使える。

①接着具合を見る

下板に流木をのせて飾り具合をつかみ、接着する部分を見つけておく

②接着部分に樹脂をのせる

溶かした樹脂をハンドルを握って押し出し、接着部分に団子状にしてのせる

③固定

樹脂が冷えないうちに、流木を上から強く押して硬化させる。しばらく置くと硬化する

④完成

樹脂が冷えれば固着するため、作業が速い。引っ張っても外れないほどの接着力だ

棒状の樹脂を溶かし、それを接着剤として使うグルーガン

鏡を張る

【鏡を張る】

鏡台など鏡を板やフレームに張る場合、弾性接着剤を使うと鏡面をしっかりととらえ、固定できる。張り方のコツは両面テープとの併用。全面に接着剤を塗らなくても、両面テープである程度固定し、残ったすき間を接着剤を使って確実に固着させるというしくみだ。鏡はホームセンターの洗面所関連コーナーで、替え鏡として売っている。

①両面テープを張る

鏡を裏返して、四隅と中央に両面テープを張っておく

②接着剤をのせる

両面テープを張ったすき間に、接着剤をバランスよく団子状にのせる

③鏡をはめ込む

スペーサーをかませてから鏡を静かにはめ込み、ゆっくりとスペーサーを抜く

④固定

鏡がバランスよく入ったら、手のひら全体で適度に圧着して固定する

⑤完成

愛着もわく、手づくりのフレームを使って完成させたミラー。弾性接着剤を使えば木とモルタル、木とプラスティック、木と陶器なども接着することができる

用意する材料と工具

●材料

鏡とフレーム。フレームの内側は鏡のサイズより上下左右1mm大きめにする

●工具

スペーサー。鏡をフレームにはめ込むとき、スペーサーを使うと楽に入る

●接着剤

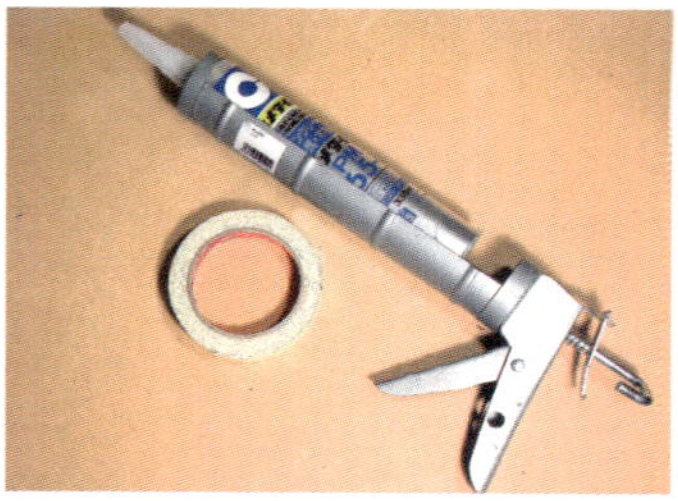

タイルなどの接着に使える弾性接着剤とクッションつきの両面テープ

9 塗装する

木工の工程で最も楽しい時間といえば塗装。四苦八苦して組み立てた家具に色を塗る、それも好みの色を塗れるのだから、力も入ろうというものだ。塗装は塗る素材をどう見せるかで大きく変わる。木目を生かしたければ、透明塗料のニスを使えばよいし、真っ白や水色にして明るくしたければペンキを使う。また、屋外で使用する場合も塗料が異なる。適材適所で塗料を使い分けたい。

9 塗装する

塗装用具と塗料

- 塗装目的による使い分け
- 木目を生かすニス
- 扱いやすい水性塗料

目的によって使い分ける木工塗料

木工作業の最終工程が塗装。ひと口に木工の塗装といっても、木目を生かすか隠すか、ツヤを出すか出さないか、屋内で使うか屋外で使うか…など、塗装の目的によって使用する塗料が違ってくる。

木部を保護するという面では、塗料を使って塗膜をつくる必要があり、木目を生かすニスは透明塗料で、ペンキは木目を覆って色を楽しむ不透明塗料といえる。

また同じ塗料でも水性、油性があり、水性は溶剤が水で、油性の場合はペイント薄め液(ラッカーはラッカー薄め液)が溶剤となり、薄めるだけでなく、ハケ洗いなども同じ溶剤を使う。日曜大工では水性塗料が扱いやすい。

塗装用具と塗料

木工に使われる塗料には染色が目的のステイン、木目を生かして塗膜で塗装面を保護するニス、木目を覆って塗装面を保護する色の鮮やかなペンキ、塗膜はつくらずに木の質感を最大限生かすオイル(ワックス)などがある。薄め液も水性は水でよいが、油性は成分の違いにより、それぞれの成分に合った溶剤を使うことになる。塗装用具のハケも油性はコシの強い油性塗料専用のハケが用意されている。マスキングテープは塗らない部分を保護するために必要だ

塗装用具

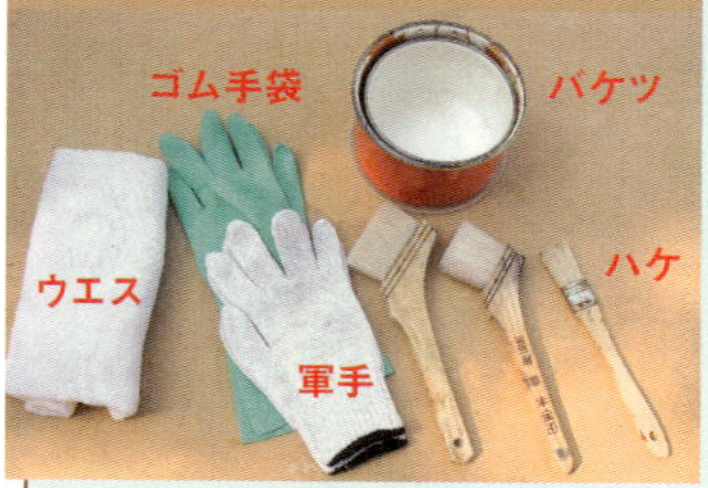

ステインを使う場合、ウエス(布)や軍手もハケ代わりになる

マスキングテープ

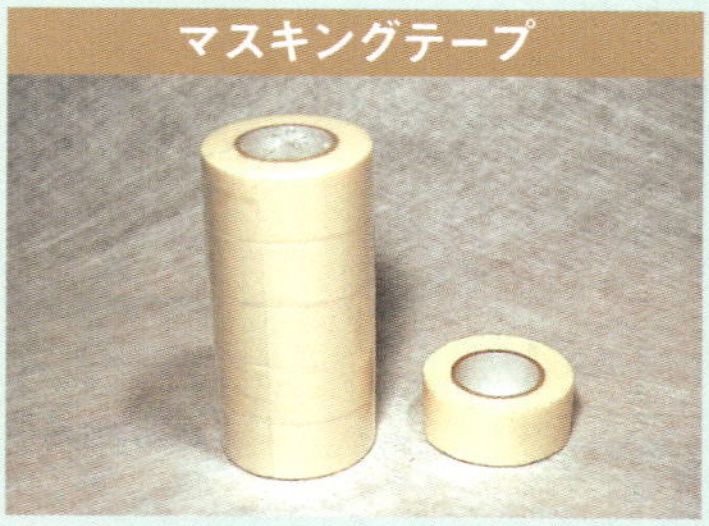

塗装しない部分には、マスキングテープを張っておく

木工塗料の種類

オイル

ステイン同様に塗膜をつくらず、木部に浸透して着色する塗料の一つ。水の浸透には弱いが、木が呼吸できるので、肌ざわりなど木の風合いを生かした塗装が楽しめる

ペンキ

材の木目を覆って塗膜をつくる塗料。木目は生かせないが、カラフルな色合いが楽しめ、塗膜が強いために風雨にさらされる屋外にも使える。水性が扱いやすく、油性に劣らない耐久性がある

ワックス

オイルと同じ効果が期待できる塗料。蜜蝋（みつろう）などを混ぜたもので、車のワックスがけ同様に塗装が楽しめる。磨くほどに輝きが増すのも大きな特徴だ

ニス

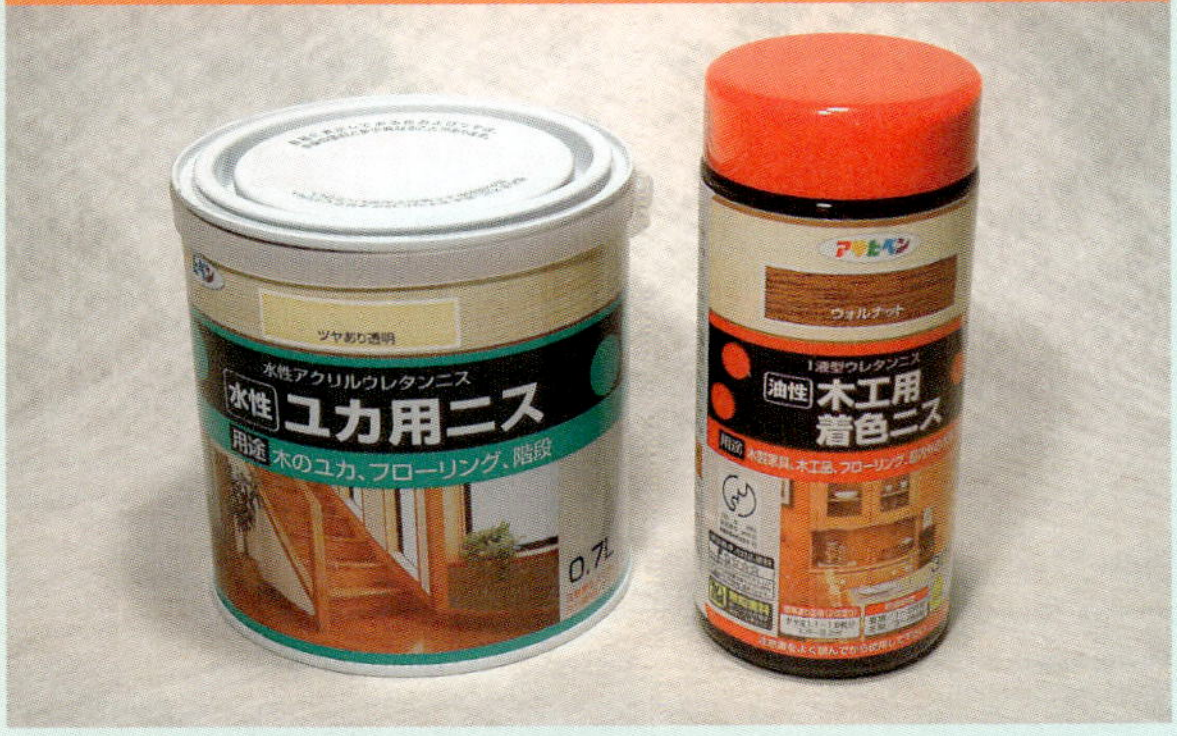

木目が生かせる透明塗料で、クリヤ仕上げもしくはステインで染色した仕上げに使われるが、着色剤が入ったニスも売られている。テーブルの天板などには塗膜が強いウレタンニスがよく使われる

自然塗料

自然素材からつくったのが自然塗料。写真はカキの渋を原料とした柿渋。化学汚染の心配がなく、人にやさしい

薄め液

水性塗料は水で薄め、油性のペンキやニスはペイント薄め液、ラッカーはラッカー薄め液を使うのが基本

ステイン

本来は木材の染料として使われる塗料で、塗膜はつくらないのでニスと併用する。水性と油性があり、油性のオイルステインを塗装して、その風合いを生かすのがオイルフィニッシュだ

ペンキを塗る

【ペンキを塗る】

ペンキは強い塗膜をつくるため、屋内外で使える塗料だ。水性と油性があり、水性は水、油性はペイント薄め液を使って濃度調整やハケの清掃に使用。塗装にはコシの強い油性用ハケやローラーを使うが、スプレー缶もある。標準塗り面積や乾燥時間は製品によっても異なるので、缶にある説明書きを参考にして塗ろう。

屋外の壁を塗装した例

●ペンキの塗装面

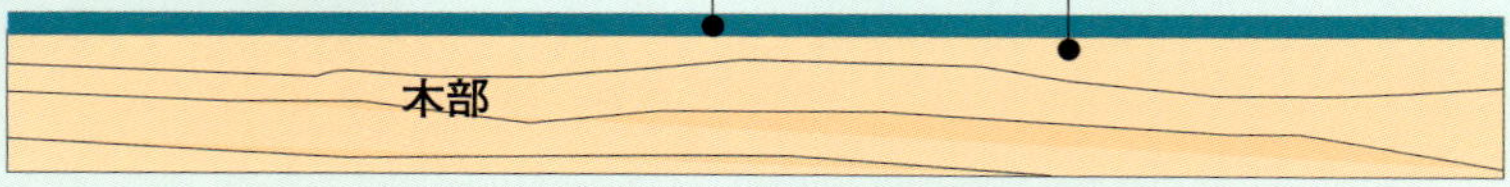

＊木部には多少しみ込むが、数回重ね塗りすることで塗膜をつくる

ニスを塗る

【ニスを塗る】

ニスは塗装しても木目が見える透明塗料。木材のツヤ出し、ツヤ消し双方のニスがあり、水性、油性ニスが用意されている。油性の場合はペイント薄め液で濃度調整し、ハケで塗る。着色ニスもあるが、ステインで着色してから、仕上げのニスを塗るのが基本。屋内使用の木工製品に向いている。

格子戸を塗装した例

●ニスの塗装面

＊木部には多少しみ込むが、数回重ね塗りすることで塗膜をつくる

ステインを塗る

キャビネットの着色例

【ステインを塗る】

ステインは木部の着色に使う塗料で、水性と油性があり、ともに家具や床など屋内使用する木工品に使う。ふつうニスと併用し、着色後、十分に乾燥した塗装面にニスを数回に分けて重ね塗りし、仕上げる。中には耐水、耐湿、防虫、防カビ性能が高く、屋外使用に耐えられるオイルステインもあり、木の質感を大事にするデッキなどの塗装に使われている。塗装はハケとウエスを併用する。

●ステインとニスを併用する塗装工程

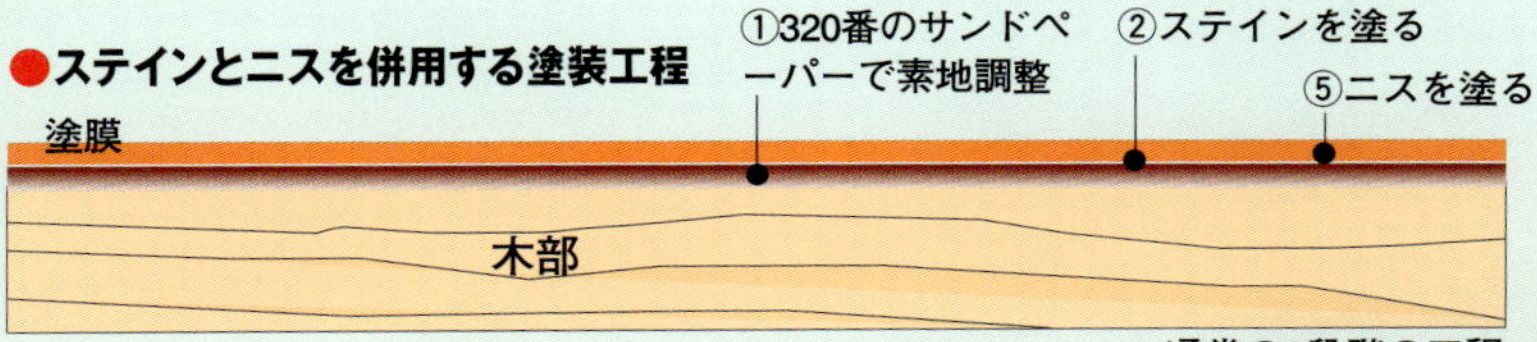

＊通常の3段階の工程

●ステインと下塗り剤、ニスを併用する塗装工程

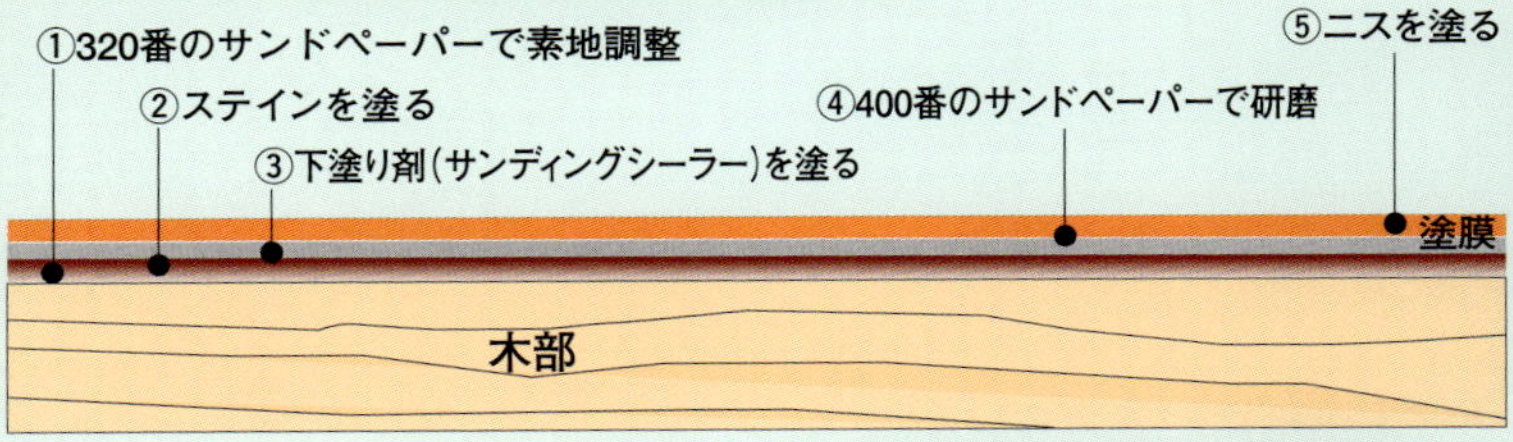

＊よりきれいに仕上がる5段階の工程

下地用のサンディングシーラーを塗る

オイル・ワックスを塗る

ガラステーブルのフレームを塗る例

【オイル・ワックスを塗る】

オイル、ワックスともに木の質感を生かすための塗料といえ、無色透明、着色（オイルステイン）両方のタイプがある。オイルだけで仕上げる塗装をオイルフィニッシュといい、ワックスとともに定期的な塗り重ねが必要となる。塗装はウエスかハケ、スポンジを使って、塗料を材の面に均一に伸ばすように塗ってゆくのがコツだ。

ハケとウエスで塗装

スポンジとウエスで塗装

●オイル・ワックスの塗装面

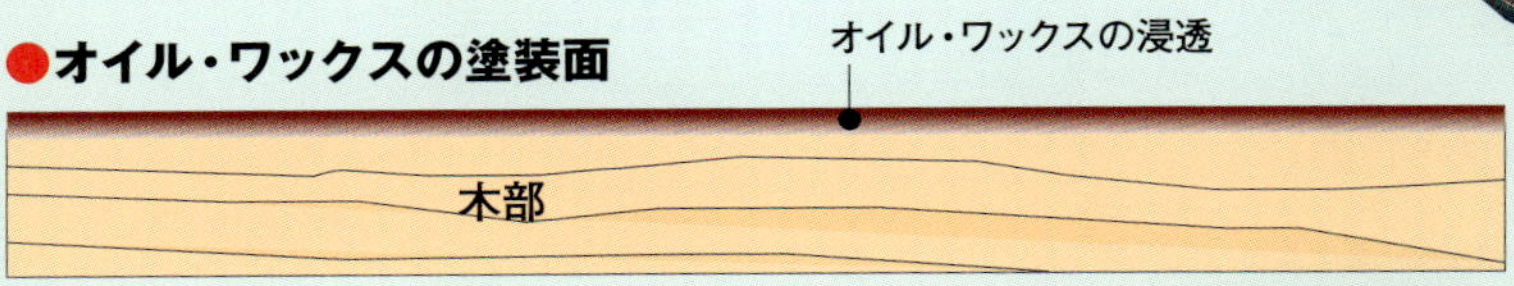

＊木部にしみ込む形

9

塗装する

家具を塗る

ニス塗りは5段階のステップで

塗料がよくのるよう素地調整

色ムラのない着色

塗装しやすくする素地調整が大切

趣味の木工は生活雑器や家具づくりが多く、塗装もこうした箱型のものや複雑な形が相手では、色ムラやゴミの付着が目立ち、細心の注意が必要となる。

一般的なニスを使った家具塗装では、素地調整に気を使いたい。塗装前の完成品は素地調整用３２０番のサンドペーパーでよく磨き、ゴミや接着剤の跡をていねいに除去しておくことが大切。これは塗料をのりやすくするためで、実際の塗装となる下塗り、仕上げ塗りの工程においても同様だ。

ここでは、素地調整から仕上げ塗りに至る塗装の5段階のステップを通して、家具塗装の実際を紹介する。

家具を塗る

(上)はニスを使った塗装工程の、第2ステップとなるオイルステインを使った着色。ハケを使ってムラがないよう、全体をまんべんなく均等に塗るのがコツ。塗る部分に合わせて、大きなハケ、小さなハケ、筆などを使い分ける。(左)は塗りたくない場所にテープを張るマスキング

サンディング

よく乾燥したら400番のサンドペーパーで磨いて下地処理

下塗り

着色して乾燥させた上にサンディングシーラーを塗り、下塗りとする

ステインとニスで家具を塗る

作業手順

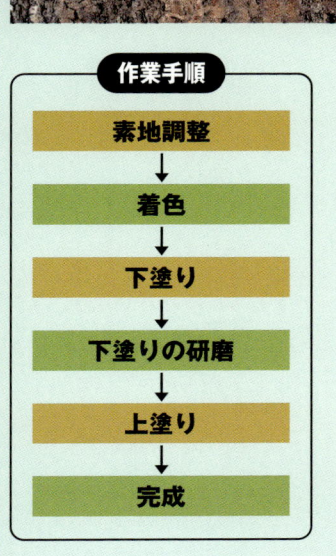

素地調整
↓
着色
↓
下塗り
↓
下塗りの研磨
↓
上塗り
↓
完成

【ニスを使った家具塗装】

テーブルなどの天板は着色にステイン、上塗りに耐水性、耐摩耗性があるニスを使って塗膜をつくってやる。ここでは着色剤にステイン、下塗りにサンディングシーラー、上塗りに強固な塗膜をつくるウレタンニスを使用と、3回の塗装を施した。ニスは透明塗料なので木目を生かせるが、家具の風合いは色で大きく変わる。2色以上のステインを調合するなど、絵の具を使う要領で、家具の趣を演出したい。

用意する用具

①素地調整

面の凸凹はカンナで面取りし、全体を320番のサンドペーパーで磨いて素地調整。ゴミや接着剤の跡はきれいに除去しておこう

②着色の準備

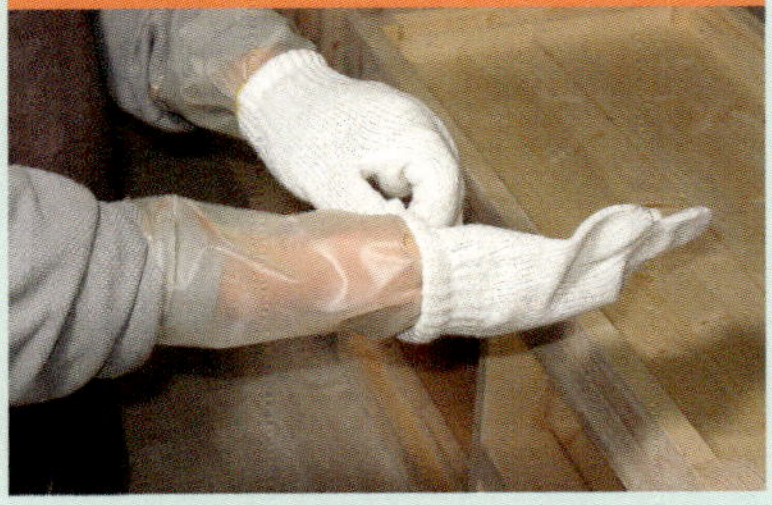

ゴム手袋の上に軍手をはめ、着色の準備。軍手は細部までステインをまんべんなく塗れ、ウエスと同じ役割をする

③着色剤をとる

ステインの入っている容器をよく振って中身を混ぜ、バケツに適量注ぐ。ハケに多めにとったら軍手とウエスにも含ませる

④塗りはじめ

最初は底板からハケ塗りし、全体に行き渡るようハケで塗り広げる。1〜2分おいてウエスで拭き取るようにして色合いを調節する

⑤内側を塗る

底板の塗装が終わったら、次に内部の塗装。ハケの入りにくい隅は筆で塗装し、軍手で伸ばして拭き取るようにする

⑥着色の完了

全体がムラなく塗れたか確認し、色ムラがある場合はウエスで均一になるよう伸ばしておく。色を濃くしたい場合は2度塗りする

着色するときの注意点

最も大切なのは着色前に同じ部材の切れ端を使って、必ず試し塗りを行なうこと。試し塗りで、着色濃度や色のしみ込み方などが確かめられる。また、脚や底側を乾かしたり、汚さないために、同じ厚さの切れ端をスペーサーにしくとよい。

着色前には必ず試し塗りをしよう

木の切れ端を使って台にする

⑨上塗り

透明な水性ウレタンニスを上塗り。粘度が高いときは水で薄め濃度調整する。初めは白濁しているが、乾燥すると透明に変わる

⑦下塗り

着色したら1時間ほど乾かし、サンディングシーラーをハケ塗りする。サンディングシーラーは、水分が浸透しやすい材の表面にある細かな穴を埋め（目止め）、上塗りがよくのって強固な塗膜をつくる役目がある

⑧下塗りの研磨

下塗りのサンディングシーラーが十分に乾いたら、粒度が細かい400番のサンドペーパーを使って塗装面を研磨する。これで下塗りが完了。左は研磨した下塗り面

⑩完成

上塗りを終えたらひと晩はおいてよく乾かせば完成。写真はしっとりした風合いを出すため、ツヤ消しのニスを使用した例

との粉を利用する

との粉はサンディングシーラーと同じ目止めの効果があり、下地材としてステインの色に合ったとの粉を水に溶いて塗ったり、ステインに混ぜて使うことができる。

屋外に使えるステイン

同じステインでも、油性のオイルステインはニスを使わず、塗るだけで独特の仕上げ効果を得ることができる。これがオイルフィニッシュだ。しかし、オイルステインもニスも、厳しい自然環境の屋外使用は得意ではない。そこで防湿性、防虫性、防カビ性をもった溶剤を混ぜることで、屋外使用に耐えられるようにしたステインが屋外用オイルステイン。木目を生かすデッキの塗装などに使われる。

防湿性、防腐性、防虫性、防カビ性を併せもつ屋外用オイルステイン

木目を楽しむデッキの塗装は屋外用オイルステインで対処する

水で溶いて使用するときは、ハケ塗りですり込み、乾かしてから拭き取る

実践・家具製作

10

おぼつかないながらも木材の切断の仕方は覚えた、ホゾ組みも何とかなる…となれば、自分ならではの家具づくりに挑戦したい。洋風の落ち着いた家具もいい。しっとりした質感が、和みを演出してくれる和家具もいいだろう。目立たず、かといって主張しないわけでもない身近な存在。ここでは、習得した技術を生かせる家具づくりを通し、木工の全体像をつかもう。

和室に溶け込む和のキャビネット

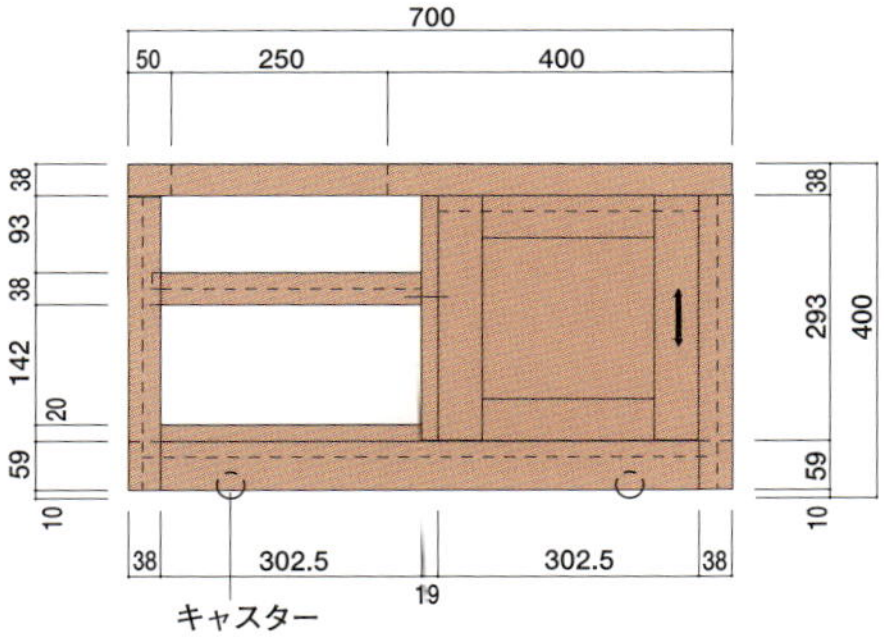

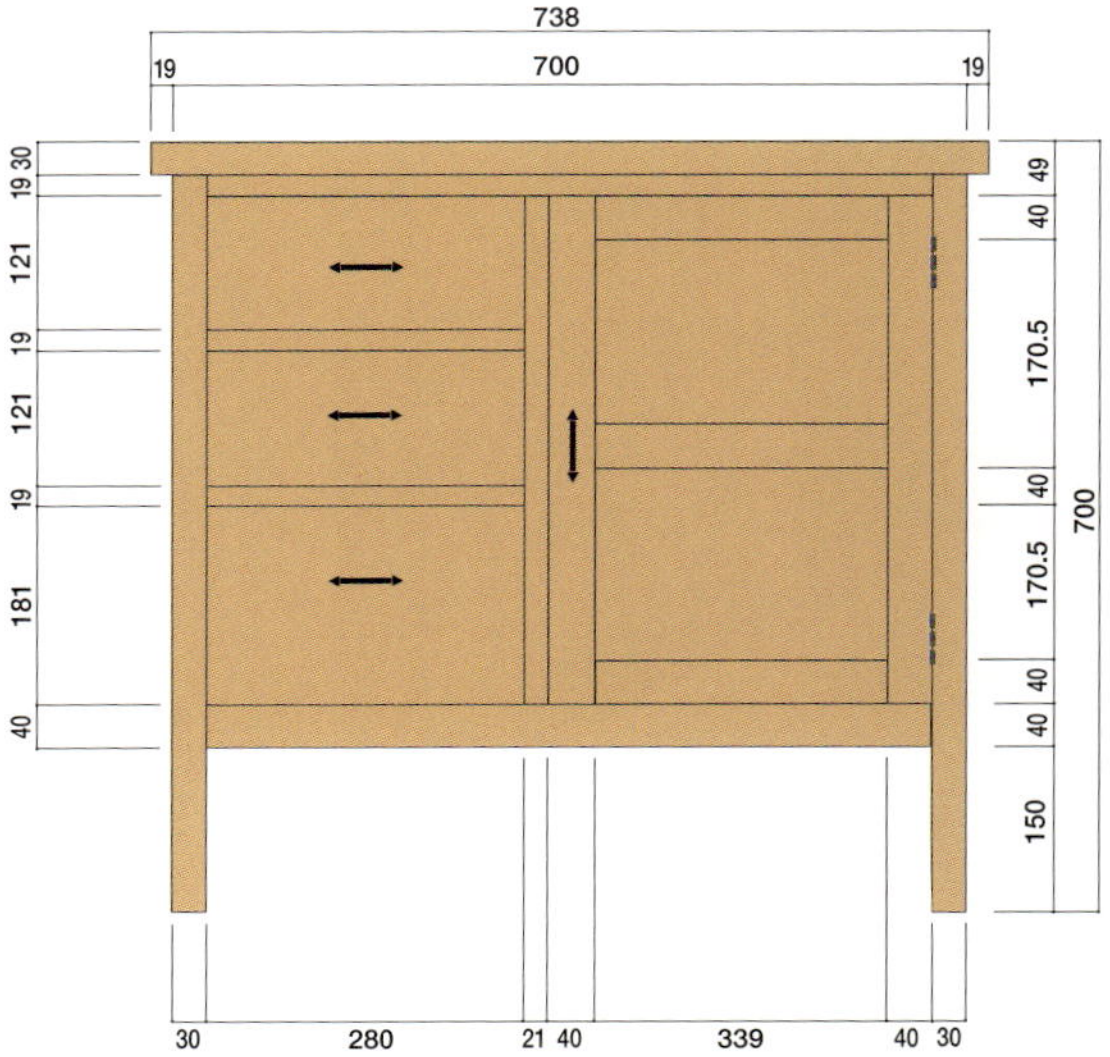

クラシックなカントリー風キャビネット

10

実践・家具製作

家具をつくる

アイデアを生かした粋な家具づくり

趣味の木工で一番の楽しみといえば、やはり家具やデッキなどの創作だろう。生活に必要なものばかりでなく、斬新なアイデアやデザイン次第で、プロ顔負けのオリジナリティあふれる作品が生まれることも。和風でも洋風でも、できれば日々の暮らしに潤いを与えてくれる、粋な生活用具をつくりたい。ここではカントリーライフをほうふつとさせるキャビネットと、お茶の間で使える和のキャビネットづくりに挑戦した。

デッキ

基礎づくりからはじまる工程の多いデッキづくり。ひとりでも数日でつくれる

縁台

夏の風物詩、縁台で夕涼みとしゃれこもうと庭に置いた作品。部材は2×4材のみ使用

フォトフレーム

留め継ぎ（→P129）でつくったフォトフレーム

テーブル

余ったガラスを生かそうと製作したガラステーブル。塗装はワックスで仕上げた

囲炉裏

炭焼き料理を楽しもうとつくった囲炉裏

家具製作の工程

【製作の流れ】

土木作業も加わるデッキづくりと違って、家具製作は繊細で、アイデアをいかに具体化させるかが重要。そのためには家具店に通ったり、工房を見学して学習を重ねるなど、アイデア・立案に時間をかけたい。次に部材や金具がすべてホームセンターでそろうか調査。準備が整えば、後は実際の加工が待ち受けている。第9章までのテクニック編を参考に、家具づくりに挑戦しよう。

主要な製作工程

アイデア・立案
↓
設計
↓
木材購入
↓
部材の加工
↓
組み立て
↓
塗装
↓
完成

設計図を描く

【家具の設計】

設計図を頼りに加工する…というのは家具づくりに限らず、木工の基本。ただ、慣れてくるとラフスケッチにサイズを書き込んだものでも、十分目安となる。きちんと設計したいなら、掲載図のようにパソコンソフトを利用するのが楽だ。立体的に見るために、正面図、平面図、側面図の3点は用意。内部の造作は鎖線で表しておけば、わかりやすい。それでも不安な人は、洋裁で使うような型紙を実寸でつくり、実際の部材に当てて加工すれば、墨つけも間違えずに失敗はなくなる。

下の設計図をもとに製作した囲炉裏。移動が楽なキャスターつきだ

●詳細なサイズと内部の造作を描いた設計図

【平面図】

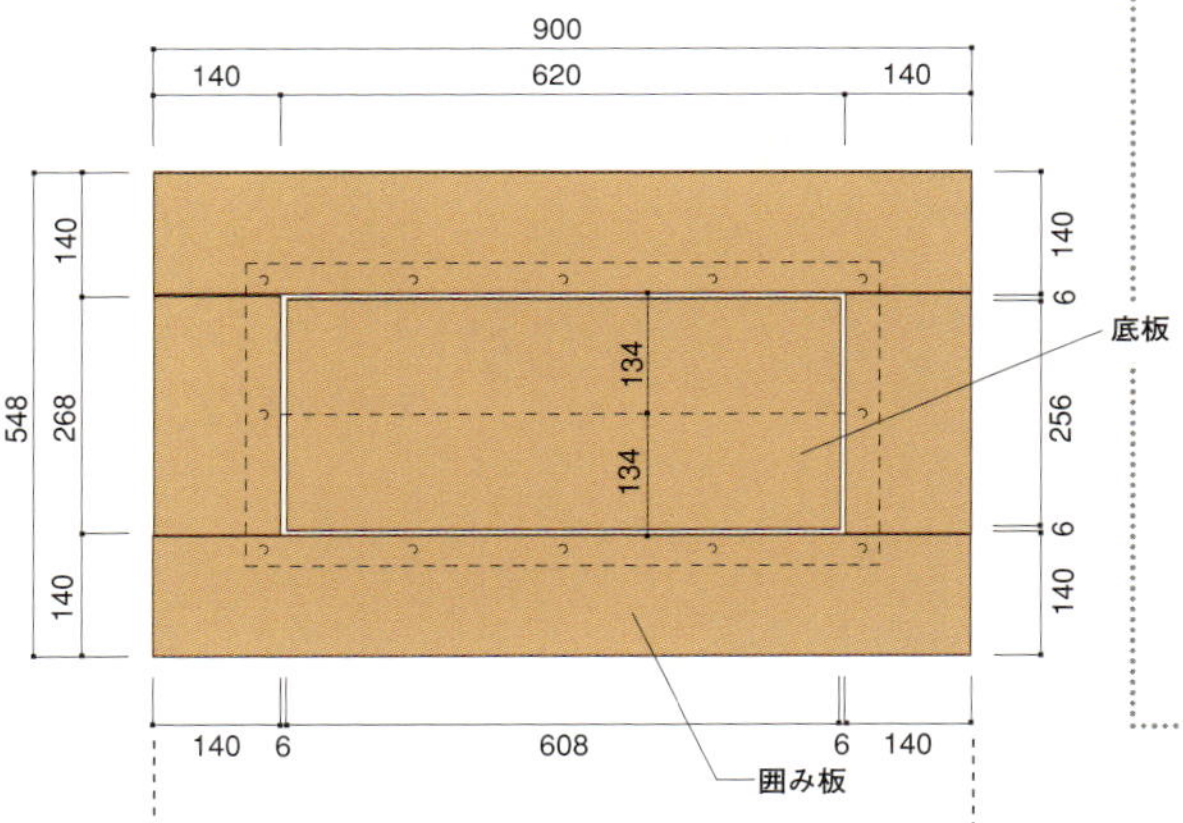

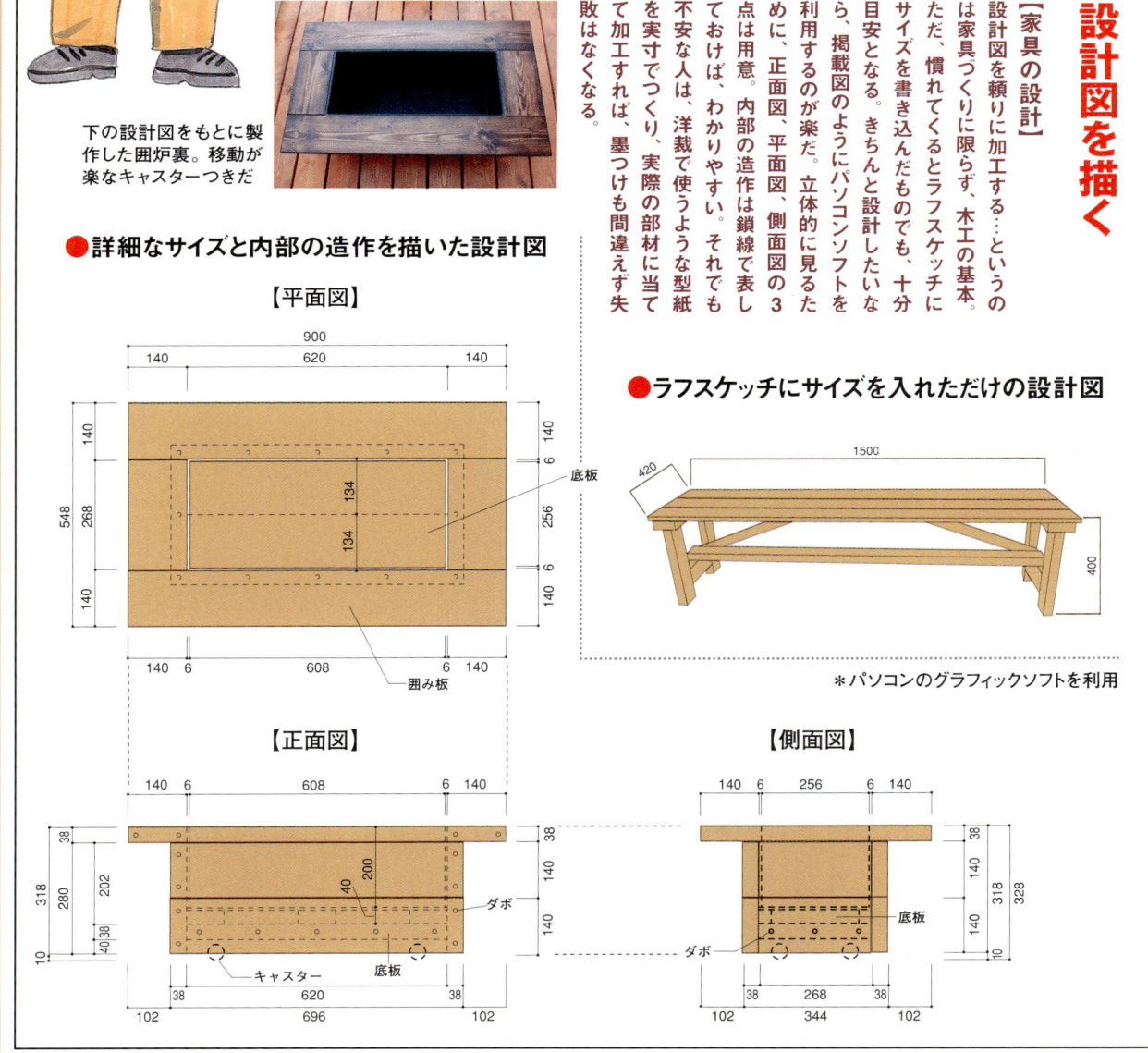

【正面図】

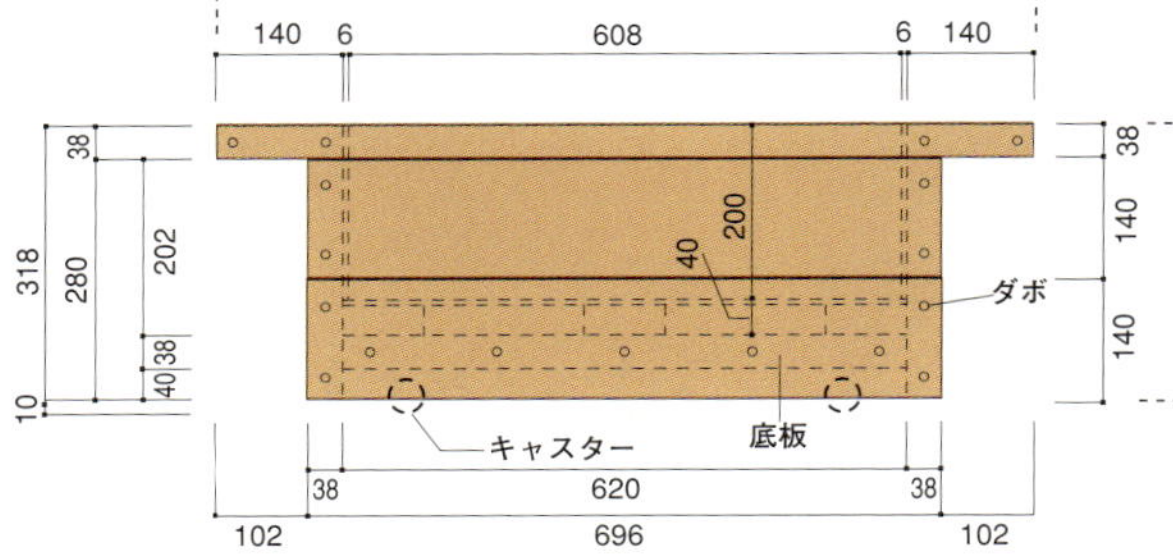

【側面図】

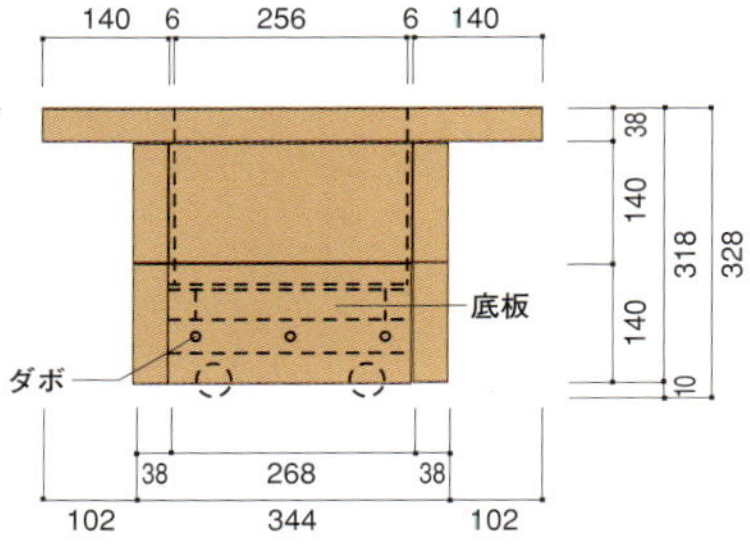

●ラフスケッチにサイズを入れただけの設計図

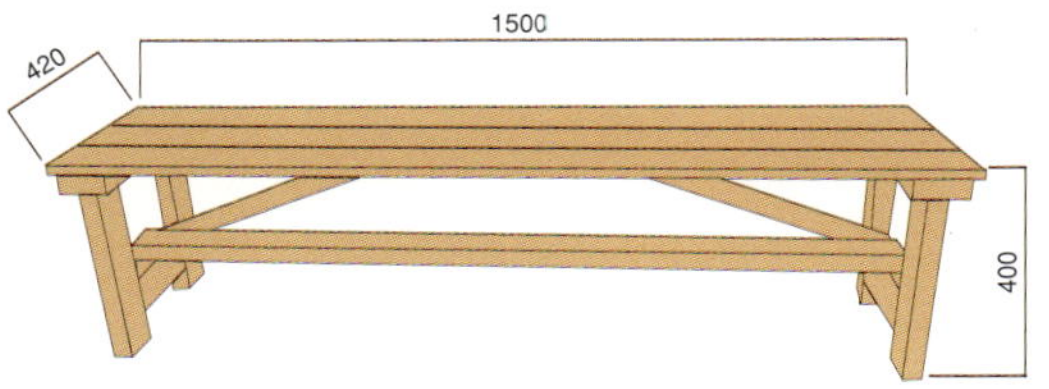

＊パソコンのグラフィックソフトを利用

キャビネットをつくる

食器をしまったり、小物や書類入れにも使えるキャビネット。天板に花でも飾れば部屋のおしゃれなアクセントになるが、気に入ったものを見つけるとなるとなかなか難しい。そこで手づくりしようと計画。ただ、規格材の2×4材は同じサイズで似た仕上がりのものが多いので、あまり使いたくない。ここではカントリー風な感覚を大切にし、小物が置ける手ごろな高さ、そして何よりもスギやアカマツなど、日本の針葉樹の木目の温もりが生きるキャビネットを考えた。

キャビネットの構造

引手

扉や引き出しの引手は、クラッシックでノーマルな金物を使い、アクセントをつける

側板・扉

穏やかな木目を生かしたく、側板や扉など目立つ部分には針葉樹の板を使用した

Part 1 設計図を描く

設計図を描く→P145

まずラフスケッチを起こし、イメージづくりをはじめる。どこに置くかがわかれば、おのずとサイズは決まってくるので、後はデザイン。また部材や引手、丁番の種類などを考える。そこではじめてサイズを入れた設計図を描いてみる。設計図ができれば部材を調達し、実際の家具づくりだ。

【平面図】

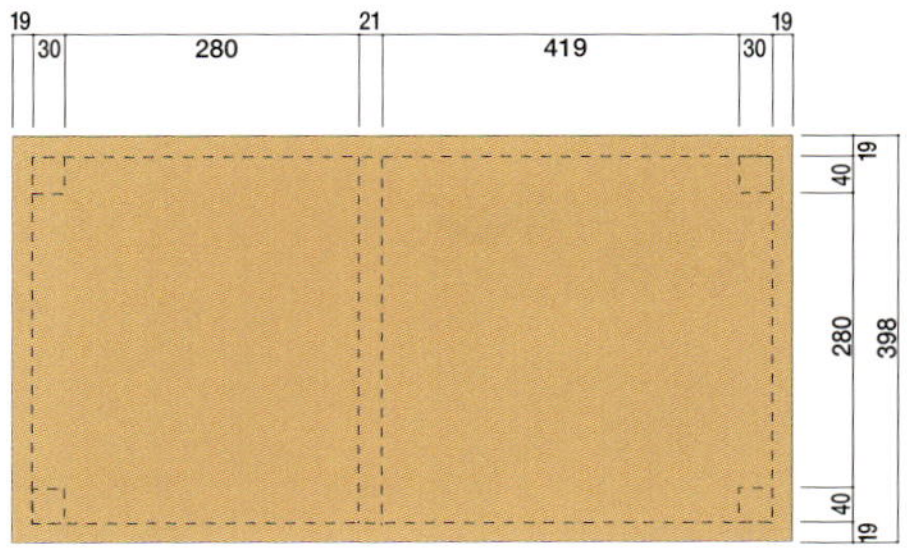

【正面図】

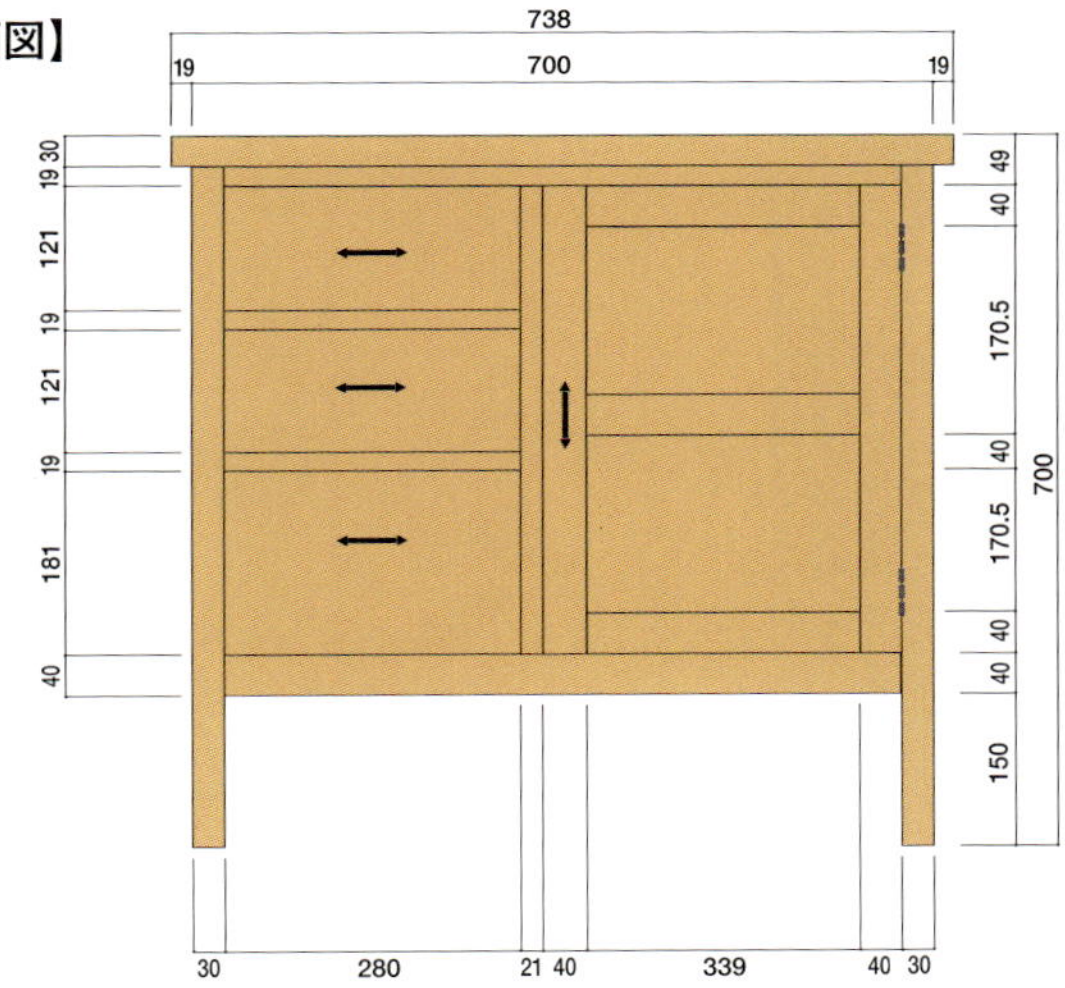

【側面図】

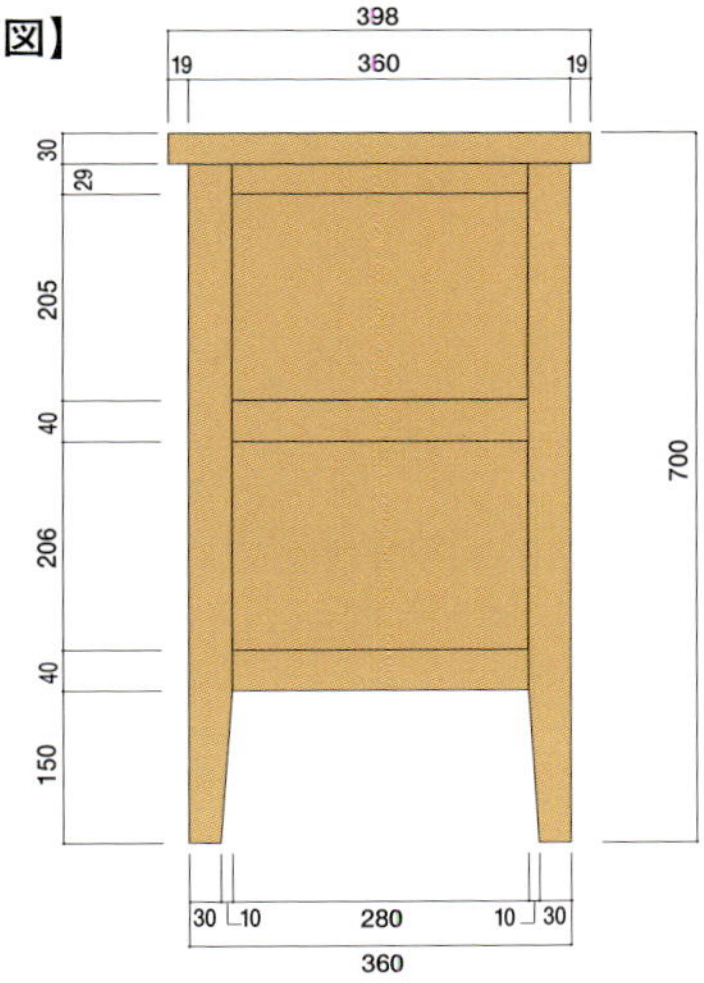

作業工程をつかむ

実際の作業工程には、表にまとめたような5つの主な工程があり、段取りよく進めたい。特に組み立てる前の部材の切断、ホゾ組みなどの加工は、さまざまな知識と技術も必要だ。紹介するキャビネットづくりで登場する実際の加工法は、第9章までに紹介したテクニックを参考にしてほしい。

主な作業工程

材の準備
↓
加工
↓
組み立て
↓
塗装
↓
完成

組み立て。ネジしめや部材を固定する知識と技術が必要となる

まずは部材の準備と墨つけから。使う木材は吟味しよう

塗装までくれば完成までわずか。お気に入りの色が塗れる楽しい時間

加工。組み立てて美しい仕上がりとなるホゾ穴を空けているところ

Part 2 部材を準備する

墨つけ→P36　ノコギリを使う→P50　丸ノコを使う→P58

購入した木材は必要な長さにカットし、部材用に加工するため、ジョイント部の溝やホゾ組みなどの目印となる墨つけをしてそろえる。扉なら扉の形に一度組み合わせてみれば間違いがない。

部材を切断、墨つけをする

必要な長さに木材を切断したら次は墨つけ。キャビネットの脚となる部材に横枠を組むホゾ穴の線を引いているところ。斜めにカットする前処理なども同時に行なう（右）

扉の部材準備。切断したら一度扉の形に組んでみると間違いがない

底板の準備。底板となる3枚の板材をはいでつくる

用意する工具

Part 3 加工する

ドライバードリルを使う→P76　ノミを使う→P84
トリマーを使う→P86　丸ノコを使う→P94

墨つけした部材を墨線通りに細かくカットしたり、溝をほったり、穴を空けるなどの加工は、家具を組み立てるための基本となる工程。正確にできるよう、加工法を再確認しよう。

パーツを加工する

パーツとなる脚、側板、天板、底板、引き出し、扉、それらをつなぐフレーム材などに、溝やホゾ組みの加工を施す。右はトリマーでほった側板にとりつける羽目板用の溝

溝ほりではトリマーが活躍。パーツは加工後サンドペーパーで仕上げる

天板は雇いざね（→P118）でつないで1枚の板に

用意する工具

Part 4 組み立てる

面取りをする→P101　サンダーを使う→P103　カナヅチを使う→P106　ドライバーを使う→109
ドライバードリルを使う→111　丁番でつなぐ→122　接着剤を使う→P130

【部材の組み立て】

加工が終われば、いよいよ組み立てに入る。扉なら扉を構成している部材の組み立てを終え、次にできた扉や引き出しなど大きなパーツの組み立てで完成する。部材の仕上げとなる面取りやサンディングに加え、固定・圧着とネジしめのテクニックが必要となる。

用意する工具

①側板の組み立て

側板のフレームを組み立て、接着剤と羽目板を差し込んで側板の完成。反対側も同様

②本体フレームを組む

上は引き出しを固定する桟（さん）を組んでいるところ。下は組み終えたフレームに合板の背板をはめ、反対側の側板を取りつけているところ。フレームも側板と同様、接着剤とネジしめで接合する

③本体フレームの完成

やっとキャビネットの概観が姿を現わす。これに引き出し、扉などのパーツを組む

④扉の組み立て

扉のフレームを組み、両側が凹凸になっている羽目板を組み合わせて接合する

⑤引き出しの組み立て

部材は滑りのよいファルカタ材を使用。組み立てはクランプを使い、ネジで接合する

⑥天板の組み立て

3枚の板をはいだ天板はクランプで1晩圧着させる。クランプの使い方を工夫しよう

⑦本体の組み立て完了

天板と扉をつければ、本体の組み立てはほぼ完了。扉は角丁番で本体に取りつけた

⑧組み立て完了

最後にアクセントとなる枠木を、天板の周囲に張りつける。角は面取りしておく

Part 5 塗装・仕上げる

ドライバードリルを使う→P76　カンナを使う→P98　ドライバーを使う→P109
サンダーを使う→P103　家具を塗る→P140

【塗装と仕上げ】

キャビネットの組み立てが終われば、後は塗装。その前に塗料がよくのるよう、塗装面をサンディングして素地調整を行なう。塗装はステインとニスを併用し、着色→下地塗り→サンディング→上塗りの4工程で仕上げる。塗装が終われば、後は引手などの金物をつけて完成となる。

用意する工具

①素地調整

組み立て後、凹凸はカンナで修整し、塗料がよくのるよう320番のサンドペーパーを使ってサンディングし、素地調整しておく

②マスキングテープを張る

塗装したくない部分には、マスキングテープを張っておく。ていねいに張れば、仕上がりもきれいになる

③着色する

ステイン（オイルステイン）を使って着色する。塗装前に必ず同じ木材を使った試し塗りを忘れずに。薄いときは2度塗りする

④下塗りする

ステインが乾いたら、木材の微細な穴を目止めし、上塗りのニスがよくのるよう、サンディングシーラーを下塗りする

⑤上塗りする

サンディングシーラーが乾いたら、400番のサンドペーパーでサンディングし、下地調整。次にニスを上塗りして終了

⑥塗装完了

塗装終了。直接陽が当たらない風通しのよい場所で、1晩は置いて乾かす

⑦金物を取りつける

最後はキャビネットのアクセントともなる金物の取りつけ。引手は扉、引き出し双方のバランスのよい位置を決め、ドライバードリルでネジ穴を空ける。次に付属の専用ネジを使ってネジしめする。電動のドライバードリルは加減が難しいので、手動のドライバーを使おう

完成

和のキャビネットをつくる

日本の風土に溶け込み、暮らしに安らぎの空間を与えてくれる和室。この和室にしっくり来る家具、それも座して使えるキャビネットづくりを考えた。同じキャビネットでも、こちらはお茶道具一式専用のもの。ポット台を置くことも想定し、中棚を設けたが、ここに火鉢を置いてもいい。和みを演出してくれる和家具だ。

コーナー

天枠の部材が自然に見えるよう、留め継ぎで部材をつないだ

和のキャビネットの構造

扉

丁番を隠すため、スライド丁番を使用。扉は反対側にもついている

キャスター

物をのせても移動が楽なように、底板にはキャスターを取りつけた

Part 1 設計図を描く

設計図を描く→P145

【平面図】

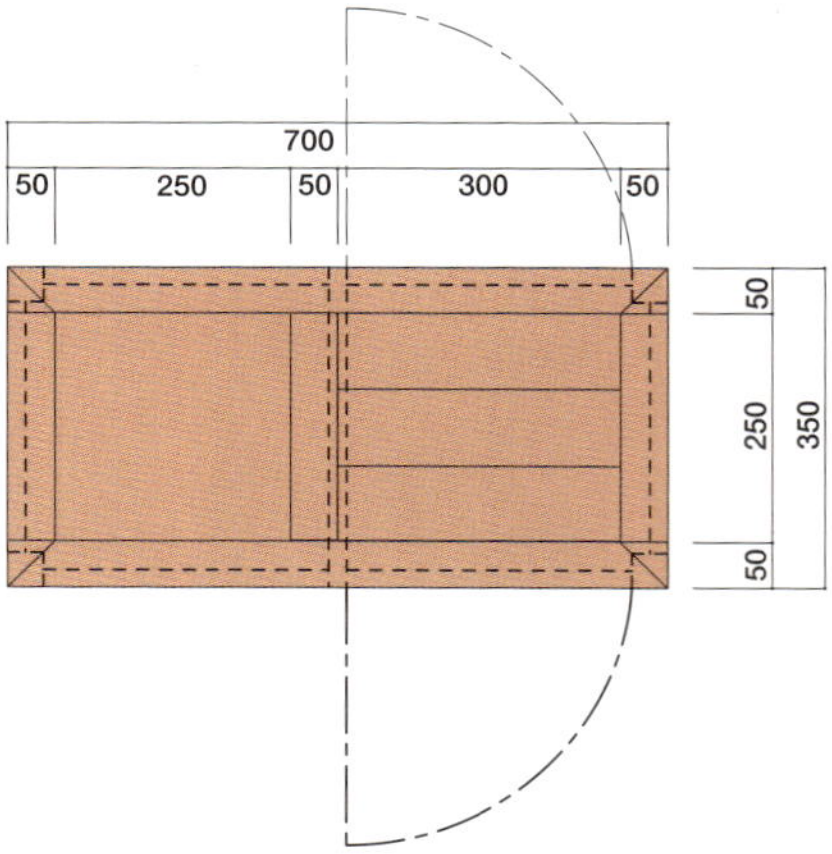

【和家具の設計】
和室に使うということで、座って茶器を出し入れすることを念頭にした。高さ、茶器が入るスペース、ポットを置く中棚を設けるなど、見栄えとともに機能性も重視。中棚スペースは火鉢も置けるように、市販の火鉢のサイズを調べ、反映させている。楽に移動できるよう、キャスターも取りつけることにした。

【正面図】

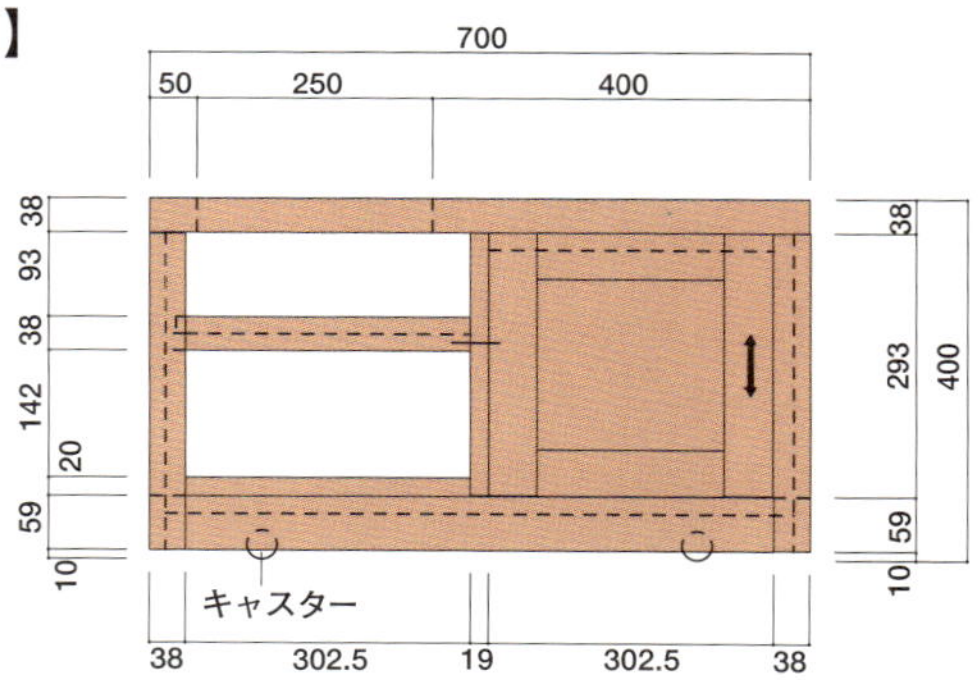

【側面図】

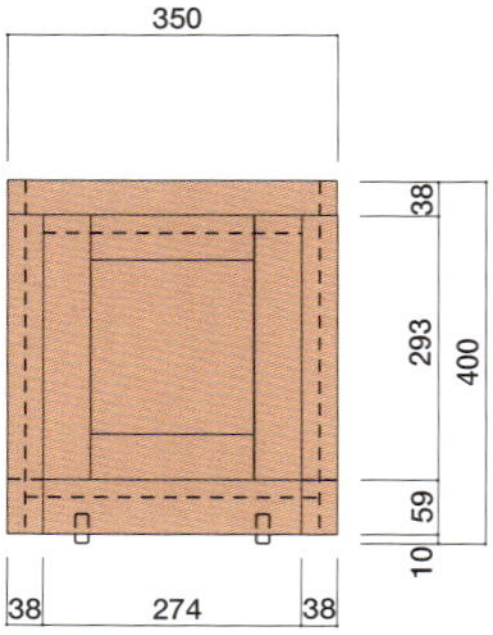

組み立て用の便利なマーカー

家具のパーツとなる天板や底板を本体フレームに組むとき、木ダボ（→P117）をジョイントに使うが、木ダボの穴の位置がずれてしまうと、組むことはできない。そこで、上下同じ位置に一度に印がつけられるマーカーがあると便利だ。市販品もあるが、画鋲同士を接着したもので代用できる。

①マーキングする

本体にマーカーを差し、天板を正確に合わせて両方にダボ穴空け用の目印をつける。目印は下穴となる

②ダボ穴を空ける

目印に正確にドリルビット（P77）を合わせ、ダボ穴を空ける。写真は天板にダボ穴を空けているところ

③木ダボを差し込む

本体側のダボ穴に接着剤を入れてから木ダボを差し込み、接着面全体に接着剤を塗布する

④組み合わせる

天板の穴にも接着剤を入れ、組み合わせる。マーカーのおかげでズレがなく、木ダボが入る

画鋲を2つ、瞬間接着剤で張り合わせてつくったダボ穴位置出し用のマーカー

Part 2 部材を準備する

墨つけ→P36　ノコギリを使う→P50　丸ノコを使う→P58

部材を切断、墨つけをする

天板など和のキャビネットのパーツとなる部材を、設計図通りに墨つけしてカット、パーツごとにまとめたもの。パーツを構成する部材には部材名を記入し、それぞれ加工用の墨線を引く(右)

底板と本体フレームの柱となる部材を組み合わせ、概観を想像する

天板も同様に組み合わせてみる。後は部材をつなぐ加工作業に入る

【部材の準備】

買ってきた木材に設計図通りに墨線を引き、カットしておくのがこの工程。ただ、基本の工程となるだけに、正確できれいにカットしてくれるホームセンターに、まとめて頼むのもよいだろう。

用意する工具

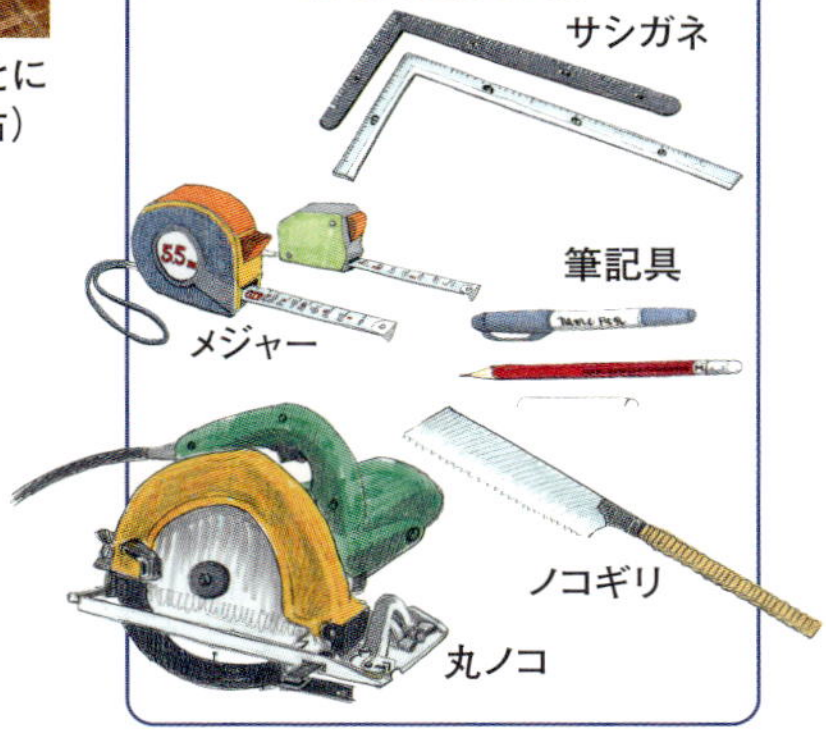

Part 3 加工する

ドライバードリルを使う→P76　ノミを使う→P84
トリマーを使う→P86　ビスケットジョイント→P116　雇いざね→P118　平ホゾ継ぎ→P126

パーツを加工する

一枚の板となる天板や底板は雇いざねではぐ(つなぐ)。右ははぎ合わせた中棚の部材。はぐ以外に1枚の合板を使用してもよいが、合板は木口が見えるので木口化粧(→P132)が必要となる

側板と扉は相欠き継ぎでフレームをつくり、溝をほって合板をはめ込んだ

平ホゾ継ぎの加工を施した、本体フレームとなる柱と枠材

【部材の加工】

中棚や両開きの扉をつけるための仕切りを設けるなど、小型家具ながら複雑なしくみ。加工もこうしたパーツを組み立てるために、平ホゾ継ぎや雇いざね継ぎ、ビスケットジョイントなどを多用した。

用意する工具

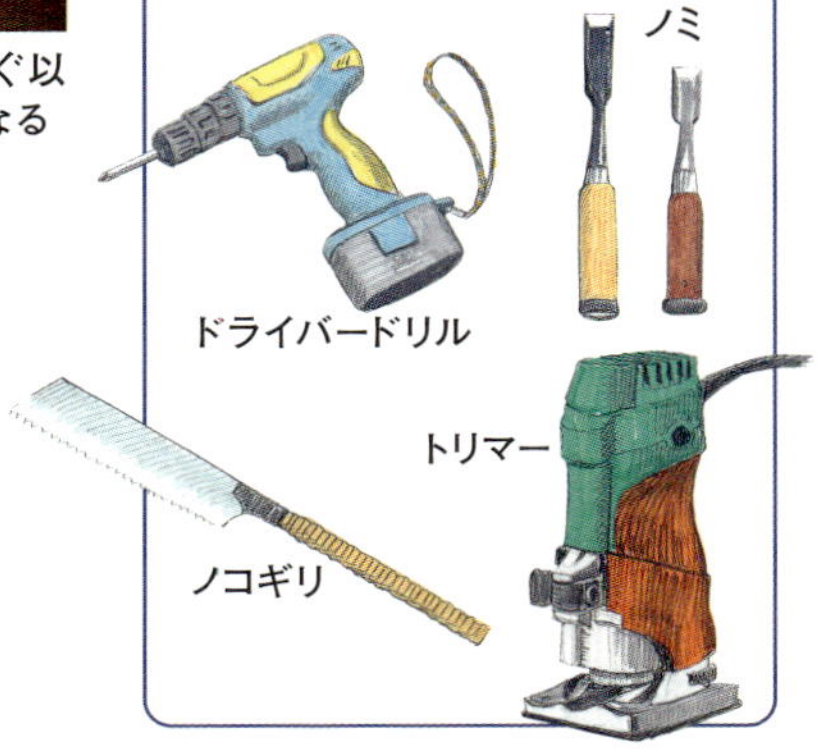

Part 4 組み立てる

面取りをする→P101 サンダーを使う→P103 カナヅチを使う→P106 ドライバーを使う→P109
ドライバードリルを使う→P111 スライド丁番でつなぐ→P123 接着剤を使う→P130

用意する工具

【部材の組み立て】
加工した場所が逆方向だったため、組み立てできないというトラブルが意外に多い。加工しているとき、間違っていないか常に組み合わせを考えながら進めよう。固定・圧着が終わった天板などのパーツは、接合部に木ダボ継ぎなどのジョイント加工を施して組み立てに入る。

①本体フレームの組み立て

フレームの柱と固定する枠木を組み込み、接着剤で接合して圧着する

②底板をつける

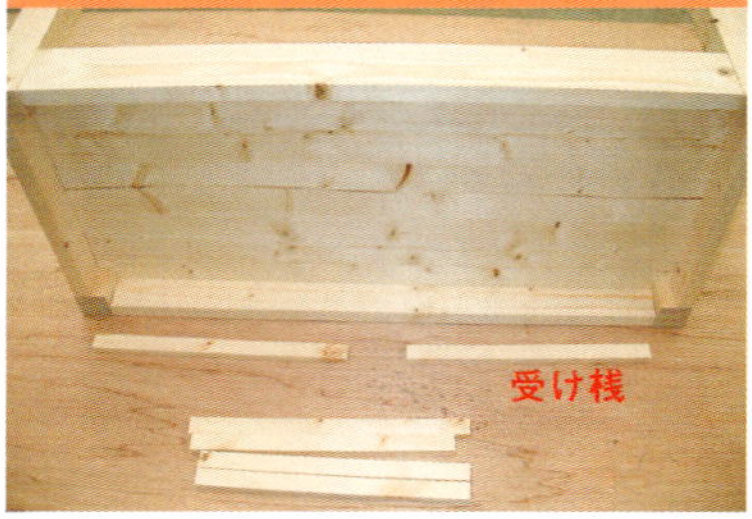

①のフレームにコーナーを柱分カットした底板をはめる。細い角材は底板の受け桟（ストッパー）

③天板の組み立て

天板となる部分と枠を雇いざね継ぎする。枠の留め継ぎ部分はビスケットジョイント

④側板の取りつけ

側板を柱にネジで固定し、鏡板の合板を押縁で止め、上部は天板と木ダボでつなぐ

⑤中棚の取りつけ

扉がつく左側の仕切り板と、本体中央の間仕切り板をネジと木ダボでつなぐ。中棚は側板の形にジョイント部を墨つけして、ノコギリでカットしておく。次にダボ穴を側板、中棚双方に空け、木ダボで接合する

⑥天板の組み立て

天板を152ページの要領で木ダボを使って接合し、固定・圧着する

⑦丁番をつける

扉にざぐり穴を空け、スライド丁番で本体とつないだら、扉の開閉を確認する

⑧組み立て完了

扉がついて組み立てが完了。接合面の凹凸はカンナで面取りし、丁番は塗装のために一度外しておく

Part 5 塗装・仕上げる

サンドペーパーを使う→P104　ドライバーを使う→P109
家具を塗る→P140

用意する工具

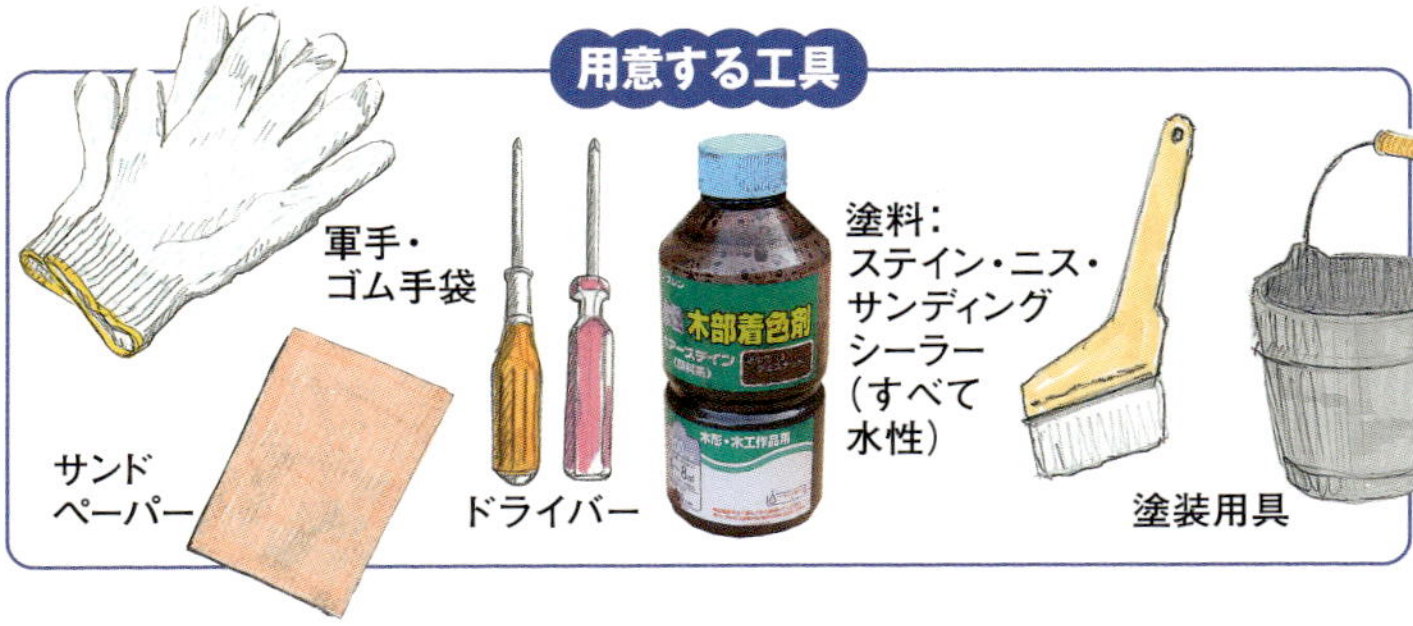

【塗装と仕上げ】着色→下地塗り→サンディング→上塗りという4工程は、150ページのカントリー風家具の塗装と変わらない。ただ、和風のしっとりした風合いを出すために、上塗りではツヤ消しのウレタンニスを使用した。塗装が完了したら、外しておいた丁番で扉をつなぎ、引手を取りつけて完成。

①素地調整

組み立てが終了したキャビネットは、表面を320番のサンドペーパーで磨き上げ、塗料がよくのるよう素地調整しておく

②着色する

ステインを最初ハケ塗りで着色し、ウエスと軍手でムラがなく、余分な塗料が残らないよう伸ばしておく

③下塗りする

ステインが乾いたら、目止めの役目をするサンディングシーラーを下塗りする。これで上塗りのニスがよくのるようになる

④サンディング

サンディングシーラーが乾いたら、400番ほどの細かな粒度のサンドペーパーを使い、サンディングする

⑤上塗りする

サンディングの粉をよく落とし、ウレタンニスの濃度を調整して上塗り、1晩は乾かす

⑥丁番を取りつける

組み立て時に本体から外し、別に塗っておいた扉に丁番を取りつけ、本体に吊り込む

⑦引手を取りつける

最後に引手をネジしめで取りつければ、和のキャビネットの完成

⑧完成

下は和のキャビネットづくりと併行して、製作した火鉢。工程はほとんど同じだが、灰を入れる鉢の部分の断熱板製作と、耐熱塗料の塗装などが加わる。キャビネットとコンビで使える風合いだ

2×4材　つーばいふぉーざい。アメリカで生まれた枠組壁工法用製材と呼ばれる針葉樹の規格材。→P20

突板　つきいた。単板と同義語。→P17・132

継ぎ手　つぎて。部材同士を加工してつなぐ接合法。→P124

突きノミ　彫刻刀のように突いて部材をほるノミ。→P84

妻手　つまて。サシガネの短い部分。→P34

ディーアイワイ　DIY。Do It Yourselfの略。何でも自分で手づくりしようという意味で、各地のホームセンターで提唱しているものづくり運動の標語。

通しホゾ継ぎ　とおしほぞつぎ。継ぎ手の一種。→P127

塗膜　とまく。塗料がつくる塗装面の膜。外気や湿気から木を守る働きをもつ。→P136・138

留め継ぎ　とめつぎ。45度に切った板をつなぐこと。→P129

ドライバードリル　穴あけのドリル機能とネジしめのドライバー機能を併せもつ電動工具。→P29・76

トリマー　面取りや溝ほりなどの加工に使う電動工具。→P29・86

トルク調整機能　回転数を変え、回転力を制御する機能。

ナ行

長手　ながて。部材やサシガネの長い部分を指す。→P34

ニス　仕上げ用に使われる木工用透明塗料。→P137・138・141

二枚組み継ぎ　にまいくみつぎ。継ぎ手の一種。→P128

ノギス　円筒の径や奥行きなどを測る精密計測工具。→P22

ハ行

パーティクルボード　細かい木片を接着剤で固め、高圧をかけて成型したボード。→P18

はぐ　接ぐ。接合すること。→P112・117・118

ハタガネ　長いサイズの木材を固定する固定工具の一種。→P25・44

羽目板　板の両側に凹凸の刻みがついていて、組み合わせて一枚になる板。→P149

バリ　切断などの加工で木材にできるささくれ。

ビスケットジョイント　ビスケットのような木製接合部材。→P116

ビス止め　木ネジをしめて固定すること。

ビット　ドライバードリルやトリマーなどに使う穴空け用のキリ刃。交換できるドライバーの先端部も同義。→P76・79・86・111

平　ひら。カナヅチのツチで平らな部分。→P106

平折　ひらおり。接合金具の一種。→P119・120

平ホゾ継ぎ　ひらほぞつぎ。継ぎ手の一種。→P126

フェンス　丸ノコの専用ガイドなどで、材をそれ以上動かないよう固定する面。

部材　家具などを構成する最小単位の加工した木材

プリント合板　木目を印刷した紙などを張り合わせた合板。→P17

ブレード　丸ノコやジグソーなどの刃。

プレーナー加工材　カンナがけされた製材。

ペーパーブロック　サンドペーパーを巻いて研磨に使う木片。サンドブロック。→P104

ボール盤　備え付け型の電動ドリル。→P29

ホールソー　ドライバードリルで使う穴空け用の替刃。→P81

ホゾ（ホゾ穴）　部材同士をつなぐ継ぎ手の一種。→P85・126

マ行

マーカー（マーキング）　目印。→P152

マイターボックス　まっすぐに切断するために、ガイドとなる切れ込みが入っている箱。→P53

柾目　木目が上下にまっすぐ通るように製材した木材。→P11

マスキング（テープ）　隠すこと。塗装したくない部分に張るテープ。→P136・140

ムク材　原木を乾燥させ、切り出したままの材。→P13

面取り　めんとり。組み立てした家具などの表面の凸凹や角を平滑にすること。カンナがけやサンドペーパーで行なう。→P28・101

木質ボード　もくしつぼーど。木材の小片を接着剤などを使って固めた木材。→P13・18

ヤ・ラ行

雇いざね　やといざね。さねと呼ぶ薄い板を接合部材として、板同士をつなぐ方法。→P118

ラワン　東南アジア（主にマレーシア）で産出するフタバガキ科の広葉樹。50mを超える大木となり、ラワン合板の材料に使われる。→P10・15

ランバーコア合板　心板に集成材をはさんだ合板。→P18

レッドシダー　2×4材に利用されるアメリカ産のヒノキの仲間。耐久性がある。→P20

木工用語集

木工では伝統的、専門的な用語が多く見られます。ここでは読者の参考となるよう、本書で取り上げた一般用語を中心にできる限りの木工用語を収録しました。より理解を深めるために該当ページを記載したものもありますので、本文と照らし合わせてご利用ください。

ア行

相欠き継ぎ　あいがきつぎ。継ぎ手の一種。→P125

圧着　家具などのパーツを接着剤などで接合し、クランプなどを使って固定すること。→P46

当て木　木工作品の組み立てや固定のときに、部材を傷めないよう当てる端材。

板目　山形や不規則な波形になっている木目の製材。→P11

インパクトドライバー　回転する力に打撃力を加えた電動ドライバー。→P31・114

ウマ　加工するときに部材をのせる台。→P52・60

上塗り　仕上げ塗り。→P142

SPF　えすぴーえふ。スプルース、パイン、ファーのどれかを原木とした木材。2×4材に利用される。→P20

エポキシ系ボンド　エポキシ樹脂を主成分とした接着剤。→P130

MDF　Medium Density Fiberboardの略。針葉樹の繊維を細かく粉砕し接着剤で固めたボード。→P18

オイルフィニッシュ　オイルステインを塗るだけで、仕上げ塗装とする塗装。→139

OSB合板　木片を接着剤で固めた合板。→P18

オービタル機能　上下にしゃくったり、振動する機能。→P103

カ行

家具のパーツ　部材または部材を組み立てた扉など家具の一部分。→P147

木表　きおもて。木材の樹皮側の面。→P11

木裏　きうら。木材の樹心側の面。→P11

木殺し　きごろし。カナヅチのツチでクギを打つ丸みのある部分。またはホゾ組みでホゾの角をカナヅチで打ってつぶし、ホゾ穴に入りやすくすること。→P106・107

木取り　きどり。木材から必要な部材を切り出すこと。→P12

クランプ　木工で木材を固定する工具。→P24

グルーガン　棒状の樹脂を熱で溶かしながら部材を接着する工具。→P133

合板　ごうはん。原木を薄くスライスして、接着剤で張り合わせた木材。→P13

コーススレッド　電動ドライバー用の木ネジの商品名。→P31・115

木口　こぐち。木材の繊維を直角に切った断面。→P11

木端　こば。木材の繊維に平行に切った断面。→P11

コンパネ　建設用のコンクリート型枠材として利用される合板。→P17

サ行

サシガネ　L字型をした日本の伝統的計測・墨つけ用具。→P22・34

サンディングシーラー　家具などの塗装でニスがよくのるよう下地に塗る塗料。→P141・142

サンドペーパー　微細な研磨材を接着させた研磨紙（布）。→P104

ジグ　加工を補助するための道具。ガイド。→64

下穴　クギ打ちやネジしめのガイドとなるよう最初に空けておく穴。→P75・83

下地処理　家具の塗装などで、塗装面を研磨して塗料がのりやすくすること。→P140

下塗り　仕上げ塗料がよくのるよう下地塗料を塗ること。→P140・142

集成材　しゅうせいざい。ムク材を強度と木目を考えながら、接着剤で張り合わせた木材。→P13・16

樹脂合板　表面に樹脂フィルムを張った合板。→P17

シンプソン金具　2×4材専用の接合金具。→P32・121

スコヤ　直角を測る計測器。→P22・37

筋ケビキ　すじけびき。裏についている刃を一定間隔にセットして墨つけする伝統工具。→P22

ステイン　着色剤。→P137・139・141

スペーサー　すき間に入れてサイズやバランスを調整する板や金属板。→P48

墨つけ　すみつけ。木材を加工するためにその目安となる線や目印を書き込むこと。→P22・36

切断線　墨線を引き、切断しやすいようにカッターなどで入れる切れ込み。

素地調整　そじちょうせい。塗装時、木材の表面に塗料がよくのるよう320番ほどのサンドペーパーで磨き、木地を調整すること。→P141・150・156

タ行

叩きノミ　カナヅチで叩いて部材をほるノミ。→P84

ダボ　木ダボ。円筒形の小さな木製接合部材。→P32・117

弾性接着剤　だんせいせっちゃくざい。弾力性のある接着剤。→P130

単板　たんぱん。原木をかつらむきして薄くはいだ板。突板。→P17・132

チーク　ラワン同様に東南アジアで産出する高級家具材。→P15

地肌調整　素地調整。→P141

チャック　ドライバードリルなどのビットを固定する部分。→P76

丁番　ちょうばん。蝶番（ちょうつがい）ともいう扉などをつける接合金具。→P32・122

あとがきに代えて

自分の好きな生活雑貨や家具に囲まれ、休日ののんびりとした午後のひとときを過ごす。ときには来客に自慢の家具を披露する。家具づくりの楽しさより苦労話が先になることも多く、ウエスでイスの脚を大事そうに磨いてみたりする。手づくりの作品ならではの、気の入れようだ。

木は独特の温もりをもっている。節だらけでも、木目が乱れていても、それを個性として作品に生かそうとすれば、短所が魅力に変わって輝きを増す。作り手も同じ。細工が失敗しても、それを長所にするアイデアがあれば、オリジナリティあふれる作品に変わる。まさに木がもっている一番の温もりだろう。

本書は木工の基礎的な技術解説を通して、手づくりの楽しさを紹介してきた。言葉足りずで、紹介しきれなかったことも多々ある。ただ、完成した作品を前にすれば、ホゾ穴空けの苦労も吹き飛ぶはずだ。木工の魅力にとりつかれた多くの方々に感謝し、あとがきに代えたい。

週末木工を楽しむ会

部屋の中に彩りを添えるフォトフレーム（上）
格子に組んだ小物用の棚（下）

2×4材のイスを飾り台に観葉植物を置く

あられ継ぎでつないだ一合升

2×4材でつくった灯明

余ったガラスで発想したキャビネット

冬が待ち遠しい2人用の火鉢

デッキとよく似合うテーブルセット

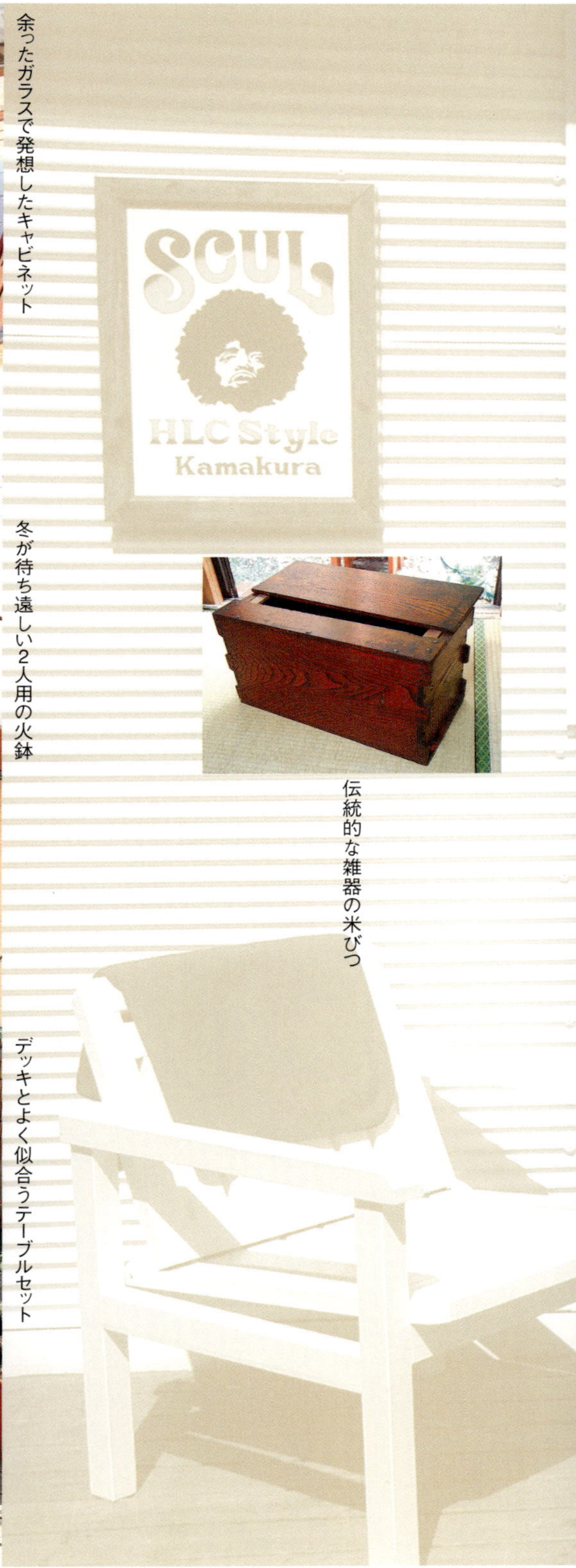

伝統的な雑器の米びつ

週末木工術

家具製作・指導

稲見秀也(いなみ・ひでや)

充実した空間と時間を創造する「High Life Craft(HLC)」をコンセプトに、家具やデッキ、店舗内装、アクセサリー、環境演出などトータルなものづくりにこだわる木工作家。現在、神奈川県鎌倉市で、家具やアクセサリーも展示するギャラリーカフェ「HLCスタイル」を主宰。

長塚信之(ながつか・のぶゆき)

オーダーメイド専門の家具メーカーに勤務、塗装責任者でありながら設計・製作にも携わり、マルチに活躍している。一方,個人ではローコストで上質な仕上りと、生活空間に彩りと安らぎをもたらす作品づくりを目指している。本書では塗装と和家具の製作を担当。

■家具製作・指導
稲見秀也・長塚信之

■製作スタッフ
編集制作／有限会社かわぞう
取材執筆／週末木工を楽しむ会・真木 隆
表紙・扉デザイン／菊谷美緒
本文デザイン／有限会社わたぼぉ・永野弘幸・野口佳大
イラストレーション／本山賢司
図版製作／きいろ工房
校正／今崎智子
企画・編集／成美堂出版編集部・駒見宗唯直

週末木工術

編　者　成美堂出版編集部
発行者　深見悦司
発行所　成美堂出版
〒162-8445　東京都新宿区新小川町1-7
電話(03)5206-8151　FAX(03)5206-8159
印　刷　凸版印刷株式会社

ISBN978-4-415-30313-0
落丁・乱丁などの不良本はお取り替えします
定価はカバーに表示してあります